Nadine Filko · Clean Meat

Nadine Filko

CLEAN MEAT

Fleisch aus dem Labor:
Die Zukunft der Ernährung?

LANGENMÜLLER

Für meinen Mann Andreas, der mir geduldig bei diesem ersten Buchprojekt zur Seite stand und meine Leidenschaft für gutes Essen sowie Innovationen teilt. Und für all jene, für die Ernährung mehr ist als bloße Kalorienzufuhr und die sich wie ich auf der Suche nach diesem Mehr befinden.

© 2019 LangenMüller in der
F. A. Herbig Verlagsbuchhandlung GmbH, Stuttgart
Alle Rechte vorbehalten.
Umschlaggestaltung: STUDIO LZ, Stuttgart
Umschlagmotiv: Shutterstock, Contrail/Alex Staroseltsev/science photo/Makovsky Art
Lektorat: Achim Gralke
Satz: VerlagsService Dietmar Schmitz GmbH, Heimstetten
Druck und Binden: CPI books GmbH, Leck
Printed in Germany
ISBN 978-3-7844-3520-6

www.langen-mueller-verlag.de

Inhalt

Prolog: Fall X

Als Kommissar Jansen vom Morddezernat den Tatort erreicht, stockt ihm der Atem. Der Boden ist blutbedeckt. In der Luft hängt der Geruch von Angst.

»Proben nehmen«, befiehlt er, während er sich ein Bild von der Halle macht. Seit 70 Jahren wurde hier nicht mehr getötet. Von der einstigen Barbarei sind bloß noch stille Zeugen übrig. Kalter Stahl und Fließbänder erinnern an eine längst vergessene Zeit.

Jansen fixiert seinen Partner: »Was ist hier passiert, Wolf?«

»Der Hund einer Spaziergängerin ist gestern hierauf aufmerksam geworden. Sie wird derzeit verhört. Soweit ich informiert bin, haben diese Hallen seit dem Erlass von 2042 keine Menschenseele mehr gesehen«, erwidert Wolf.

»Jetzt rate mal, was wir gefunden haben.« Er reicht Jansen ein Foto.

»Gibt es doch nicht«, flüstert Jansen.

Schon einmal hatte er ein solches Zeichen gesehen. Der Fall lag vier Jahre zurück. Ein rotes Karo mit dem blutenden Kopf eines Rinds. Dahinter steckte offensichtlich dieselbe Vereinigung wie hinter der blutrünstigsten Tat, die Jansen in seiner 20-jährigen Laufbahn bei der Polizei gesehen hatte.

»Karnivoren«, flüstert Jansen.

»Ganz genau«, Wolf grinst.

Was als kleine Gruppierung angefangen hatte, die ihrer Lust auf den Geschmack echten Blutes nachgab, war mittlerweile schon so weit im Untergrund verbreitet, dass so ziemlich jeder seine Finger im Spiel haben konnte. Auf dem Schwarzmarkt fanden frische echte Rindersteaks für Hunderte Euro ihren Weg in die bundesweiten Küchen. Es war schon eine echte Protestbewegung.

Für Jansen ein Protest gegen die Vernunft. Vieh zu schlachten war aus gutem Grund verboten. Nur ganz knapp war die Menschheit 2042 ihrem Exitus entronnen. Millionen Menschen verhungerten damals. Die Erde stand kurz vor ihrer Zerstörung. Die Entscheidung gegen das herkömmliche Fleisch und für die alternative Herstellung im Labor war richtig gewesen. Es war der einzige Weg für eine Zukunft.

Vorwort

Eine Zukunft ohne Schlachthaus und mit Fleisch aus dem Labor, in der das Schlachten unter Strafe steht? Wissenschaftler weltweit malen eine Ernährungswelt, wie sie im Prolog beschrieben wird. Sie soll uns vor einem scheinbar unausweichlichen Schicksal bewahren. Einem Schicksal, das uns aufgrund einer schnell wachsenden Mittelschicht und Weltbevölkerung, die es nach tierischen Proteinen verlangt, bevorzustehen scheint. Haben wir ausreichend Ressourcen, um der steigenden Zahl an Menschen und der damit wachsenden Protein-Nachfrage nachzukommen? Kann unsere Umwelt der Produktion von immer mehr Futtermitteln und Dünger standhalten? Wissenschaftler, Aktivisten und Industrie scheinen sich einig: Der Zeitpunkt für einen Wandel ist gekommen.

Und so sehen wir seit geraumer Zeit eine Revolution in Gedanken, die sich in einer neuen Ernährungsidentität ausdrückt, gekennzeichnet von veganer Ernährung, Bioinitiativen, Gesundheitsbewusstsein und Aktivismus. Die Veränderung findet ihren Gipfel in einem Produkt, das es noch nicht auf dem Markt gibt, dafür aber in die Schlagzeilen geschafft hat: Clean Meat. Ein Begriff, der weitaus mehr bedeutet als die reine Übersetzung »sauberes« Fleisch. Er steht für einen veränderten Umgang mit der Natur, mit Tieren, unserer Ernährung und letztendlich für eine veränderte Fleischindustrie.

Dieses Buch soll aufzeigen, welche Potenziale eine Clean-Meat-Welt für unsere Gesellschaft und Umwelt bereithält. Um das zu schaffen, wird sie als Teil eines Wandels betrachtet, der sich über die letzten Jahrzehnte aufgebaut hat und derzeit immer wieder den Ernährungsdiskurs lenkt – vornehmlich im Rahmen der Vermarktung innovativer neuer veganer Fleischprodukte.

Mein Blick wandert nicht nur in eine potenzielle Clean-Meat-Zukunft, sondern auch in die Vergangenheit. Denn um zu verstehen, warum ein Wandel bevorstehen könnte, müssen wir verstehen, warum der Mensch überhaupt der Lust nach Fleisch nachgibt. Im Fokus steht dabei das derzeitige Ernährungssystem, das Tiere entfremdet und als Produkte behandelt. Wie genau sehen die Implikationen dieses Systems für unsere Umwelt aus? Und was hat die Entwicklung der Landwirtschaft und letztlich der industriellen Produktion damit zu tun? Welche Gründe haben wir, unsere Ernährung und schließlich über Jahre antrainierte Gewohnheiten aufzugeben? Wie sieht die Wurzel für die Motivation zur Schaffung eines neuen Systems aus? Welche anderen Teilsysteme hat die derzeitige Industrie hervorgerufen? Und warum sehen wir gerade jetzt das Potenzial für eine Revolution?

Nur wenn wir akzeptieren und verstehen, woher unser Ernährungssystem kommt, können wir den Blick gen Zukunft richten und versuchen nachzuvollziehen, welche Prozesse derzeit im Bereich der Ernährung in Gang gesetzt werden. Dabei steht neben Clean Meat die Weiterentwicklung von Teilmärkten wie dem der veganen Produkte. Die klassische Zielgruppe dieser Kategorie zeigt seit Jahrhunderten, wie Ernährung auch ohne tierische Proteine funktionieren kann, und hat den Weg für ein transparentes System bereitet. Heute aber hat sich der Fokus der Hersteller von veganen Produkten verschoben, wodurch sie eine nie dagewesene Stimme erhalten haben. Denn längst geht es ihnen nicht mehr nur um Vegetarier und Veganer, sondern um Flexitarier. Ursprung der neuen Produkte sind dabei innovative Start-ups, die ihre Produkte weltweit als Lifestyleware vermarkten. Das Ziel ist eindeutig die Eroberung des Markts der Fleischesser.

Der Wandel im Kontext Clean Meat muss deshalb als das betrachtet werden, was er ist: Ein Ganzes, das sich aus vielen

Teilen der Ernährungsindustrie zusammensetzt. Diesen Teilen aber ist eines gemein: Sie alle liefern eine Antwort auf die Frage nach einer Lösung für Umwelt- und Tierschutzfragen, die mit dem Ernährungssystem, das wir etabliert haben, einhergehen. Neben dem veganen Markt sehen wir in der jetzigen Fleischproduktion eine sich abzeichnende Verschiebung zu einer immer bewussteren Produktion, die sich im Label »Bio« ausdrückt. Landwirte verändern ihren Produktionsprozess, um sich von einem System zu lösen, das ihnen ökonomischen und ökologischen Schaden zufügt. Auf der anderen Seite stehen immer mehr Verbraucher, die sich für eine bewusste Ernährung entscheiden. Sie alle sind Wegbereiter und Basis einer Idee der Ernährung. Deshalb soll auch dieser Aspekt bei der Betrachtung der Clean-Meat-Welt eine Rolle spielen. Denn eine sich verändernde Ernährungsidentität ist genauso Teil von Erfolg oder Misserfolg der neuen Fleischer wie Probleme der Skalierung – der Steigerung der Produktion also.

Nicht zuletzt gilt es herauszufinden, was Unternehmen wie *Wiesenhof* oder die *Rügenwalder Mühle* zu dem neuen Trend sagen. Denn auch sie reihen sich in die Riege der Systemveränderer ein und bringen statt der bekannten immer mehr vegane Produkte sowie weitere Proteinalternativen auf die bundesweiten Speisekarten. Dabei rühmen sie sich, Teil des Wandels zu sein. Warum? Welche Wege werden von der deutschen Industrie beschritten? Wie weit unterstützen sie die Pioniere der Clean-Meat-Szene? Und wie weit sind wir in Deutschland auf den Wandel vorbereitet?

Clean Meat könnte das letzte Teil der Lösung für eine Herausforderung sein, die wir über Jahrtausende geschaffen haben. Dabei ist auch das »künstliche« Fleisch durchaus umstritten. Denn für die Herstellung braucht es die Biopsie eines Tieres und den Einsatz eines Serums. Letzteres ist größter Kritikpunkt. Bisher arbeiten viele Clean-Meat-Pioniere mit fötalem

Kälberserum. Anderseits wird bereits unter Hochdruck an Alternativen geforscht, die beispielsweise aus Algen gewonnen werden. Der Diskurs ist facettenreich und längst nicht am Ende angekommen. Doch woher kommt die Idee zum Fleisch, das aus ein paar tierischen Zellen hergestellt wird, und welche Player dominieren den Markt? Um das zu verstehen, reicht es nicht, den Blick ausschließlich in die Fleischlabore wandern zu lassen. Denn was wir seit ein paar Jahren beobachten können, sind immer mehr Experten, die sich mit einer ganzen »Cellular Agriculture« auseinandersetzen – einer auf Zellkulturen basierenden Landwirtschaft. Hier finden sich Unternehmen, die Milch, Leder und vieles mehr herstellen.

Um schließlich das komplexe System, das sich derzeit aus den Strukturen des alten hervortut, zu verstehen, habe ich Experten gebeten, Einblick in Clean-Meat-Potenziale zu gewähren. Sie zeigen auf, ob der Konsument bereit ist, das Fleisch aus dem Labor zu essen, und was es braucht, um dieses sogenannte »Novel Food« auf den Markt zu bringen. Denn das im Labor gezüchtete In-vitro-Fleisch verspricht eine Welt ohne Tierleid, eine bessere Umweltbilanz und gesündere Ernährung für den Menschen. Es geben also nicht nur Clean-Meat-Investitionen von weltweiten Größen aus dem Bereich der Fleischproduktion Anlass, das Retortenfleisch genauer unter die Lupe zu nehmen. Die Potenziale, die es zu bergen scheint, klingen einfach zu gut, um wahr zu sein.

Der Umzug vom Stall ins Labor verspricht dabei eine schöne neue Welt, in der der Mensch seiner wahren Natur und seinem Platz auf der Erde wieder näherkommt. An der Basis steht die Evolution, die ganz nach dem Darwin'schen Prinzip ein geschwächtes System zurücklässt, um Platz für ein scheinbar stärkeres zu machen. Clean Meat wird daher nicht nur verändern, was der Mensch isst, sondern wer er ist. Was übrig bleibt, ist ein System, das keinen Platz für Kompromisse kennt. Denn es wird uns dazu zwingen, unsere bisherigen Konsum- und Produktionsgewohnheiten radikal zu ändern und uns von unserer über Jahrhunderte entwickelten Ernährungsidentität ein Stück weit zu entfernen. In diesem Für und Wider das menschliche Augenmaß zu behalten, das ist eine der Intentionen dieses Buches.

Clean Meat: die Rettung der Menschheit und unseres Gewissens? Kommen Sie mit auf eine Reise in die Vergangenheit, um die Gegenwart zu verstehen und eine mögliche Zukunft zeichnen zu können.

Teil I:
Die Idee einer Zukunft

Die Vision

»Wir werden von dem Aberwitz abkommen, ein ganzes Huhn zu züchten, um die Brust oder den Flügel zu essen, und diese stattdessen in einem geeigneten Medium züchten.«　　Winston Churchill

Inspiration, Innovation und Ideale treiben eine neue Generation von Entrepreneuren an, die eines vereint: Sie haben das Potenzial, die Welt zu verändern. Sie sind Entdecker neuer Länder einer Welt, deren Grenzen bereits erreicht zu sein schienen. Wie die einstigen Entdecker begeben auch sie sich heute auf für viele zweifelhafte Wege. Und auch ihre Visionen unserer Zukunft stehen in der Kritik. Es sind die großen Ideen und Technologien, die hinter den neuen Produkten oder Services stehen und die Art, wie wir leben, maßgeblich verändern – oft revolutionieren –, die nicht ohne Weiteres Akzeptanz finden. Denn zu verlockend ist das, was altbewährt ist. Und zu anstrengend scheint oft ein wirklicher Wandel. Und doch gibt es sie, die großen Ideen, die unser Leben durcheinanderwirbeln. Haben wir sie erst einmal akzeptiert, sind es gezielte und durchdachte neue Wege, die wir voller Leidenschaft beschreiten.

Derzeit stehen wir an der Schwelle zur Akzeptanz einer gewohnheitsverändernden Idee. Es ist eine potenzielle Revolution, die ein Gebiet berührt, das jeden einzelnen Menschen angeht: Ernährung. Kein anderer Bereich ist so zentral zum Überleben und gleichzeitig Produkt von Leidenschaft und Gewohnheit. Doch nicht nur das: Wir stehen vor der Frage, wie wir die Versorgung der Menschheit mit Proteinen und zugleich den Erhalt unserer Umwelt aufrechterhalten können. Eine scheinbare Pattsituation. Können wir Ernährungsgewohnheiten, die über Jahrhunderte hinweg antrainiert wurden, einfach so über Bord werfen? Wie lässt sich ein so zentraler Bereich des Menschseins revolutionieren?

Um diese Fragen beantworten zu können, müssen wir uns über eines bei der Betrachtung unserer Ernährung im Klaren sein: Wenn Geschmäcker auch unterschiedlich sein mögen, in einem gleichen wir uns – wir alle wollen essen. Während ich beispielsweise diese Zeilen schreibe, esse ich alle paar Minuten eine Handvoll Nüsse. Dabei komme ich neben all den Gedanken an Ernährung nicht drum herum, an meine nächste Mahlzeit zu denken. Wenn mein Wecker morgens klingelt, gibt es nur eines, was mich beschäftigt: Frühstück. Sobald ich gesättigt am Schreibtisch sitze, schweifen meine Gedanken zum nächsten Snack, dann zur Frage, was ich zu Mittag essen kann, und schließlich, wie ich den Abend kulinarisch ausklingen lasse. Dass mein Magen wirklich knurrt, mein Körper mir signalisiert, dass ich essen muss, kommt so gut wie gar nicht vor. Wird sich das ändern, wenn wir so weitermachen wie bisher und unsere Ressourcen ausbeuten, während die Zahl der Menschen kontinuierlich wächst? Klopft der Hunger bald wieder an unsere Türe?

Ich habe das Glück, wie viele andere Menschen auch (leider längst nicht alle!), im Überfluss zu leben. Als Teil der westlichen Gesellschaft, die von Supermarkt zu Kiosk, zu Restaurant, Bäcker und Café nebenan pilgert, um Metall und Papier gegen Kalorien einzutauschen. Essen ist zwar immer noch zentral, um zu überleben, der Gang zum gefüllten Kühlschrank aber könnte nicht unterschiedlicher sein gegenüber dem Weg unseres ursprünglichen Ichs, des Jägers, zur Jagd. So ist nicht mehr das Überleben zentral, sondern Genuss und Leidenschaft. Im Fokus steht, was schmeckt. Es geht nicht mehr darum, ausreichend Kalorien zu konsumieren, sondern nur darum, in welcher Form und mit welchem Geschmack wir sie uns zuführen. So viel Glück hatte ein durchschnittlicher Mensch der westlichen Welt zu Zeiten des Krieges noch nicht. Im Kontext der Menschheitsgeschichte trennt uns von dieser Epoche nur ein Wimpernschlag der Zeit.

Fest steht: Das Thema »Ernährung« hat immer öfter einen faden Beigeschmack. Denn was jetzt noch ausreicht, um die Menschheit zu ernähren, könnte schon bald an seine Grenzen stoßen. Immer mehr Menschen wollen immer mehr essen, und zwar vornehmlich eines: tierisches Protein. Nicht nur, dass wir mit den Kapazitäten und Ressourcen dem Anstieg der Nachfrage unserer wachsenden Weltbevölkerung nicht gerecht werden können, unser derzeitiger Konsum sorgt zudem für die Zerstörung des natürlichen Gleichgewichts unserer Umwelt. Wälder werden gerodet, Monokulturen dominieren das Landschaftsbild, und Tiere sind nicht mehr Lebewesen, sondern Produkt. Traditionelle Bauern kämpfen ums Überleben, und Industrien kämpfen mit möglichst billigen Lebensmitteln um die Gunst der Konsumenten. Wir haben über Jahrtausende hinweg ein System erschaffen, eine Welt, die sich nun gegen uns aufzubäumen scheint.

Mit ihr aber regt sich auch etwas in den Gemütern vieler Menschen. Sie sind Teil dieser beschriebenen möglichen Revolution und ebnen den Weg für die Idee einer neuen Ernährungsidentität, die in *einem* Trend zu gipfeln scheint und der von einer »Handvoll« Unternehmen weltweit angetrieben wird. Ihre Mission betrifft eine der wohl inspirierendsten Visionen unserer Zeit: Die Schaffung und Vermarktung von Clean Meat.

Im Labor: Eine neue Fleischära

»Der Verbraucher definiert, was Fleisch wirklich ist. Unsere Aufgabe ist es, Fleisch herzustellen, das die Verbraucher essen wollen. Nur so werden wir globale Dimensionen erreichen und bedeutende positive Auswirkungen auf die Umwelt, die menschliche Gesundheit und das Leiden der Tiere haben.« Mark Post

Fleisch. Es umgibt uns, nährt uns, ist Sinnbild für Körperlichkeit und Leben, Bewegung und Agilität. Fleisch ist Muskel, Sehne und Fett. Es ist Teil unseres Körpers und unserer Lust auf Geschmack. Dabei gibt es wohl keine kontroverser diskutierte biologische Masse als Fleisch. Denn sprechen wir davon, meinen wir zuallererst Schlachtfleisch. Das Fleisch, das auf einem Teller serviert den Menschen nährt. Auf 95,7 Kilogramm Schlachtgewicht pro Kopf jährlich sollen wir laut *Fleischatlas* 2018 bis 2050 in den Industrieländern kommen.[1] (Der *Fleischatlas* ist ein Kooperationsprojekt der *Heinrich-Böll-Stiftung*, des *Bunds für Umwelt und Naturschutz Deutschland* sowie von *Le Monde Diplomatique*. Die Publikation hilft in diesem Buch an vielen Stellen zu verstehen, wie der Fleischmarkt funktioniert.)
Fleisch ist für den Menschen in erster Linie eines: Nahrungsmittel. Ein Nahrungsmittel, das wir so nicht weiter konsumieren können – wegen der Zunahme des Konsums, hervorgerufen durch nie dagewesenen Reichtum und eine wachsende Weltbevölkerung. Denn die Kapazitäten reichen schlichtweg nicht aus. An diese Erkenntnis knüpft eine viel geteilte Vision an: eine Welt ohne Schlachtfleisch. Während für viele Menschen diese Vision mit der unweigerlichen Abkehr vom Fleischkonsum verbunden ist, spielen Wissenschaftler global mit einer Idee, die es dem Menschen erlaubt, auch ohne das Töten von Tieren ihrer Lust nach Fleisch nachzukommen.

Gestillt wird diese Lust mithilfe von im Labor gezüchtetem Fleisch. Tatsächlich sehen wir hier die vielleicht ersten Schritte einer Revolution, die die Geschichte der Menschheit umschreiben könnte. Es sind Inspiration und unbändige Energie, die eine neue Generation von Unternehmern antreibt, die das Talent und Durchhaltevermögen mitbringen, die Clean-Meat-Revolution herbeizuführen.

Am Anfang dieser Revolution steht bloß eine Zelle. Eine Zelle, die es schaffen soll, mit der Fleischindustrie konnotierte Probleme wie Tierleid zu beenden, die Belastung der Umwelt signifikant zu reduzieren und Herr des wachsenden Proteinbedarfs zu werden. Die Idee, die hinter der fantastischen Vision dieser »Einzellen-Industrie« steht, heißt unter anderem »In-vitro-Fleisch«, »Cultured«, »Cell-Based« oder aber »Clean« Meat. Diese Idee steckt noch in den Kinderschuhen und zeigt doch das Talent zum Wandel. Ihr Ziel ist es, etwas zu schaffen, woran eine ganze Industrie derzeit scheitert: eine »saubere« Fleischindustrie, die ein System transformieren könnte, das wir über Jahrhunderte aufgebaut haben. Die Zahl ihrer Wortführer ist zwar noch überschaubar, ihre Stimme aber gewinnt an Kraft. Unternehmen wie das niederländische *Mosa Meat*, die israelischen Start-ups *SuperMeat* und *Aleph Farms* oder das US-amerikanische *Memphis Meats* gehören zu den Pionieren der Szene und haben allesamt eines gemeinsam: Sie sehen einen Fleischmarkt, der durch Retortenfleisch auf ein neues Level der Optimierung gehoben werden soll.

An der Basis der Clean-Meat-Idee steht eine Technologie, die die Medizin bereits revolutioniert hat: in-vitro. Ein Begriff, der unmittelbar mit der In-vitro-Fertilisation konnotiert wird. Hören wir ihn, denken wir also zuallererst an Medizin. Wir denken an Fortschritt und Ethik. Dabei bedeutet in-vitro nicht mehr als »im Glas«. Es ist die Umschreibung eines organischen Prozesses, der außerhalb des Organismus stattfindet[2] und uns künftig in seinem vollendeten Ergebnis als Nugget, Boulette oder Schnitzel im Supermarkt begegnen könnte. Im Zentrum der Idee steht dabei ein Ideal: Fleisch, für das kein Tier sterben musste.

So unvorstellbar sich das Ideal auch anhört: Tatsächlich erlaubt es die In-vitro-Technologie, eben diese Vision zum Leben zu erwecken. Eine einzige Zelle eines Tieres reicht aus, um im Labor massenhaft Fleisch herzustellen. »Wenn man es herunterbricht, geht es dabei um Proteine«, erklärt Dr. Mark Post, einer der Pioniere der Clean-Meat-Szene und Mitgründer von *Mosa Meat*, während der *New Food Conference* 2019 der Nichtregierungsorganisation *ProVeg*. Während seines sehr technischen Vortrags auf der Konferenz lauschen die Zuhörer trotz des Fachjargons gebannt. Auch ich reihe mich ein in die Gruppe neugieriger Laien, die versucht, den Ausführungen des Pioniers zu folgen. Er weiß, um aus einer Zelle gleich ein ganzes Stück Fleisch wachsen zu lassen, braucht es einen zentralen Mitspieler: die Satellitenzelle.

Satellitenzellen, den Kern des im Labor gezüchteten Fleischs, bilden Gewebe, sobald eine Muskelfaser verletzt wird. Ich stelle mir das vor wie bei einer Verletzung des eigenen Gewebes. Wie oft schneidet man sich beim Kochen oder reißt sich die Haut durch eine unachtsame Bewegung auf. Innerhalb von ein paar Tagen schafft es der menschliche Körper, diese Wunden zu verschließen und neues Gewebe wachsen zu lassen. Es ist diese Fähigkeit der Zellen, die sich die Clean-Meat-Gemeinschaft zunutze macht. Sie nutzt also eine Anlage, die die Natur Lebewesen geschenkt hat, und setzt sie dafür ein, etwas vollkommen Neues zu schaffen.

Um das zu schaffen, entnehmen Wissenschaftler weltweit verschiedenen Tieren also Gewebe, das zahlreiche der bereits erwähnten Satellitenzellen in sich trägt. Die Zellen breiten sich aus. Aus einer kleinen Biopsie, der Gewebeentnahme von einer Kuh, und Hunderten Satellitenzellen wird, nachdem sie ihren Reparatur-Zauber vollbracht haben, ein kleines Stück Gewebe. »Wir bauen die Zellen zusammen und legen sie in eine Nährlösung, was den Zellen erlaubt, sich zu finden und zusammenzuziehen. Der nächste Schritt des Wachstumsprozesses. Denn unsere Muskelzellen sind Bewegungsjunkies«, schmunzelt Post bei seinem Vortrag. Die Bewegung schenkt dem Gewebe Volumen. Sie lassen es »trainieren«, so wie wir unsere Muskeln in Fitnesscentern trainieren. Nur dass ihre Anstrengungen bereits nach drei Wochen und nicht etwa nach sechs Monaten sichtbar werden. Warum sich Post für die Entwicklung der Technologie einsetzt? Für ihn, wie so viele andere der Szene, eine Mission: »Unser Ziel ist ein Burger, ohne die Kuh wirklich in den Prozess der Herstellung zu involvieren. Die Kühe sollen im wahrsten Sinne des Wortes spürbar weniger leiden. Außerdem muss die weltweite Zahl der Kühe reduziert werden.« Die Wissenschaftler der Szene scheinen sich einig: Es geht um weniger Umweltbelastung und bessere Verhältnisse für das Tier. Der Weg dorthin allerdings ist steinig.

Die erste Zelle: Geburt einer Idee

»Mein Vater sagte einst, er hätte einen Nahrungsmittelkomplex. Wenn es Nahrung gebe, müsse er sie essen.«   Ira van Eelen

Ira van Eelen ist eine freundlich dreinblickende, blonde Frau in den besten Jahren. Wer sie das erste Mal trifft, vermutet vielleicht nicht, dass sie bereits die zweite Generation der Clean-Meat-Idee verkörpert und heute wohl eine der zentralsten Akteure und Galionsfigur der Industrie ist. Nicht nur weil sie Mitglied des Beirats des Start-ups *JUST* ist oder Beraterin bei der *Cellular Agriculture Society*. Sie treibt als

Tochter von Willem van Eelen, dem Mann, der als Vater des In-vitro-Fleisch-Ansatzes heute schon in die Geschichte eingegangen ist, die Idee weiter an. Ein Name, den unsere Kinder – sollte es Clean Meat in unseren Alltag schaffen – vielleicht irgendwann im Geschichtsunterricht lernen werden. Denn sein Träger könnte die Geschichte der Menschheit umgeschrieben haben.

Es ist der 21. März 2019, als ich Ira auf der *New Food Conference* im Herzen Berlins treffen darf. Seit dem Tod ihres Vaters im Alter von 91 Jahren hat sie es sich zum Ziel gesetzt, seine Vision des schlachtfreien Fleisches weiter anzutreiben. Gerade einmal rund vier Jahre ist es her, dass der Ideengeber und Visionär starb. Vier Jahre, in denen sich in der neuen Industrie viel bewegt hat. Auch für Ira. Für sie hat sich mit diesem einschneidenden Ereignis eine völlig neue Welt eröffnet. Denn die Welt ihres Vaters, über die sie so viel mit ihm diskutiert hat und die sein Leben so geprägt hat, ist zu ihrer geworden. »Es war nicht meine Karriere, nicht meine Arbeit, nicht mein Business. Auf der einen Seite bin ich diese alte Frau, die alles über die Wurzeln der Idee kennt, und auf der anderen Seite bezeichne ich mich gerne als Praktikantin der Szene«, schmunzelt Ira. Nachdem ihr Vater so viele Jahre an seiner Idee des Clean Meat gearbeitet hat, trägt sie nun die Saat der bisherigen Errungenschaften weiter in die Welt.

Dabei hat sie die Geschichte ihres Vaters schon oft erzählt: »Doch keine der Geschichten über meinen Vater, die es heute zu lesen gibt, ist vollkommen richtig. Ich bin nicht einmal davon überzeugt, dass ich seine gesamte Geschichte kenne.« Aber Ira weiß, dass Basis der Geschichte ihres Vaters zwei zentrale Faktoren sind: ein grundlegendes Interesse an der Medizin und das Bewusstsein für die Relevanz, die Nahrung in unserem Leben spielt. Während ersteres van Eelen in die Wiege gelegt wurde – sein Vater war Arzt –, musste er letzteres in seiner vollen Härte am eigenen Leib erfahren. Denn der in Indonesien aufgewachsene Unternehmer war während des zweiten Weltkriegs japanischer Kriegsgefangener. Nahrung war für ihn damals das wertvollste Gut. »Asien war lange Zeit das Zuhause meines Vaters. Die Zeit dort hat ihn geprägt. Sowohl jene im Lager als auch davor. Sein ganzes Verhalten und Leben war auf asiatischen Werten aufgebaut«, erinnert sich Ira. Nachdem van Eelen aus dem Gefangenenlager entlassen wurde, musste er, da es in Indonesien nicht mehr sicher war, im Alter von 23 Jahren in die Niederlande übersiedeln. Für ihn ein Land der Fremde. In den Niederlanden fand van Eelen seine fremde zweite Heimat. Er und sein Bruder standen oft lang vor Supermärkten und bestaunten die unzähligen Konserven. »Im Krieg waren Konserven mit Gold gleichzusetzen, auf einmal gab es all dieses Essen«, weiß Ira.

Um studieren zu können, musste van Eelen lügen. Denn im zarten Alter von nur 17 Jahren wurde er bereits Kriegsgefangener. Der *Vrije Universität Amsterdam* machte er weis, er hätte im Gefangenenlager studiert. »In den Niederlanden waren sie absolut ahnungslos, was in den Kriegsgefangenenlagern geschah. Niemand interessierte sich für die Geschichte der Gefangenen. Sie waren alle zu sehr mit ihren eigenen Kriegserlebnissen beschäftigt«, erklärt Ira. Ein Deckmantel des Schweigens lag also über den Ereignissen in den Lagern – ein Glück für van Eelen. Er biss sich durch und schaffte es, innerhalb eines Jahres den Lehrstoff von sechs Jahren durchzuarbeiten. Ein erstaunlicher Erfolg, nicht nur in Anbetracht der laut Ira bestehenden Defizite, die sich durch die jahrelange Mangelernährung im Lager entwickelt hatten. Diese hatte zur Folge, dass sich van Eelens Körper und vor allem sein Hirn nur langsam erholten und ihre normale Funktion wiedererlangten. Die zentrale Rolle von Nahrung, wie sie van Eelen erlebte, sollte sein ganzes Leben bestimmen. »Mein Vater sagte einst, er hätte einen Nahrungsmittelkomplex. Wenn es Nahrung gebe, müsse er sie essen«, weiß Ira. Darunter fiel natürlich auch die Lust auf Fleisch. Es ist diese Geschichte des Hungers und der Folgen, die er auf das Verhalten von Menschen hat, die als Schlüsselkomponente der In-vitro-Idee gilt. Eine immer wiederkehrende Mechanik, die Teil der grundsätzlichen Ernährungsgeschichte der Menschheit ist. Denn einst war es Hunger, der den Menschen zu Fleisch und Wandel trieb. Diese Geschichte aber liegt noch viel weiter zurück als die van Eelens.

Vom Hunger zum Fleisch

»Die energiekonzentrierte Nahrung trieb das Hirnwachstum an; Menschen mit einem größeren Gehirn erfanden neue Technologien, mit denen konnten sie noch mehr Fleisch beschaffen, aber auch hochwertigere Pflanzennahrung [...].«   Kate Wong

Das Bild des frühen fleischfressenden Menschen malt sich oft heroisch. Wir denken an ihn als starken Jäger, der sich auf der Suche nach Nahrung für seine Sippe den Gefahren der Wildnis aussetzte. Er steht im Gegensatz zu unserem heutigen Ich, das nur in den Supermarkt gehen muss, um seiner Lust Befriedigung zu verschaffen. Wie genau die Entwicklung zum Fleischfresser allerdings aussah, darüber sind sich Wissenschaftler nicht einig. Es bleibt Ungewissheit um den ersten Bissen Fleisch. Gewiss ist aber, dass der erste Griff zum tierischen Protein der Startschuss für die Evolution des Menschen war, wie wir ihn kennen. Zu datieren vor rund 2,5 Millionen Jahren, findet er seinen Ursprung in der Veränderung unserer Umwelt. Denn das Nahrungsverhalten von Lebewesen musste sich an die sich wandelnde Vegetation und die zur Verfügung stehenden Pflanzen anpassen. Bei Untersuchungen in Ostafrika konnte festgestellt werden, dass Graslandschaft vor rund drei bis zwei Millionen Jahren in einem Gebiet, in dem Homininenfossilien gefunden wurden, zunahm. Die Folge: Es breitete sich eine Savanne aus, und die Zahl grasender Säugetiere, zu sehen an der Zahl der Fossilien, stieg.[3] Die Umwelt, die wir heute unter anderem aufgrund unseres Fleischkonsums gefährden, hat also einst vielleicht den frühen Menschen weg von der Pflanze und hin zur Fleischlust getrieben.

Warum und wann wir zum Fleischfresser wurden, dem wird im wahrsten Sinne des Wortes auf den Zahn gefühlt. Mithilfe der Untersuchung von Zähnen beziehungsweise den darin enthaltenen Kohlenstoffisotopen kann festgestellt werden, was die damals lebenden sogenannten Homininen – unsere frühen Vorfahren – gegessen haben.[4] Denn von den Isotopen in den Zähnen kann auf die Zusammensetzung der Nahrung geschlossen werden. Unterschiedliche Pflanzen sorgen für unterschiedliche Ablagerungen, die auch unsere heutigen Ernährungsgewohnheiten dokumentieren: »Wer heute auf Fast Food steht, wird sich als starker Konsument von C4-Pflanzen outen beziehungsweise von sie fressenden Tieren. Denn die Zucker in Snacks und Süßgetränken stammen zu einem Großteil aus Mais; die gleiche Quelle hat Viehfutter und somit Rindfleisch«, schreibt Autor Peter B. de Menocal in einem Artikel des Magazins *Spektrum*.[5] Die Kohlenstoffisotope in den Zähnen unserer Vorfahren lassen in gleicher Weise Vermutungen zu, ob oder ob kein Fleisch gegessen wurde beziehungsweise welche Pflanzen vornehmlich konsumiert wurden. Dabei konnte festgestellt werden, dass der Speiseplan der Homininen trotz eher eintöniger Vegetation vor rund zwei Millionen Jahren recht abwechslungsreich war. Sie haben sich in ihrem Ernährungsverhalten an ihre Umgebung angepasst. De Menocal schließt den Artikel mit folgendem Fazit: »Manches spricht dafür, dass unsere Ahnen als Einzige genügend Flexibilität besaßen, um sich immer wieder an neue Verhältnisse anpassen zu können.«[6] Genau wissen die Wissenschaftler allerdings nicht, welche Lebensmittel den Speiseplan so abwechslungsreich machten. In diesem Kontext bleibt es also etwas spekulativ um tierische Nahrung.

Allerdings könnte der Konsum von Fleisch Überlebensstrategie gewesen sein. Eine Strategie der flexiblen Anpassung an unsere Umwelt, die als Wiege unseres Jägerdaseins und schließlich unseres heutigen Fleischkonsums betrachtet werden kann. Es lässt sich nicht genau feststellen, seit wann der Mensch tatsächlich nicht nur Fleischfresser, sondern auch Jäger war. Werkzeuge zum Zerlegen von Tieren und tierische Knochen lassen darauf schließen, dass der frühe Mensch bereits vor rund 2,6 Millionen Jahren Tiere zumindest auseinandernahm. In Kanjera South in Kenia wurden Schneidewerkzeuge sowie Tierknochen mit Spuren dieser Werkzeuge gefunden, die rund zwei Millionen Jahre alt sind. Die womöglich »ältesten handfesten Zeugnisse menschlicher Jagd«.[7]

Das Jägertum der frühen Menschen hatte dabei sehr wenig mit der modernen Industrie von heute zu tun. Während heute Maschinen dafür sorgen, dass wir unsere Schnitzel und Steaks tellergerecht verpackt im Kühlregal vorfinden, hatten unsere Vorfahren nur das zur Jagd zur Verfügung, was sie umgab. Da war es schon eine technologische Revolution des Menschen vor Hunderttausenden Jahren, den Wurfspeer zu entwickeln. Diese Innovation eines modernen Jagdwerkzeugs hatte für unsere Evolution eine enorme Bedeutung. Denn durch den Wurfspeer konnte bei der Jagd auf die Nähe zum Tier verzichtet werden, wodurch wir andere größere und gefährlichere Tiere erlegen konnten.[8]

Der menschliche Körper passte sich nach und nach den Anstrengungen und Anforderungen der Jagd an. Während wir heute aufgrund unseres massenhaften Konsums von Nahrungsmitteln – unter anderem Fleisch – unter Volkskrankheiten wie Übergewicht und Adipositas leiden, entwickelte sich der menschliche Körper damals aufgrund der neuen Ernährungsweise zur ausdauernden »Maschine«, »die ihre Beute bis zur völligen Erschöpfung getrieben haben [könnte]«.[9] Ein Treiben, das uns auch in entlegenere Teile der Erde geführt hat. Die körperliche Anstrengung der Jagd führte zudem dazu, dass wir Fell verloren und beispielsweise Schweißdrüse sowie Wurfarm entwickelten. Die Jagd nach Fleisch sicherte uns demnach nicht nur Nahrung, sondern ist auch Grundlage für die Entstehung des menschlichen Körpers, wie wir ihn kennen. Wie wir aussehen würden, wenn wir nicht zum Jäger geworden wären? Wer weiß.

Unsere Ernährung hat uns demnach zu dem gemacht, was wir sind. Sie hat den Körper gestärkt und nicht zuletzt unser Hirn wachsen lassen. Ein nicht unwesentlicher Faktor unserer Entwicklung: »Die energiekonzentrierte Nahrung trieb das Hirnwachstum an; Menschen mit einem größeren Gehirn erfanden neue Technologien, mit denen konnten sie noch mehr Fleisch beschaffen, aber auch hochwertigere Pflanzennahrung [...].«[10] Doch nicht nur unser Hirn nahm zu, auch unser Hang zum sozialen Miteinander. Arbeitsteilung, das Teilen von Beute und das gemeinsame Zusammentreffen zum Verzehr waren die Folge unserer veränderten Ernährung. Fleisch ist also so viel mehr als ein Leckerbissen, wenn der Magen knurrt. Es ist die Grundlage unserer Welt. Es hat uns gestärkt und wachsen lassen. Die Jagd ist Grundlage dessen, was wir sind. Und heute Wurzel unserer für viele Menschen barbarischen Industrie? Ein ebenso befremdlicher Gedanke wie das Paradox der Umwelt, die uns zu dem Umweltsünder von heute gemacht hat: Die Veränderungen in der Natur waren es einst, die uns zwangen, andere Nahrungsmittel zu uns zu nehmen, und heute gefährden wir eben diese Natur durch die seit damals eingeübten Ernährungsgewohnheiten. In der Jagd finden wir den Ausdruck unserer Lust auf Fleisch, den Willen zum Überleben und den Startpunkt für die Eroberung der Erde. In der Abkehr von ihr vielleicht ja einen evolutionären Rückschritt. Oder eben in der Substitution durch wissenschaftliche Prozesse den nächsten Schritt der Menschheit. Eines aber bleibt, im Ursprung der Entwicklung steht damals wie heute Hunger.

Ein Mann für eine Vision

»Die meisten Menschen, mit denen mein Vater seine Idee erörterte, die seinen Weg begleiten sollten, dachten, er sei verrückt. Ihre Antwort war fast immer, danke, aber nein danke.«   Ira van Eelen

Hunger hat uns also nicht zum ersten Mal in der Geschichte einen Wandel beschert. Er war für die Entwicklung von Clean Meat genauso zentral wie ein weiterer Faktor, an den sich Ira ganz genau erinnern kann: »Für meinen Vater war es sehr schmerzhaft, dass er es nicht schaffte, Vegetarier zu werden. Er war ein absoluter Gegner der Tierhaltung, wie wir sie kennen.« Die wissenschaftliche Neugier des Visionärs war also früh geweckt, sich selbst einen Ausweg aus seinem Dilemma zu verschaffen. 1948 kam van Eelen an der medizinischen Fakultät der *Vrije Universität Amsterdam* zum ersten Mal mit Gewebe in Berührung, das am Leben erhalten wurde. Ein Augenblick, der sein Leben für immer veränderte.
»Während alle anderen Studenten das Gewebe unter wissenschaftlichem Interesse betrachteten, war der erste Gedanke meines Vaters, ›das kann ich essen‹«, lacht Ira. Die Geburtsstunde der In-vitro-Fleisch-Idee. Bevor van Eelen seiner Vision von Fleisch aus dem Reagenzglas allerdings nachging,

war er zunächst lange Zeit Unternehmer. Ganze 16 Restaurants nannte er sein Eigen. Erst der plötzliche Tod seiner Frau im Jahre 1975 brachte den Wissenschaftler wieder zurück zur Idee des Retortenfleischs und war entscheidend für dessen Weiterentwicklung. Denn er schockierte van Eelen so sehr, dass er sich mit der Verlängerung der Lebenserwartung und einem Heilmittel gegen den Tod beschäftigte. In diesem Kontext kam er mit der Stammzellenforschung und Zelltherapie in Berührung. »Für meinen Vater stand fest, wenn die Medizin ein Ohr auf eine Maus verpflanzen und Haut für Brandopfer züchten konnte, dann könnte sie auch ein Steak wachsen lassen«, erinnert sich Ira. Sie weiß, dass ihr Vater sehr wahrscheinlich nicht der Einzige war, der diese Idee hatte. Wohl aber war er die Person, die die Umsetzung dieser lebensverändernden Eingebung am meisten antrieb.

So kam es, dass da auf einmal dieser Mann war – kein Wissenschaftler, kein Mediziner – der auf angesehene Ärzte zuging und sie von einer Idee überzeugen wollte, die nichts mit seiner Expertise zu tun hatte. Und als wäre das nicht genug, wollte er Ärzte dazu bringen, sich unternehmerisch zu betätigen. Ira schmunzelt: »Das war einfach etwas, das ein Arzt damals nicht gemacht hat. Die meisten Menschen, mit denen mein Vater seine Idee erörterte, die seinen Weg begleiten sollten, dachten, er sei verrückt. Ihre Antwort war fast immer, danke, aber nein danke.« Das Problem: Damals gab es keine Bioindustrie und damit keinen anderen Weg als den über die Medizin. Doch der findige Unternehmer blieb hartnäckig und fand in den 90ern die ersten Menschen, die seine Vision teilen konnten: Carlijn Bouten, heute Professorin an der Technischen Universität Eindhoven, und Peter Verstrate, heute Mitgründer von *Mosa Meat*. Für Ira sind sie neben ihrem Vater die ursprünglichen Pioniere der Szene. Schließlich fand van Eelen noch drei Universitäten, die an seiner Idee interessiert waren – Amsterdam,

Utrecht und Nijmegen. Zeitgleich fing er an, Patente aufzusetzen, die er brauchte, um aus seiner Vision ein Geschäft zu machen. Denn ohne Geschäft keine Investoren.

Seine ersten Investitionen erhielt van Eelen 1993 von Willem van Kooten und Maarten Woud, um die Durchführbarkeit des Konzeptes zu beweisen. Durch dieses sogenannte »Proof of Concept« war es ihm möglich, 1997 sein Patent einzureichen, das zwei Jahre später erteilt wurde. Daraufhin ging es mit der Forschung erst richtig los. Die niederländische Regierung investierte in die Innovation, und damals schon forschte die Gruppe wissbegieriger Wissenschaftler beispielsweise an Algen als Grundlage für die Zell-Nährlösung (ein heute viel diskutierter Clean-Meat-Faktor ist der Einsatz von Kälberserum als Nährlösung, dazu später mehr). Die Universität Wageningen beschäftigte sich mit der Akzeptanz von Konsumenten. Ein ganzes Ökosystem der Forschung wurde zum Leben erweckt. Damals noch arbeitete van Eelen mit Baute gemeinsam an der Vision eines In-vitro-Würstchens. Baute allerdings überarbeitete sich und wurde durch puren Zufall von einem noch nicht mit der Materie vertrauten Kollegen abgelöst: dem heute allseits bekannten Mark Post. Er ist wohl *der* Pionier der Szene und hat mithilfe einer Investition von Sergey Brin den ersten Clean-Meat-Rindsburger zur Verkostung gebracht. »Natürlich hat Post von da an einen guten Job gemacht. Aber das ist die eigentliche Geschichte, wie die Investoren letztlich auf Post aufmerksam wurden und den Burger initiierten. So wurde aus einem Würstchen aus Schweinefleisch aufgrund der Investition von Sergey Brin ein Rindsburger«, weiß Ira.

Auf Erfolgskurs: Ein sagenumwobener Burger

*»Gut zubereitet und gewürzt schmeckt ein In-vitro-Burger nicht
wirklich anders als ein traditioneller.«*　　　　Hanni Rützler

Das erste Mal probierte Ira Clean Meat im November 2017.
Mittlerweile konnte sie bereits dreimal das Fleisch aus dem
Reagenzglas verkosten. Die smarte Niederländerin aß unter
anderem Ente und Hähnchen. Ihr Vater hatte diese Chance
nie. Sein Protegé Post allerdings brachte das Fleisch aus dem
Labor nicht nur auf den Tisch von Journalisten, sondern
schaffte im August des Jahres 2013 mithilfe der besagten Investition von Sergey Brin und dem ersten damit gezüchteten Burger ein Medienspektakel. »Ich bin einfach sehr froh, dass Sergey Brin an die Idee glaubte. Denn es waren der Hamburger
und diese Investition, die Clean Meat einen weiten Schritt
vorangetrieben haben. Der Effekt auf die Industrie war
enorm«, erinnert sich Ira.
Probiert wurde der Burger in London während einer Presse-
konferenz. Eine glückliche Verkosterin des noch rund 250–
300 000 Euro teuren Burgers (innerhalb der nächsten zwei
Jahre sollen die Produktionskosten so weit sinken, dass der Burger nur noch rund neun Euro kostet[11]) war die Foodtrendforscherin Hanni Rützler. In einem Statement für das Start-up-
Magazin *Berlin Valley* verrät sie: »Gut zubereitet und gewürzt
schmeckt ein In-vitro-Burger nicht wirklich anders als ein
traditioneller.«[12] Der Verkostung folgte ein riesiges Me-
dienecho, das auch in Deutschland in allen größeren Blättern
zu vernehmen war. *Zeit Online* titelte mit »Einmal Kunstfleisch-Burger für 300 000 Euro, bitte!«[13], *sueddeutsche.de* mit
»Burger aus dem Labor«[14] und *Spiegel Online* mit »Wissenschaftler präsentieren ersten Labor-Burger«[15]. Der Startschuss
für die zweite Runde der Geschichte in-vitro. Denn das Thema

war von heute auf morgen über Ländergrenzen hinweg in aller Munde, wenn auch noch nicht wortwörtlich.

Mit diesem Event verschaffte Post dem Thema eine Stimme, die selbst von Größen der Fleischindustrie gehört wurde. Und dessen Effekte sich auch anderswo, wie im *Ernährungsreport 2019* des *Bundesministeriums für Ernährung und Landwirtschaft* (*BMEL*), ablesen lassen. Ein Ergebnis der Befragung in Deutschland lautet: »Ein knappes Drittel (29 Prozent) ist der Ansicht, dass alternative Fleischarten wie aus Insekten hergestellte Lebensmittel oder In-vitro-Fleisch einen Beitrag zur Ernährungssicherheit leisten können.«[16] Der Effekt für die Szene war gewaltig, erzählt Ira: »Als ich dann nach der Verkostung auf meiner ersten Convention in Maastricht war, waren da auf einmal 200 Menschen, die alle wussten, was Clean Meat ist. Vorher hatte ich immer nur mit drei oder vier Personen über die Idee gesprochen. Es war das erste Mal, dass ich den Menschen, mit denen ich mich unterhielt, nicht erklären musste, was es mit dem Konzept auf sich hatte.« Mit der Stimme kam auch das Kapital. Aus der einstigen Forschungsgemeinschaft wurden Unternehmen mit kapitalistischen Interessen.

Bei dem im Jahr der Verkostung von Mark Post und seinem Mitgründer Peter Verstrate ins Leben gerufenen Unternehmen *Mosa Meat* handelt es sich um ein Spin-off der Universität Maastricht.[17] Mittlerweile blicken die Gründer nach der Investition durch Sergey Brin, die den entscheidenden Vorstoß ermöglichte, auf 7,5 Millionen Euro einer Series-A-Finanzierungsrunde. Einer der Lead-Investoren: Der Pharmakonzern *Merck* beziehungsweise sein Venture-Capital-Arm *M-Ventures*. Und noch ein Name gibt Grund zum Aufhorchen: die *Bell Food Group*. Auch die Schweizer Fleischproduzenten gehören zu den erwartungsfrohen Geldgebern des Clean-Meat-Startups. Damit rückt Post seiner Vision des Fleischmarktes wieder ein Stück näher. Was er sieht? Beispielsweise einen Markt mit fast schon »personalisiertem« Fleisch. Im Interview mit der *Wired* verrät er: »Wir könnten das Fleisch etwa gesünder machen. Wir könnten dafür sorgen, dass es mehr ungesättigte Fettsäuren enthält, in dem wir die Nährlösungen entsprechend abstimmen – wie bei einer Kuh, die frisches Gras frisst statt industrielles Stallfutter.«[18] Um diese Vision wahr werden zu lassen, schaffen die Gründer mithilfe der Gelder zunächst zwei neue Bioreaktoren an. In diesen Tanks sollen die Zellen der Wissenschaftler 50 Kilo Fleisch pro Woche hervorbringen.[19] So viel Innovationskraft das frische Kapital auch bringt, es hat auch seine Tücken. »Bis vor rund zwei Jahren arbeiteten noch alle gemeinsam an der Vision Clean Meat. Heute ist es keine Open-Source-Industrie mehr, was die Entwicklung verlangsamen wird. Menschen, die an Universitäten forschen, sprechen miteinander. Allmählich werden aus ihnen aber mehr und mehr Unternehmen, und Unternehmen sprechen nicht miteinander«, erklärt Ira. Dass Ergebnisse nicht mehr geteilt werden, ist ein normaler Prozess der Kapitalisierung. Sehen wir hier aber vielleicht bereits die Abkehr von der Idee einer Clean-Meat-Revolution oder den Anfang einer vom Wettbewerb belebten Industrie?

Revolutionen

*»Er [der Körper] wurde von der Evolution geschaffen, auf Bäume zu
klettern und hinter Gazellen herzujagen, und nicht Steine vom
Boden aufzulesen und Wassereimer zu schleppen. Rücken, Knie,
Gelenke und viele andere Körperteile zahlten einen hohen Preis für
die landwirtschaftliche Revolution.«* Yuval Noah Harari

Vor über 10 000 Jahren wurde der Grundstein für den Übergang zu Industrie und Landwirtschaft rund um Fleisch, so wie
wir sie kennen, gelegt. Wir nennen diesen Grundstein die
landwirtschaftliche Revolution. Sie war es, die uns weg vom
Konsum in und aus unserer Umgebung und hin zu jenem aus
der Zucht führte. »Der größte Betrug der Geschichte«, so titelt
der erste Abschnitt zur landwirtschaftlichen Revolution in
Yuval Noah Hararis Buch »Eine kurze Geschichte der Menschheit«.[20] Denn im Bestreben, uns das Leben zu erleichtern
durch die Veränderung der Art, wie und welche Lebensmittel
wir anbauen, haben wir das Gegenteil bewirkt. Dabei ist es nur
ein Wimpernschlag der Geschichte, der uns von dem Zeitpunkt trennt, an dem der Mensch entschied, Tiere zu domestizieren. »Damals begannen die Sapiens, ihre Anstrengungen
fast ausschließlich auf die Manipulation einiger weniger Tier-
und Pflanzenarten zu bündeln«, schreibt Harari.[21] Unser heutiger Speiseplan geht auf diese Entwicklung und die Entscheidung zurück, eine überschaubare Anzahl an Tieren und
Pflanzen in den Fokus unserer Ernährung zu stellen.
Interessanterweise fand die landwirtschaftliche Revolution
nicht in einem Teil der Erde statt und wurde von dort exportiert. Menschen aus vielen Teilen der Erde fingen zeitgleich an,
Tiere und Pflanzen zu züchten. Die Idee, unsere Versorgung

im Domestizieren zu sichern, lag uns also irgendwie im Blut. Ein Wandel, der Einfluss darauf hatte, dass sich der Mensch in den folgenden Jahren zum Bauern entwickeln sollte. Als Jäger noch streiften wir auf der Suche nach dem nächsten Stück sättigendem Fleisch durch die Wildnis. Als Bauern bestellen wir Felder und versorgen Tiere. Der große Wandel: die Abkehr von der Unsicherheit der Suche hin zur Sicherheit vorrätigen Fleisches.

Mit der gesicherten Ernährung sollte eigentlich die Freiheit einkehren. Was uns stattdessen bevorstand, war ein hartes und arbeitsintensives Leben. Denn mit der Revolution kamen lange Arbeitszeiten und – obwohl mehr Nahrung produziert wurde – eine ärmere Kost auf. Haben der Fortschritt und die Evolution uns also in ein Leben gezwängt, das doch entgegen unserer Natur ist? Können wir überhaupt nicht im Einklang mit der Natur sein, wo wir doch nicht mehr ein Teil derselben zu sein scheinen? Wenn man sich selbst einmal betrachtet, die biologische Masse, die man nun einmal ist, dann stellt man sich unweigerlich die Frage, ob das Leben, das man führt, so vorgesehen war. Manchmal stelle ich mir vor, der Mensch würde noch als Jäger und Sammler leben. Nehmen wir eine Stadt wie Berlin. Statt in endlosen tristen Häuserreihen zu wohnen, unter zahllosen Menschen, Autos, in Elend neben Reichtum, würden wir vielleicht immer noch in den einstigen Sippen zusammenleben. Unsere geistige Entwicklung wäre vorangeschritten, mit ihr hätten wir gelernt, die Ressourcen unserer Umwelt einzusetzen, um uns ein besseres Leben zu ermöglichen. Wenn wir nur nicht die Ernährungsgrundlage für unsere massenhafte Vermehrung geschaffen hätten. Wäre die Evolution gleichermaßen verlaufen? Wo stünden wir heute? Alles nur Spekulation.

Vielleicht sollte es so sein, dass wir als Bauern zu einer härteren Arbeit und ärmeren Kost geführt wurden. Vielleicht ist das der natürliche Prozess. Vielleicht war es nicht zu verhindern, dass Früchte wie Weizen die Felder erobern. Und vielleicht gibt es Paralleluniversen, in denen Wesen wie wir nie zum Bauern wurden und auch die letzten 10 000 Jahre als Jäger verbracht haben. Unsere Waffen wären ausgeklügelter, unsere Jagd effizienter. Würden wir heute anders aussehen, ein anderes Verhältnis zum Tier haben? Wieder: alles nur Spekulationen. Wir sind das Produkt der landwirtschaftlichen Revolution und ihrer Folgen. Haben wir also ein Leben in Freiheit aufgegeben, das von den Widrigkeiten der Natur bestimmt war, um fortan Gefangene der heutigen landwirtschaftlichen Produktion zu sein? Oder ist es die natürliche Freiheit, die wir heute leben? Der Körper des Menschen zumindest, so Harari, sei nicht für eine Arbeit, wie sie es beispielsweise der Anbau des Weizens erfordert, gebaut. Er schreibt: »Er [der Körper] wurde von der Evolution geschaffen, auf Bäume zu klettern und hinter Gazellen herzujagen, und nicht Steine vom Boden aufzulesen und Wassereimer zu schleppen. Rücken, Knie, Gelenke und viele andere Körperteile zahlten einen hohen Preis für die landwirtschaftliche Revolution.«[22] Wenn das Jägertum also den menschlichen Körper geformt hat, in dem wir heute leben, wie wird er wohl nach zwei Millionen Jahren heutiger Ernährungsform- und produktion aussehen?

Mit der landwirtschaftlichen Revolution haben wir den Menschen, der wir waren, hinter uns gelassen und die Basis für den Menschen geschaffen, der uns heute zu Millionen auf den Straßen begegnet. Dass der menschliche Körper nicht für die Arbeit auf dem Feld gemacht ist, ist gar nicht weiter schlimm. Denn in diesem besagten Wimpernschlag der Geschichte haben wir uns, kurz nachdem wir uns den Feldern und Herden von Tieren gewidmet haben, auch schon wieder davon entfernt. Diese Abkehr spiegelt sich vor allem in der Zahl der Bauern wider. Noch zu Beginn des 20. Jahrhunderts machten

Bauern rund 60 Prozent der Bevölkerung in Deutschland aus, »Heute leben noch rund drei Prozent der Deutschen von der Landwirtschaft [...]«.[23] Nach rund 2,5 Millionen Jahren der Jagd und des Sammelns haben wir es in 10 000 Jahren geschafft, ein System zu etablieren, das es uns in den letzten 100 Jahren erlaubt hat, uns so weit von der eigentlichen Produktion unserer Nahrung zu entfernen, dass ein großer Teil der Menschen gar nicht mehr über das Wissen verfügt, das es braucht, um Bauer oder gar Jäger zu sein.

Heute braucht es nicht mehr als ein paar Klicks, um sich die nächste Mahlzeit zu beschaffen. So wenig der menschliche Körper für die Arbeit auf dem Feld geschaffen ist, so wenig scheint er hierfür ausgelegt. Tatsächlich leiden Menschen mehr denn je an Krankheiten wie Adipositas – ein Umstand, der ohne Zweifel mit unserer Ernährungsweise und der Entwicklung der modernen Industrie zusammenhängt. Dabei setzt sich unsere Ernährung selbstverständlich aus vielen Komponenten zusammen. Dem übermäßigen Konsum von tierischem Protein allerdings wird nachgesagt, Auslöser von Krebserkrankungen und beispielsweise Fettleber zu sein. Wie heißt es so schön: »Du bist, was du isst«. Was uns einst die Macht dazu verlieh, die Erde zu erobern und uns ungehindert zu vermehren, sorgt heute dafür, dass wir träge werden. Mit der landwirtschaftlichen Revolution haben wir uns wortwörtlich niedergelassen. Über Jahrtausende sind zudem unzählige Menschen für die Landwirtschaft gestorben. Im Kampf für ihr Land und jedes Korn, das ihnen den Leid des Hungers ersparen sollte. Warum? Ganz einfach, für die Fortpflanzung. Für das Weitergeben unserer Gene.

Das Resultat: Milliarden Menschen besiedeln mittlerweile die Erde. Hier hat die Evolution entgegen der körperlichen Konstitution, unter der wir leiden, doch ganze Arbeit geleistet. Was also sehen wir, wenn wir auf die Geschichte unserer Lust nach

Fleisch blicken? Wir sind von der Notwendigkeit, unsere Ernährungsweise zu ändern, um zu überleben, zum Fleischesser geworden. Der Fleischkonsum war dabei Grundlage für die Entwicklung des menschlichen Körpers und Gehirns. Wir wurden zum Jäger und vom Jäger zum Bauern. Und heute? Heute blicken wir in die Gesichter von was? Wer sind wir heute? Konsumenten? Wie auch immer wir uns als Teil des Ernährungssystems definieren, wir haben es geschafft, aus der einstigen Entscheidung für eine andere Ernährungsweise, um zu überleben, eine Umwelt zu kreieren, die aufgrund dieser Form der Ernährung ein weiteres Mal von uns verlangt, umzudenken. Wohin sie steuern wird? Vielleicht zu Clean Meat. Wir wissen es nicht und diskutieren in Verbänden, auf Konferenzen und in den Medien.

Die Industrielle Revolution

»Nach dem Zweiten Weltkrieg zieht die Industrialisierung auch in die Ställe ein. Der Beginn der Massentierhaltung.« Kathrin Bartel

Die letzten Jahrhunderte brachten ein Auf und Ab des Fleischkonsums. Von rund 100 Kilogramm pro Kopf und Jahr im Mittelalter bis hin zu 14 Kilogramm zu Beginn des 19. Jahrhunderts.[24] Eines aber blieb konstant: unsere Lust auf Fleisch. Nach der landwirtschaftlichen Revolution, die uns das tierische Protein aufs Feld und in den Stall brachte, waren wir nur noch einen kleinen Schritt vom Fleischglück der heutigen Konsumgesellschaft entfernt. Dieses Glück und der damit verbundene nächste Bruch der Lebensmittelproduktion hat einen Namen: Industrialisierung. Mit ihr haben wir den nächsten Meilenstein unseres Konsumwandels erreicht. Die Industrialisierung hat die traditionelle Agrarproduktion abgelöst. Sie ist nicht nur die Wiege der Kühlmaschinen, von Konserven oder Fleischextrakten[25].[26] Sie markiert auch den Startschuss für das Wachstum der Städte. Denn wie einst dem Ruf der Tiere in den Wald folgen wir heute dem Ruf der Arbeit. Ein Ruf, der uns weg von den Feldern führte, auf denen wir die Früchte der ersten Revolution ernteten, und hinein in die Maschinerie der Fabriken. In diesen Fabriken haben wir sie initiiert, die zweite Phase der Entfremdung vom Tier und der Schaffung eines Produkts. Fleischkonsum kann seither einfach zusammengefasst werden: Am laufenden Band vom Band. Oder um es in den Worten der Journalistin Kathrin Bartel auszudrücken: »Nach dem Zweiten Weltkrieg zieht die Industrialisierung auch in die Ställe ein. Der Beginn der Massentierhaltung.«[27] Die zweite Revolution unserer Produktionsweise markiert also den Beginn der Fleischindustrie, die seither unsere unbändige Lust auf Fleisch nährt. Rund 98 Prozent dieser Lust werden über Massentierhaltung befriedigt.[28] Eine Lust, die noch kurz zuvor kaum Befriedigung fand. Denn was heute massenhaft über die Theke geht, war vor nur 70 Jahren noch rare Ware. So abwegig es für uns auch klingen mag, die wir in einer Gesellschaft leben, die jedes Jahr elf Millionen Tonnen Lebensmittel wegschmeißt. Und obwohl die Errungenschaften der Industrialisierung zu unserem Nahrungswohlstand beigetragen haben. Der Krieg war von Hunger gekennzeichnet – nicht nur im Gefangenenlager van Eelens. Lebensmittel waren knapp. Fleisch machte nur einen kleinen Anteil der Ernährung aus. 1945 betrug eine Wochenration Fleisch gerade einmal 222 Gramm.[29] Das entspricht etwa einem schönen, saftigen Steak oder einer Hühnerbrust. Damals war das Angebot an Nahrungsmitteln aber auch grundsätzlich limitiert. In großen Städten wie Berlin lebten die Menschen nicht selten von 1000 Kalorien am Tag.[30] Der Winter des Jahres 46 geht dabei als sogenannter »Hungerwinter« in die Geschichte ein.

Doch nicht nur in Deutschland blicken wir auf eine durchwachsene Fleischgeschichte. Auch in den Vereinigten Staaten kam es während des Zweiten Weltkriegs zur Rationierung von Fleisch. Grund dafür war, dass viele Bauern auf die staatlich regulierten niedrigen Preisobergrenzen in der Produktion mit der Devise »weniger ist mehr« reagierten. Paul Shapiro, Autor und Mitgründer von *The Better Meat Co.*, beschreibt in seinem Buch »Clean Meat« allerdings, dass die Verfügbarkeit von Fleisch auch nach dem Krieg noch ein großes Problem war. Denn mit dem Ende des Krieges und der Regulierung kam unversehens das Ende des preiswerten Fleisches. Der Versuch der erneuten Regulierung, dieses Mal allerdings ohne Kriegshelden im Argumentationsgepäck, rief die amerikanische Fleischlobby und wie zuvor die Reduzierung des Angebots hervor.[31] Das ging natürlich nicht. Die Menschen wollten ihr Fleisch. Warum sollten sie in Zeiten des Friedens auf das geliebte Nahrungsmittel verzichten? Der öffentliche Aufschrei war laut. In Shapiros Worten: »Das Land war in Aufruhr«[32]. Die »Fleischfrage« wurde zur politischen. »Diese Geschichte […] veranschaulicht, wie stark das menschliche Verlangen nach Fleisch sein kann […]«[33], schließt Shapiro. Sie zeigt aber auch, wie stark unsere Stimme sein kann, wenn sie gehört wird – und sei es vom Kapital.

Auf jährlich 37 Kilo brachten wir es 1950[34] schließlich pro Kopf, um nur zehn Jahre später den Konsum fast zu verdoppeln. Heute essen wir bei einem jährlichen durchschnittlichen Verzehr von 60 Kilogramm[35] rund 1,15 Kilogramm in der Woche (2018). Morgens beißen wir genüsslich in ein Wurstbrot, mittags gibt es einen Teller Erbsensuppe, aber bitte mit Wiener, und abends einen Burger. Doch wie ist es uns in so kurzer Zeit gelungen, unseren Konsum so drastisch zu steigern und unserer Lust »endlich« Befriedigung zu verschaffen? Für Reinhild Benning, Referentin für Landwirtschaft und

Tierhaltung bei *Germanwatch e. V.*, ist die Antwort auf diese Frage ganz einfach: Im Kampf gegen den Hunger wurde der Staat auf den Plan gerufen: »Um die Produktivität zu steigern, wurde die Landwirtschaft von politischer Seite aus unterstützt.« Dabei haben es die Bauern und Politik geschafft, innerhalb kürzester Zeit die Versorgung der Bevölkerung wieder sicherzustellen. Der *NABU* schreibt dazu: »In der Phase des Wiederaufbaus herrschte zunächst ein grundsätzlicher Mangel an Lebensmitteln, der allerdings relativ schnell […] mit der sich intensivierenden Industrialisierung der Landwirtschaft überwunden wurde.«[36] Nach der Zeit des Hungers folgte also eine der Subventionen und der Maschinerie der industriellen Landwirtschaft. Die Konsequenz: Mit dem Ende des Hungers endete noch lange nicht die Produktivitätssteigerung. »Die industrielle Landwirtschaft war endgültig angefacht und begann, mehr und mehr Fleisch und immer weniger heimische Eiweißpflanzen zu erzeugen«, erklärt Benning.

Von der Revolution zum Überschuss

»Die Schlachthöfe hatten auch mithilfe von Subventionen Kapazitäten aufgebaut, die ohnehin die Selbstversorgung in Deutschland und Europa bei Weitem übertrafen. Um die Haken in den Schlachthöfen auszulasten, musste mehr produziert und exportiert werden.«

Reinhild Benning

Die westliche Welt war im »Fleischfieber«. Einem Fieber, das mit einem Überschuss an Fleisch bedient wurde. Denn die politische Unterstützung in der EU, die einst den Hunger besiegen sollte, trug maßgeblich dazu bei, dass bereits Ende der sechziger Jahre Überschüsse erzeugt werden konnten. »Diese Überschüsse ermöglichten es Schlachthöfen und Molkereien, für tierische Lebensmittel sehr niedrige Preise an die Bauern zu zahlen und mit Billigfleisch die Kauflaune der Verbraucher anzustacheln. Fleisch wurde zum Symbol des Wohlstands. Gleichzeitig fielen die Preise«, weiß Benning. Wir lebten im Überfluss. Die EU schritt zur Tat. Das Agieren allerdings war nicht ganz – wenn man so will – besonnen. Nicht ganz so effizient und durchdacht. Sie wusste der Landwirtschaft mit einem bizarren, wenn auch wirkungsvollen Instrument zu helfen. Es wurde die Zeit der »Vernichtungsprogramme« eingeläutet.

»Das als ›Herodes-Prämie‹ bekannte Programm sah in den 90er-Jahren vor, dass Kälber kurz nach ihrer Geburt getötet wurden. Man versuchte, die Geister, die einst durch Subventionen gerufen wurden, wieder loszuwerden«, erklärt Benning. Rund 230 Deutsche Mark war diese Vernichtung »jedes unter 20 Tage alten männlichen Kalbs von Milchviehrassen« wert.[37] In Deutschland allerdings wurde sie nicht gezahlt. Das hatte zur Folge, dass die noch jungen Tiere den Transport ins nahe Ausland hinter sich bringen mussten, bevor ihr kurzes Leben beendet wurde. »Noch einmal zehn Jahre später hat die Europäische Union ihre Strategie geändert und nannte die Überschüsse nicht mehr Überschüsse, sondern Exportprodukte«, erinnert sich Benning weiter. Dabei hält die Umdefinition der Überschüsse hin zu Exportprodukten für die Expertin bis heute an: »Die Schlachthöfe hatten auch mithilfe von Subventionen Kapazitäten aufgebaut, die ohnehin die Selbstversorgung in Deutschland und Europa bei Weitem übertrafen. Um die Haken in den neuen Schlachthöfen auszulasten, musste mehr produziert und exportiert werden. Deutsche Schlachthofkonzerne konkurrieren seither auf dem Weltmarkt zunehmend mit Brasilien sowie anderen Ländern mit niedrigen Umwelt- und Sozialstandards um Marktanteile auf dem Weltmarkt für Fleisch.«

Mittlerweile exportiert Deutschland das, was »übrig bleibt« – vornehmlich nach China. In einem Artikel von *Zeit Online* steht dazu: »Seit der Jahrtausendwende hat sich der Export von Fleisch- und Milchprodukten nach China verdreißigfacht. Vor allem Schwein ist beliebt: 2,4 Millionen Tonnen haben deutsche Händler zwischen Januar und Oktober 2017 exportiert und damit knapp ein Fünftel der geschlachteten Schweine.«[38] Die EU gehört zu den weltweit größten Fleischexporteuren.[39] Aus dem Hunger wurde Verlangen, wurde Überfluss, wurde Export, wurde Geschäft. Ein lohnendes Geschäft, das die Fleisch-Maschinerie nicht nur in Gang hielt, sondern ihr zusätzlichen Antrieb verlieh. Heute müssen wir für unser nächstes Stück Fleisch nur noch eines tun: kaufen. Ob Wurst, Nugget, Boulette oder Medaillon, das begehrte Lebensmittel liegt in Kühl- und Fleischtheken da, fertig geschnitten, verpackt und bereit zur Weiterverarbeitung. Mittlerweile blicken wir auf eine millionenschwere Industrie. Vier Millionen Tonnen Fleisch haben die gewerblichen Schlachtbetriebe Deutschlands im ersten Halbjahr 2018 produziert.[40] Eine unfassbar große Menge, die weltweit proportional zur steigenden Bevölkerungszahl wächst.

Etwas übrig zu haben, klingt zunächst einmal positiv. Es klingt als würde es zum System und Wohlstand beitragen. Uns weiterbringen. Überschüsse können später von einem selbst verwertet oder verkauft werden. Überschüsse bringen Profit und niedrige Preise, über die sich die Konsumenten freuen, während sie sich im wahrsten Sinne des Wortes die Finger lecken. Im Falle vom Fleisch allerdings führen die Umstände, die diesen Profit bedingen, auch zu einem öffentlich brisanten Diskurs. Denn mit dem lukrativen Überschuss, der auf so vielen Ebenen Wohlstand bringt, stehen Tierschutz-, Gesundheits- und Umweltschutzprobleme in Verbindung. Wir blicken auf Abholzung, Monokulturen, Insektensterben, Erderwärmung,

Überdüngung, Tierleid, Tod, Entfremdung, Antibiotikaresistenzen, Herz-Kreislauf-Erkrankungen, Krebs und dann wieder Tod.

Die Industrialisierung hat uns also aufgrund der beschriebenen Mechanismen neben vielen weiteren Errungenschaften (im Hinblick auf die Effizienz) unsere exportfreudigen Fleischfabriken samt aller ihrer Folgen beschert. Heute muss sich in den Industrieländern niemand mehr die Frage stellen, ob Fleisch auf den Tisch kommt, sondern welches. Das Angebot scheint schier endlos. Die globale Fleischproduktion hat sich dabei laut *Fleischatlas* in den letzten 50 Jahren mehr als verdreifacht. Sollte sich nichts am Trend ändern, soll sie bis 2050 noch einmal um 85 Prozent steigen.[41] Das zumindest erwartet die Ernährungs- und Landwirtschaftsorganisation der Vereinten Nationen (*FAO*). Kein Wunder, denn bis 2050 sollen auch ganze zehn Milliarden Menschen die Erde bevölkern. Es wird im wahrsten Sinne des Wortes eng. Auch für die Produktion. Denn parallel zum wachsenden Konsum steigen in vielen Ländern die Einkommen. Die Konsequenz: »Wegen der zunehmenden Kaufkraft wird die Nachfrage nach Lebensmitteln stärker wachsen als die Bevölkerung: von 2006 bis 2050 insgesamt um 70 Prozent, bei Fleisch sogar um 85 Prozent, kalkuliert die UN-Ernährungs- und Landwirtschaftsorganisation *FAO*.«[42] Unser Hunger ist also noch lange nicht gestillt. Bis 2050 sollen wir deshalb, wenn es so weitergeht wie bisher, auf ganze 95,7 Kilogramm verbrauchtes Schlachtgewicht pro Kopf kommen.

Ein Trend, der sich in absurden Produkten widerspiegelt. Darunter auf jeden Fall der Fleisch-Smoothie. Andererseits füttern wir ja auch unsere Kinder mit püriertem Rind, essen selbst zwischendurch getrocknete Fleisch-Chips und wollen auch sonst nicht auf den Fleischgeschmack verzichten. Deshalb brauchen wir Chips mit dem Geschmack von Speck, kauen auf Kaugummi mit Wurstgeschmack herum (tatsächlich habe ich bei meinen Recherchen auf Amazon »Kaugummi Kugeln ROAST BEEF – mit Rinderbratengeschmack« gefunden) oder greifen in einer Snack-Selection nach Salami.

Clean Meat: the next Revolution

»Clean Meat wird passieren, die Frage ist nur, wann.«
Didier Toubia

Immer öfter klopft sie an, die Stimme der Vernunft. Sie will uns dazu verführen, mit unserer Lust zu brechen und dem Konsum den Kampf anzusagen. Auch ich bin ein Opfer meiner Lust, wenn ich auch lieber auf einem Kaugummi mit Pfefferminzgeschmack kaue. Doch nicht selten plagt mich wie so viele andere mein Gewissen. Nicht nur wegen der Recherchen, die ich mache. Der Trend weg vom Fleisch ist allgegenwärtig. In einer Stadt wie Berlin wahrscheinlich stärker als auf dem Land. Hier scheint es bereits Gebot, Vegetarier, Veganer oder zumindest Flexitarier zu sein. Das wirkt sich auch auf das Angebot an alternativen Lebensmitteln aus. Vegane Restaurants warten mit einer Vielfalt an Proteinersatzprodukten auf, wie wir sie an der Zahl vor nicht allzu langer Zeit nicht mal aus dem Fleischregal kannten. Doch dazu später mehr. Warum aber überhaupt der Trend und die von außen auferlegte »Scham«? Ganz einfach: Information. Niemand kann mehr von sich behaupten, nicht zu wissen, dass Fleischkonsum auch Tierleid und Umweltbelastung bedeutet. Transparenz ist der Schlüssel zum Wandel und eine der größten Hürden der Fleischindustrie. Deshalb springen mittlerweile auch die Großen des Markts wie die *PHW*-Gruppe, zu der die Tochtergesellschaft *Wiesenhof* gehört, auf den Clean-Meat-Zug auf. Für den Visionär und Gründer von *Aleph Farms*, Didier Toubia, nicht verwunderlich: »Die Fleischindustrie braucht Transparenz, sie braucht Nachhaltigkeit. Diese zwei Aspekte bringen wir dem Markt. Wir können unser Produkt bis zur Zelle zurückverfolgen.« Für Toubia steht fest, Clean Meat kann auch verlorenes Vertrauen in die Fleischindustrie wiederherstellen. Dabei gibt es für den Unternehmer zwei Gründe, die die wachsende Öffnung des Markts für die Clean-Meat-Idee bewirken: »Die Entwicklungen, die wir im technologischen Bereich sehen, machen es schlichtweg möglich, heute über die Vision eines Clean-Meat-Markts auch wirklich reden zu können. Die Industrie hat dadurch an Glaubwürdigkeit gewonnen. Clean Meat wird passieren, die Frage ist nur, wann. Der zweite Grund ist, dass das Bewusstsein für die Probleme, die mit der industriellen Produktion einhergehen, immer größer wird.« Es schließt sich der Kreis der Information, die nicht nur ein größeres Interesse an Clean Meat, sondern auch an pflanzenbasierten Produkten bewirkt. Auch sie werden von den Großen der Fleischindustrie unterstützt. Symbolfiguren wie Bill Gates, Richard Branson oder Sergey Brin sind alle Teil einer Bewegung, die ein bestimmtes Bild der Zukunft teilen: weniger industrielles Fleisch für eine geschützte Umwelt. Ob Labor- oder Pflanzenfleisch scheint hier erst einmal keine Rolle zu spielen. Das Interesse am neuen Markt wächst. Eines der derzeit bezeichnendsten Beispiele für dieses Interessenwachstum: die *Fridays for Future* einer neu erwachten Generation an Demonstranten. Wenn auch hier der Fokus nicht auf Fleisch liegt.

Dennoch: Gerade Demonstrationen lassen uns das Aufkommen einer womöglich bevorstehenden Revolution spüren. Dabei steht der demonstrierenden Schülerschaft, ich nenne sie mal »Generation D«, eine ebenso neue, wenn auch ältere Generation an Konsumenten bei. Das weiß auch Dr. Simone

Frey, Gründerin von *Nutrition Hub* und Ökotrophologin. Für sie könnte Clean Meat eine Option sein, auf die Bedürfnisse der neuen Generation zu reagieren, ihr gerecht zu werden: »Wir müssen schauen, wer die Konsumenten der Zukunft sind. Zahlenmäßig sind das die Millennials. Für die spielt Nachhaltigkeit eine große Rolle. Clean Meat ist eine Produktkategorie, die neu geschaffen wird und viele der Bedürfnisse der Millennials, wenn es um Ernährung geht, erfüllt.« Nachhaltigkeit als Treiber der Clean-Meat-Revolution? Denkbar.

Auch für Toubia liegt hier ein wichtiger Grund für den potenziellen Siegeszug des neuen Fleischs. Denn für ihn bricht die industrielle Art, Fleisch zu produzieren, mit dem Gleichgewicht unseres Planeten. Clean Meat ist das Vermächtnis für die nächste Generation. »Das Verlangen wird kein jähes Ende finden. *Aleph Farms* will den Konsumenten das Produkt geben, das sie wollen, nur eben ohne die Effekte, die derzeit von der Industrie ausgehen«, erklärt Toubia.

Weshalb aber ist der Wandel bei all den Alternativen und dem scheinbaren Bedürfnis nach Transparenz und Nachhaltigkeit abgesehen von ein paar Lifestyleprodukten noch nicht in der Mitte der Gesellschaft angekommen? Eine weitverbreitete Annahme des Volksmunds scheint für mich hier zutreffender als jede wissenschaftliche Erklärung: aus den Augen, aus dem Sinn. Denn noch ist es bei aller Information nicht sehr weit gekommen mit der Welle der Fleischmarkt-Transparenz. Noch haben wir das neue System, das uns Einblick von der Zelle bis ins Kühlregal gewährt, nicht etabliert. Was also tun? Wie den Sehenden von seiner partiellen Blindheit befreien? Blicken wir hier im wahrsten Sinne des Wortes auf einen toten Winkel?

Vom Schützen zum Schützer

»Das System, das wir uns von den Anfängen der moderneren Zucht bis heute aufgebaut haben, werden wir nicht kurzfristig zurückdrehen können.«   Dr. Julia Köhn

Womit wir aufräumen müssen, ist das Image des Fleisches. Weg mit den Bildern »glücklicher« Tiere auf Weiden. Weg mit den Dumpingpreisen. Für Reinhild Benning steht fest, dass wir erschüttert wären, wenn wir sehen würden, wie das Fleisch in Tierfabriken tatsächlich erzeugt wird: »Wenn ein Tier aufgrund der niedrigen Preise schlecht behandelt wird, wird bei uns moralische Empörung ausgelöst. Allerdings fehlt auf Produkten im Handel eine Kennzeichnung der Zustände. Deshalb führt die anhaltend schlechte Tierhaltung zu weiteren Krisen.« Krisen, die durch Missstände ausgelöst werden. Zu enge Stallabteile, zu viele Tiere, unzureichende Versorgung, Fehlernährung, Zucht, die die Tiere so verändert, dass sie mit angeborenen Leiden auf die Welt kommen – sogenannte »Qualzucht«, wie Benning es nennt. Eine Zucht, die nicht nur uns entfremdet hat. Auch das Tier scheint wenig von seiner natürlichen Existenz zu »wissen«. Wie sonst lässt es sich erklären, dass Masthühner kein Sättigungsgefühl mehr haben? Dass ihnen so viel Brustfleisch angezüchtet wurde, dass sie beim Laufen einfach umfallen? Es scheint, als würde die Hochleistungszucht unnatürliche Wesen entwickeln. Sie können gar nicht mehr anders, als in ihrem Stall zu verharren und ihrem Schicksal entgegenzufiebern. Während für Benning das Spezialinteresse einer überschaubaren Anzahl von Zuchtunternehmen in Industrieländern für diese Entwicklung verantwortlich ist, sehe ich den Menschen insgesamt in der Pflicht. Denn was der

Mensch will, ist mehr. Mehr Fleisch, mehr Milch, mehr Konsum. Die Tiere werden also ganz einfach so gezüchtet oder zurechtgestutzt, dass sie an die Haltungsbedingungen in Tierfabriken und letztendlich unsere Nachfrage angepasst werden, und nicht umgekehrt.[43]

Auch Dr. Julia Köhn, Gründerin der Plattform *Pielers* (dazu später mehr), beschreibt ein System, das, auf ökonomischen Prinzipien erbaut, ein Tier erschaffen hat, das es so in der natürlichen Evolution nicht gegeben hätte: »Das System, das wir uns von den Anfängen der moderneren Zucht bis heute aufgebaut haben, werden wir nicht kurzfristig zurückdrehen können. Die Tiere sind so gezüchtet, dass sie zum Teil auch so behandelt werden wollen, wie wir sie behandeln. Eine auf Milch getrimmte Kuh kann nicht das ganze Jahr auf der Weide stehen. Diese Kuh hat ein viel zu dünnes Fell. Der Fettgehalt im Fleisch ist reduziert.« Für Köhn steht fest, dass es im Umkehrschluss unseres Systems Tierquälerei wäre, diese Kuh rauszustellen. Was wir brauchen, sei ein grundsätzliches Umdenken: »Die Frage ist, sollten wir solche Kühe züchten, oder macht es vielleicht Sinn, darüber nachzudenken, dass wir nicht ganz so viel Milch auf dieser Welt brauchen, wie wir derzeit produzieren?«

Aber Veränderung braucht Zeit. Zeit für die Natur, sich langsam wieder zu regenerieren. Dabei hätte es für Benning gar nicht so weit kommen dürfen. Sie ist der Meinung, dass wir unsere »Tiere ethisch vertretbar halten und auch vom Leben zum Tod bringen« können. Aber eine »Qualzucht« dieser Art sollte gar nicht mehr möglich sein – zumindest nicht nach EU-Richtlinie. Im *Fleischatlas* steht dazu, dass diese Richtlinie folgendes Gebot zur Grundlage hat: »Die Tiere müssen verhaltensgerecht untergebracht werden, sie dürfen keine Schmerzen haben, leiden oder sonst wie zu Schaden kommen.«[44]

Geregelt werden dabei in ganzen 46 Paragrafen Kriterien wie

Platz, Futter, Licht und Temperatur verschiedener Nutztier-
ställe. Wie in vielen anderen Lebenslagen sind Ge- und Ver-
bote auch beim Tierschutz nur so viel wert wie die Kontrolle
der Einhaltung. Ein Umstand, der dazu geführt hat, dass wir
heute laut Benning auf eine »historische Geschichte der Auf-
weichung von Umweltgesetzen« blicken. Hierzu zählt für sie
auch das Unterlaufen von EU-Standards zum Tierschutz: »Es
ist auf EU-Ebene verboten, Tieren die Schnäbel oder Schwänze
abzuhacken, sie zurechtzustutzen, um sie in zu enge Ställe zu
pferchen.« Trotzdem finden diese Methoden noch Anwen-
dung. Warum? Für jedes »Problem« gibt es eine Lösung, einen
Ausweg. Auch für die Reglementierung der Tierhaltung. Dabei
wird in diesem Fall die Ausnahme zur Regel. Denn es wird ein
Auge zugedrückt, wenn man von den beschriebenen Methoden Gebrauch machen will. Ein europaweit anerkanntes Vorgehen. In Deutschland wird davon laut Tierschutzexpertin
systematisch in der Mehrheit der Tierfabriken Gebrauch
gemacht: »Wir halten damit einfach nicht ein, was EU-Stan-
dard ist.«
Welche Auswirkungen dieses Unterlaufen und weitere Missstände haben, geht beispielsweise aus einem Gutachten[45], das
der *Wissenschaftliche Beirat für Agrarpolitik* beim Bundesland-
wirtschaftsministerium im Jahr 2015 veröffentlicht hat, hervor. Im *Fleischatlas* steht dazu, dass »bei Mastschweinen bis zu
80 Prozent der Tiere verletzt oder an den Atemwegen erkrankt
sind. Bis zu einem Drittel der Milchkühe an lahmen Gelen-
ken – Störungen des Gangbildes – leiden, 38 Prozent an Euter-
entzündungen; sich die Fußballen bei bis zu zwei Dritteln der
Masthühner verändert haben, ebenso viele unter Kahlstellen
wegen Federpickens leiden würden; 40 Prozent Brustbein-
schäden aufweisen, 53 Prozent Knochenbrüche.«[46] Sind sie
dann endlich tot, landen diese Tiere an einem gemütlichen
Grillabend auf unseren Tellern. Dabei essen in den Industrie-

ländern 20 Prozent der Weltbevölkerung rund 40 Prozent der globalen Fleischproduktion.[47] Ist es uns also doch egal, wie Tiere behandelt werden?

Jäger der Moderne: im Dunkel der Schlachthäuser

»Die Agrarindustrie konkurriert um die zahlungskräftigen Schichten der Weltbevölkerung. Um dabei Gewinne zu machen, braucht sie möglichst billige, nicht aber wertige Rohstoffe und billige Arbeitskräfte. Wenn sich das weiter durchsetzt, dann werden unsere natürlichen Ressourcen dabei draufgehen.«   Reinhild Benning

Manchmal spüren wir es noch, das Wilde in uns. Wir schreien auf vor Wut über den unverschämten Autofahrer, der uns die Vorfahrt genommen hat, oder über die Bahn, die uns vor der Nase weggefahren ist. Die Zeiten allerdings, in denen wir Teil einer wirklichen »Wildnis« waren, sind längst gezählt, und der Jäger ist gezähmt. Heute feiern wir wilde Partys, führen einen wilden Lebensstil und essen Wild bei einem Dinner im Sternerestaurant des Großstadtdschungels. Die Jäger von einst sammeln Daten, Informationen, Wissen. Die Sammler jagen Schnäppchen hinterher. Nur noch wenig im Leben urbanisierter Menschen erinnert an Natur und Tier – und Urbanisierung ist Trend. Rund 68 Prozent der Bevölkerung sollen bis 2050 in Städten leben.[48] Auf gewisse Weise haben wir ihr also entsagt, unserer Natur. Dafür quetschen wir uns in Betonwüsten rund um die Welt und huldigen unserer neuen Wildnis und der modernen Form des Jäger- und Sammlerdaseins.

Gemessen an den 2,5 Millionen Jahren, seit denen wir bereits Fleisch essen, sind die rund 10000 Jahre, in denen wir die Basis der heutigen Lebensweise und Industrie gelegt haben, nur ein kurzer Abschnitt. Es sind gerade einmal 0,4 Prozent

52

dieser Zeit. In diesen 0,4 Prozent haben wir es geschafft, aus fünf bis zehn Millionen[49] rund 7,7 Milliarden Menschen[50] zu machen – nicht zuletzt aufgrund einer Entscheidung: der Entscheidung für den Eingriff in die Natur.

Fakt ist, dass unsere Ernährung einen großen Einfluss auf den Erhalt (oder eben nicht) unserer Umwelt hat. Auch wenn es wünschenswert wäre, ein so beschaffenes System zu haben, dass wir uns den Gedanken bei unserer nächsten Mahlzeit sparen könnten. Davon sind wir weit entfernt. Von Pestiziden über Abholzung und Transportwege bis hin zur Gülle – die Fleischindustrie unterliegt einer komplexen Struktur umweltschädigender Prozesse. Dabei wollen laut *BMEL-Ernährungs-report* 68 Prozent der Deutschen, dass die Landwirtschaft schonend mit Ressourcen umgeht[51]. Sind wir zu bequem geworden, um unseren eigenen Willen umzusetzen? Oder geben wir die Verantwortung einfach gerne ab? Warum auch immer es uns so schwerfällt, ein Bewusstsein für unseren ernährungsbedingten Einfluss auf unsere Umwelt zu schaffen – man denke nur mal an die Unmengen Plastik, die von der Industrie genutzt werden, um unsere nächste Mahlzeit einzupacken –, es ist dieser Einfluss, der neben dem Tierschutz eines der Hauptargumente für eine Clean-Meat-Industrie ist. Weniger Treibhausgasemissionen, saubereres Wasser und eine geschützte Biodiversität. Die Welt, die Clean-Meat-Visionäre weltweit malen, klingt verlockend. Kein Wunder, dass die Auswirkungen, die ein Wandel des Fleischsystems auf die Umwelt hätte, zu den Kernargumenten der Revolutionäre gehört. Doch was ist dran an den Einsparungen, die das Retortenfleisch verspricht?

Der Einfluss unseres Ernährungssystems beginnt bereits in der Erde. Denn die Ausbringung von Gülle als Dünger kann dazu beitragen, dass zu viele Nährstoffe in unsere Böden gelangen. 2017 waren es in Deutschland allein insgesamt

208 Millionen Kubikmeter Gülle, Jauche und Gärreste von rund 27 Millionen Schweinen, 12 Millionen Rindern, 1,8 Millionen Schafen und 41 Millionen Legehennen.[52] Ein natürlicher Stoff, der unsere Umwelt schädigt? Ja, denn in einigen Regionen Deutschlands wurden in solcher Dichte große Tierhaltungen zugelassen, dass dort zu viel Gülle für zu wenig Agrarfläche anfällt.

Bei Überdüngung gelangen zu viele Nährstoffe in das Grundwasser, und es wird vor allem mit Stickstoff beziehungsweise Nitrat belastet. Die Antwort der Industrie? Benning schmunzelt: »Keinesfalls die Zahl der Tiere in der Nähe ihrer Schlachthöfe reduzieren. Stattdessen wird Überdüngung gesetzlich zugelassen und ein Teil der Gülle mit LKWs in Regionen mit geringen Tierbeständen transportiert, oft über Hunderte von Kilometern. Die umweltfreundliche Lösung heißt hingegen eine Einführung von Obergrenzen. Ein Betrieb darf maximal so viele Tiere halten, dass über die Hälfte des Futters von der hofeigenen Fläche stammt.« Das ist etwa so viel Land, dass dann auch Mist und Gülle umweltfreundlich eingesetzt würden.

Ob in Regionen mit wenig oder viel Tieren, der Anbau von Pflanzen, die Stickstoff binden, kann dazu beitragen, dass weniger Nitrat im Grundwasser landet.[53] Es gibt also Lösungsansätze. Wo liegt dann das Problem? »Seit 1991 weiß die Agrarwirtschaft, dass sie dafür sorgen muss, dass die Qualität unserer Gewässer nicht schlechter wird – und trotzdem ist sie schlechter geworden. Seit 2006 hat die Bundesregierung unter der Federführung von Horst Seehofer die entscheidende Düngeverordnung so aufgeweicht, dass die Megamassentierhaltung explosionsartig wachsen konnte«, erinnert sich Benning. Der Boom der Industrie war nicht mehr aufzuhalten, und die Gülleproduktion läuft seither in vollem Gange. Neben dem natürlichen gibt es den industriell gefertigten Dünger, der die

Umwelt belastet. Dem Bereich Düngen kommt im Umweltschutz also eine grundsätzliche Relevanz zu.

Dort, wo Kapital Wissen entgegensteht, fällt die Entscheidung
meist zugunsten des Ersteren, weshalb kein Wandel stattfindet. Denn das Geschäft mit den künstlich erzeugten Dünge-
mitteln und Gülletransporten läuft. Es geht bei der Industrialisierung der Landwirtschaft um ebensolches Kapital und eine
riesige Lobby. Saatgut, Pestizide, Düngemittel, Antibiotika
und andere sogenannte landwirtschaftliche Betriebsmittel liefert eine der größten Industrien Deutschlands: die Chemie-
industrie. »Jeder Quadratmeter Ökolandbau ist für die größte
Industrie in Deutschland nach der Autoindustrie ein Dorn im
Auge. Ich glaube Frau Merkel gewissermaßen, wenn sie meint,
sie diene diesem Land am meisten, wenn sie den größten
Industrien den Weg zu immer noch größeren Märkten und
zur Monopolisierung ebne – auch gegen eine wachsende Bio-
nachfrage und den Willen zum Klima- und Artenschutz in der
Bevölkerung«, verrät Benning. Was also schützen? Arbeitsplätze in der Industrie und Kapital oder Arbeitsplätze auf dem
Land und Umwelt? Für Benning wird ganz klar Ersteres
geschützt: »Ökolandbau und der reduzierte Einsatz von Dün-
gern sind nicht im Sinne der Bundesregierung. Deshalb bremst
sie vielleicht im Bewusstsein, das Beste für dieses Land im
Sinne bestimmter Industrien zu tun, den Ökolandbau politisch an vielen Stellen aus.«

Nach Jahrzehnten reichten die Folgen dieser Politik laut
Expertin aber noch weiter. Viele Landwirtinnen und Land-
wirte haben im Zuge der Globalisierung vergessen, wie
Eiweißpflanzen bei uns angebaut werden: »Während meine
Großeltern noch jedes Jahr Erbsen, Ackerbohnen oder andere
Hülsenfrüchte in der Fruchtfolge auf dem Feld stehen hatten,
ist das Wissen darum in ganz Europa fast verloren gegangen.«
Der Grund: In Südamerika und den USA werden Protein-

pflanzen sehr viel billiger für die Futtermittelerzeugung produziert. Wir haben uns nach und nach in eine Abhängigkeit von Importen begeben. An diesen Prozess gekoppelt sind die Regenwaldabholzung, ständige Stickstoffimporte und einhergehend die Nitratbelastung der Böden und Gewässer. »Studien zeigen, dass wir unseren Fleischkonsum mindestens halbieren müssten, um Deutschland bei gleichbleibender Selbstversorgung mit Lebensmitteln insgesamt auf Ökolandbau umzustellen. Dann könnten wir auf Futterimporte aus Ländern des Südens verzichten und auch hierzulande statt Futterpflanzen auf viel mehr Flächen Grundnahrungsmittel anbauen. Nur bei einem geringeren Fleischkonsum würden die Flächen ausreichen, um den Mehrbedarf an Lebensmitteln für eine wachsende Weltbevölkerung, der im Laufe der Jahre entsteht, zu decken«, erklärt Benning.

Was sagt unsere Bundesministerin für Ernährung und Landwirtschaft zum Thema Ökolandbau? In einer Stellungnahme des *BMEL* habe ich auf die Frage, was zur Förderung des Ökolandbaus getan werden kann, folgende Antwort erhalten: »Ziel der Bundesregierung ist es, den Ökolandbau bis 2030 auf 20 Prozent zu steigern. Er wird bereits sehr umfassend gefördert. Im Rahmen der flächenbezogenen entkoppelten EU-Direktzahlungen erhalten konventionelle Betriebe und Betriebe des ökologischen Landbaus grundsätzlich dieselbe Förderung (im Bundesdurchschnitt ca. 290 €/Hektar). Der Ökolandbau wird aus der 2. Säule der GAP als Agrar-Umwelt-Maßnahme finanziert. Unterstützt wird bundesweit sowohl die Umstellung als auch die Beibehaltung dieser Wirtschaftsform. Es werden nur Betriebe gefördert, die ihre Arbeit vollständig auf ökologische Verfahren umstellen beziehungsweise umgestellt haben. An der Unterstützung von Maßnahmen, die die Länder im Rahmen des ELER mit den jeweiligen landesspezifischen Programmen für die ländliche Entwicklung

(EPLR) umsetzen und den Landwirten regional anbieten, beteiligt sich der Bund über die GAK mit 60 Prozent des nationalen Anteils, dazu kommt eine Kofinanzierung der EU. Im Jahr 2017 sind so insgesamt 235,3 Millionen Euro an Fördergeldern für den Ökolandbau ausgezahlt worden. Dieser Wert kann noch steigen, wenn sich mehr Landwirte für die Umstellung entscheiden und Bund, Länder und die EU entsprechend mehr Prämien hierfür ausschütten können.«

Hierbei handelt es sich um eine von der Pressestelle angefertigte Antwort und keine persönliche Stellungnahme der Ministerin – leider. Ob Ökolandbau oder nicht, mit einer Umstellung auf Clean Meat würde das Entstehen von Gülle ganz automatisch aufgrund der stark sinkenden Zahl der Tiere zurückgehen. Doch nicht nur die Unmengen an Gülle, die in unserer Landwirtschaft entstehen, belasten die Umwelt.

Ein Vergleich, der den Umwelteinfluss tierischer Produkte auf unsere Erde insgesamt sehr gut veranschaulicht, ist der des gedeckten Kalorienbedarfs der Menschheit mit dem benötigten Agrarland. Hier stehen 17 Prozent Kalorien, die von Tieren stammen, der Nutzung von 77 Prozent des globalen Agrarlandes gegenüber.[54] Wobei ein großer Anteil für die Futtermittelherstellung genutzt wird. Futtermittel, die weitere Probleme im Gepäck haben. Denn sie finden über Tausende Kilometer hinweg ihren Weg in die deutsche Landwirtschaft, führen zu Landraub, Flächenkonkurrenz und nicht zuletzt der Abholzung des Regenwalds. Das ganze System unterliegt dabei für Benning einer einfachen Regel: »Die Agrarindustrie konkurriert um die zahlungskräftigen Schichten der Weltbevölkerung. Um dabei Gewinne zu machen, braucht sie möglichst billige, nicht aber wertige Rohstoffe und billige Arbeitskräfte. Wenn sich das weiter durchsetzt, dann werden unsere natürlichen Ressourcen dabei draufgehen. Die ökologischen und sozialen Folgen belasten heute schon die Allgemeinheit.«

Anzeichen dafür sehen wir beispielsweise im weltweiten Bio-diversitätsverlust. Mehr als 60 Prozent dieses Verlustes gehen laut UN-Umweltprogramm *UNEP* auf unsere Ernährungssysteme zurück.[55] Davon allerdings bekommen wir in den wachsenden Betonwüsten der Erde auf dem Weg in den nächsten Supermarkt nichts mit.

Die Umweltauswirkungen von tierischen Produkten begrenzen sich aber nicht nur auf unser Land. Auch Wasser spielt im Einmaleins der ernährungsbedingten Umwelteinflüsse eine große Rolle. Wenn ich an Wasser denke, denke ich im Rahmen von Umweltschutz zuerst an Überfischung und die Ausbeutung der Meere. Tatsächlich gibt es Visionäre, die sich nicht dem Clean Meat, sondern Clean Fish widmen und damit einem wohl genauso schwerwiegenden Problem wie dem der Umweltbelastung durch Fleisch. Wenn ich in diesem Abschnitt allerdings von Wasser rede, dann meine ich das Wasser, das für die Produktion von Fleisch eingesetzt wird und lediglich drei Prozent des weltweiten Wassers ausmacht.[56] Die Rede ist von Süßwasser. Dem Wasser, das wir täglich literweise verbrauchen. Wir duschen, spülen die Toilette und lassen es laufen, während wir die Hände einseifen. So kommen wir allein in Deutschland pro Kopf auf rund 127 Liter am Tag (2018).[57] Wer jetzt schon denkt, das sei eine große Menge des flüssigen Lebenselixiers, wird gleich überrascht sein. Denn wer in seiner durchschnittlichen Fleisch-woche ein Kilo Rind verputzt, auf dessen Konto gehen noch einmal etwa 15 000 Liter Wasser, das macht rund 2143 Liter am Tag.[58] Dieselbe Menge Hühnchen verbraucht ein Drittel – 5000 Liter Wasser.[59]

Wir verbrauchen also, ohne es zu merken, auch durch unseren Fleischkonsum jede Menge Wasser. Ein globales Problem. Erst 2018 litt beispielsweise Kapstadt unter einem Mangel und hatte Anfang 2019 einen Wassernotstand ausgerufen.[60] Wasser ist ein knappes Gut. Auf der Webseite von *UNICEF* heißt es: »2,1 Milliarden Menschen weltweit haben keinen Zugang zu sauberem Wasser. Eine unfassbare Zahl. Rund 884 Millionen Menschen haben noch nicht einmal eine Grundversorgung mit Wasser.«[61] Mehr Grund noch, auf den Verbrauch, den wir durch unseren Fleischkonsum verursachen, einzugehen. Und was ist mit der sauberen Alternative? Ganze 98 Prozent weniger Wasser könnte die Herstellung von Rindererzeugnissen durch die Clean-Meat-Methode verbrauchen. Bei Geflügel könnten es 92 und bei Schweinen 95 Prozent sein. Das zumindest schreibt Kristopher Gasteratos, Präsident der *Cellular Agriculture Society*, in seinen »90 Reasons to Consider Cellular Agriculture«.[62] Eine Minderung, die, wenn sie denn auch so eintreten würde, eine unmittelbare Auswirkung auf andere gesellschaftliche Bereiche haben könnte.

Neben Wasser und Erde gibt es ein weiteres Element, das im Dreiklang der Betroffenen Erwähnungen finden muss: Luft. Luft ist immer da. Sie ist Teil unseres Körpers. Ohne den in der Luft vorhandenen Sauerstoff, der in unsere Lungen strömt, würden wir ganz einfach ersticken. Während unsere Lungen noch funktionieren, tun wir unser Bestes, um die der Erde herauszufordern. Nicht zuletzt durch unseren Fleischkonsum. Durch diesen Konsum nehmen wir jeden Tag nicht nur unmerklich Einfluss auf die unmittelbare, sondern die weltweite Umwelt. Um den Effekten ein wenig entgegenzutreten, bilden wir Fahrgemeinschaften, fahren mit dem Fahrrad oder trennen Müll. Wer seine ganz persönliche CO_2-Bilanz wissen will, der kann im *Klimahaus* in Bremerhaven herausfinden, wie sehr sein Alltag der Umwelt zur Last fällt. Der CO_2-Fußabdruck von Produkten und ganzen Unternehmen gehört mittlerweile zum regulären Informationsrepertoire von Marketingabteilungen und ihrer »Corporate Social Responsibility«. Wir lieben ihn, unseren CO_2-Talk. Aber denken wir auch beim Biss in einen Burger daran? Mal abgesehen von der Abholzung des Regenwaldes, die die Flächennutzung für den Anbau von Futtermitteln und Co. nach sich zieht: Die Landwirtschaft in Deutschland hat 2016 rund 72 Millionen Tonnen CO_2-Äquivalente emittiert, was rund sieben Prozent der Gesamtemissionen ausmacht.[63] Entsprechend der Quelle des *Bundesministeriums für Umwelt, Naturschutz, Bau und Reaktorsicherheit* sehen wir hier einen Rückgang. Tatsächlich steht im *Fleischatlas*, dass »die deutschen Emissionen seit 1990 vor allem deshalb um 18 Prozent gesunken sind, weil die Tierhaltung in den neuen Bundesländern stark zurückgegangen ist.«[64] Laut Klimaschutzplan will die Regierung bis 2050 weitgehende Treibhausgasneutralität erreichen. Mittelfristig steht das Ziel, bis 2030 unsere Emissionen um mindestens 55 Prozent gegenüber 1990 zu senken.[65] Das Potenzial, die Erreichung der Ziele des Klimaabkommens zu unterstützen, indem wir ganz einfach weniger Tiere auf unseren Feldern und in unseren Ställen halten, ist also da. Hinzu kämen dann noch die Emissionen, die beim Anbau und dem Transport importierter Futtermittel entstehen, die also außerhalb unserer Grenzen indirekten Einfluss auf unseren Fußabdruck nehmen. Höchste Zeit, auf die Bremse zu treten, denn wenn wir so weitermachen wie bisher, sehen wir einen gegensätzlichen Trend.

Um die Relevanz des ganzheitlichen Systems zu verdeutlichen, bediene ich mich an dieser Stelle eines Absatzes des *Fleischatlasses*, der die Einflussnahme pointiert zusammenfasst: »Die Bedeutung der Fleischproduktion ist in der Öffentlichkeit kaum bekannt. Sie spielt auch bei den politischen Bemühungen um die Einhaltung des Klimaabkommens kaum eine Rolle. Dabei emittieren die fünf weltgrößten Fleisch- und Milchkonzerne mehr klimaschädliche Gase als der Ölriese

Exxon. Das liegt nicht allein am Methanausstoß verdauender Kühe, sondern vor allem daran, dass aufgrund der Futtermittelproduktion riesige Landflächen zusätzlich in die Intensivbewirtschaftung genommen werden. Die 20 größten Konzerne der Branche übertreffen mit ihren jährlichen Emissionen sogar Deutschland, das viertgrößte Industrieland der Welt. Halten die anderen Wirtschaftsbereiche ihre Vorgaben ein und entwickelt sich der Fleisch- und Milchsektor im Trend der vergangenen Jahre weiter, steigt sein Anteil an den klimaschädlichen Gasen von heute 14 auf über 30 Prozent im Jahr 2030 und auf mehr als 80 Prozent im Jahr 2050.«[66]

Gefühlt spielen solche Zahlen im »CO_2-Talk« keine Rolle. Vielleicht aber erwacht durch die Clean-Meat-Revolutionäre ein neues Bewusstsein für die tatsächlichen Auswirkungen, die unser globales landwirtschaftliches System auf die Umwelt hat. Werden wir künftig einen CO_2-Fußabdruck auf unseren Wurst- und Fleischverpackungen finden?

Eine Frage der Transparenz?

»Wir achten beim Einkauf immer mehr auf Siegel, die uns auf einen Blick zeigen, ob ein Produkt ökologisch, fair oder tierwohlgerecht produziert worden ist.«   Julia Klöckner

Um abzuschalten, schaue ich mir gerne Tierdokumentationen an. Zum Feierabend und zu einer Portion Spaghetti Bolognese (Scham) habe ich also vor Kurzem »Leben im Kronendach – die Hungerkünstler« auf Arte angeschaut. Dabei musste ich mit Entsetzen verfolgen, wie in einer Szene ein Tukan (ein Vogel mit riesigem Schnabel) den Nachwuchs von Gelbrücken-Stirnvögeln bei lebendigem Leib aus den Nestern holt und verspeist. Der Sprecher der Dokumentation beschreibt die Szene wie folgt: »Die vielen Nester voller Eier und Küken sind wie eine gefüllte Fleischtheke für den Tukan.« Während ich den Anblick noch verdaue, betritt ein Kapuzineräffchen die Bildfläche und greift in ein Nest, um ein noch nacktes Küken herauszuziehen. Der Sprecher: »… das Küken ein willkommener Snack.« Daraufhin beißt das süße Äffchen dem weniger süßen Küken in den Kopf.

Warum entsetzt mich diese Szene, während ich voller Genuss und ohne schlechtes Gewissen nebenher meine Bolognese verspeise? Hinter den Toren unserer Fleischindustrie spielen sich ganz andere Szenen ab. Und auch die will ich nicht sehen. Wir sind blind für die Prozesse unseres eigenen Fleischkonsums. Sie finden hinter abgeriegelten Türen und auf Fließbändern statt. Dabei haben sie mit dem natürlichen »Kreislauf des Lebens«, wie er in den Dokumentationen gezeigt wird, so gar nichts mehr gemein.

Bis zu 50 Millionen männliche Küken werden in Deutschland jährlich schon am ersten Lebenstag getötet – 300 Millionen in der EU.[67] Stellen Sie sich jemanden vor, der jedes Jahr in einer Fabrik Millionen von Küken in den Kopf beißt. Absurd. Ebenso absurd wie der Grund für das Töten der Tiere. Die Brüder der Legehennen werden einfach nicht dick genug und müssen das mit ihrem Leben bezahlen. Von diesem Schreckensszenario bekommen wir allerdings nichts mit. Es bleibt dabei: Das Lebewesen Tier scheint einfach unheimlich weit weg vom Produkt Fleisch. Einst gejagt, dann gezüchtet, dann produziert. Würde mehr Transparenz etwas an dieser Diskrepanz ändern? Wenn wir auf jeder Fleischpackung sehen könnten, wie die Tiere gelebt haben und wie sie gestorben sind, bevor sie dem Dasein als Boulette, Schnitzel oder etwa Steak im Kühlregal zugeführt wurden, würden wir dann anders konsumieren? Würden wir der Idee des Clean Meat mehr Aufmerksamkeit schenken?

Der Blick auf ein fleischnahes Produkt lässt Vermutungen zu: das Ei. Die Vorschrift zur Kennzeichnung von Eiern gibt es seit 2004. Öko-Eier werden mit einer 0, Freiland-Eier mit einer 1, Eier aus Bodenhaltung mit einer 2 und Eier aus dem Käfig mit einer 3 gekennzeichnet. Eine Vorschrift, die es für die Industrie in sich hatte: In Deutschland hat das Käfig-Ei nur noch einen Marktanteil von einem Prozent. »Die deutsche Geflügelindustrie hatte mit artgerechteren Haltungen allerdings ein Problem. Sie hatten zwar Turbo-Hühner gezüchtet, aber eben nur für den Käfig. Als Boden- und Freilandhaltung dann plötzlich an Marktanteilen gewannen und sie dieses Huhn aus dem Käfig gelassen haben, da stellten sich die Tiere als hyperaktiv heraus und pickten einander die Federn aus oder wurden krank«, erinnert sich Benning. Die Tiere waren laut Expertin ganz einfach für den Käfig gezüchtet, nicht für ein »gutes Sozialverhalten oder Robustheit«. Viele Käfighalter wunderten sich laut Benning, dass Hühner nicht in den Auslauf gingen, obwohl sie Löcher in den Ställen als Weg ins Freie einbrachten: »Die Halter hatten offenbar das Wissen verloren, dass Hühner nur ins Freie gehen, wenn es dort Sträucher, also eine Deckung vor Greifvögeln gibt.«

Damals verlor die deutsche Eierindustrie Marktanteile an die Niederlande, Österreich und die Schweiz, wo alternative Haltungen längst etablierter waren. Der Wandel unterlag dem einfachen Prinzip der angebotsdefinierenden Nachfrage. Die Kennzeichnung hatte also initial einen durchaus positiven Effekt für eine Transformation in der Tierhaltung. Auch Julia Köhn hält eine ganz besondere Kennzeichnung von Lebensmitteln für sinnvoll: »Die Lebensmittel, die wir tagein, tagaus kaufen, verursachen in den Gesundheitssystemen und in unserer Umwelt nachgelagerte Kosten. Diese Produkte müssten viel stärker besteuert werden. Dann wird auf einmal die vernünftig hergestellte Kartoffel vom Nachbarn nebenan wieder günstiger als der Müll, den es heute in den Supermärkten gibt«, schließt Köhn. Eine indirekte Kennzeichnung also als Lösung, um eine Industrie zu stürzen, die auf Marktmechanismen aufgebaut wurde?

Auch ich bin Teil dieser Industrie. Schließlich trage ich sie, füttere sie mit meinem Geld, während sie mich mit Fleisch (oder eben Eiern) füttert. Bei Eiern allerdings greife ich seit der Kennzeichnung – oder wenigstens soweit ich mich erinnern kann – auf Bio zurück. Damit schließe ich mich einem großen Teil der Menschen an. »Wenn es erkennbar ist, sehen wir in Deutschland 99 Prozent der Einkäufe zugunsten von mehr Tierschutz und gegen den Käfig. Europaweit sind es rund 45 Prozent der Menschen, die die Eier-Kennzeichnung zum Anlass nehmen, auf eine alternative Erzeugung zurückzugreifen«, weiß Benning. Das zeigt, Verbraucher geben für Tierschutz mehr Geld aus, wenn er sich zuverlässig erkennen lässt.

Derzeit aber schauen wir auf Fleischverpackungen noch in die »Gesichter« glücklicher Tiere auf grünen Weiden und auf Fachwerkhöfen. Für Benning ganz klar »Irreführung« und ein Label, das nicht hält, was es verspricht: »Das habe ich gründlich satt. Das habe ich deshalb satt, weil damit die Bauern, die so wirtschaften, wie Verbraucherinnen und Verbraucher es akzeptieren, nicht erkennbar sind und keine Chance am Markt haben mit ihrer ehrlichen Arbeit.« Auch im Falle von Clean Meat wären Abbildungen von Weiden mit glücklichen Kühen wohl Irreführung. Zumindest aber bräuchte die Industrie nicht tote oder gequälte Tiere zu zeigen, um Transparenz zu schaffen. Vielleicht sehen wir ja künftig ein Bild des Tieres, von dem die Biopsie stammt, auf den Etiketten der Verpackungen und lesen einen Steckbrief über dessen Leben mit dem Zusatz: »Diese Kuh hat mit nur einer Biopsie für die Ernährung von XX Menschen gesorgt. Wir danken für die

Gewebespende.« Wie auch immer die Zukunft aussieht, eine Kennzeichnung scheint der Königsweg.

Das zeigt auch eine repräsentative Umfrage des Bundes für Umwelt und Naturschutz (BUND) unter den Bundesbürgern. Eine Erkenntnis ist, »[…] dass mehr als zwei Drittel der Befragten strengere Vorschriften zur artgerechteren Haltung von Nutztieren wünschen. Vier von fünf Befragten bejahen eine gesetzliche Kennzeichnungspflicht für alle tierischen Lebensmittel, aus der die Form der Haltung hervorgeht.«[68] Auch Bundesministerin Julia Klöckner schreibt im Vorwort des *Ernährungsreports 2019*: »Wir achten beim Einkauf immer mehr auf Siegel, die uns auf einen Blick zeigen, ob ein Produkt ökologisch, fair oder tierwohlgerecht produziert worden ist.«[69] Dabei sind Zahlen, wie sie bei Eiern zum Einsatz kommen, längst nicht so aufwühlend, wie es etwa die Bilder auf Zigarettenpackungen sind. Das Management der *Rügenwalder Mühle* betätigte sich bereits 2015 als Fleischorakel und wurde in einem Artikel des *Spiegel* zitiert: »Die Wurst ist die Zigarette der Zukunft«.[70] Gemeint war damit, dass es verpönt sein werde, Fleisch zu essen. In Städten wie Berlin scheint sich diese Weissagung bereits in Ansätzen bewahrheitet zu haben. Ob wir irgendwann – sollten wir nicht auf die Clean-Meat-Ära zusteuern – blutige Bilder geschlachteter Kälber auf Fleischverpackungen abgedruckt sehen werden? Oder wie Köhn es schmunzelnd vorschlägt: »Möchten Sie krank werden, kaufen Sie hier.« Eher unwahrscheinlich.

Zeichen des Wandels

*»Verbraucherinnen und Verbraucher in Deutschland konsumieren
das erste Mal seit Jahren weniger Fleisch.«*   Reinhild Benning

Obwohl Fleisch die oben beschriebenen Implikationen mit
sich bringt, berührte der Diskurs für mich persönlich lange
Zeit nicht mehr als die Entscheidung, welches Tier und welchen Teil desselben ich essen wollte. Ich schätze, ich gehöre
damit zu einer großen Gruppe Menschen, für die Ernährung
Geschmack und Lust bedeutet und nicht etwa Politik. Tiere
und Umwelt waren immer da, sie waren gut. In meiner Kind-
heit in Irland gehörten weidende Kühe, der Duft von Dung
und endlose Felder genauso zu meinem Leben wie ein gutes
Irish Stew. Ich erinnere mich an einen toten Hasen, der mal in
der Garage hing, an Periwinkles (Schnecken), die meine
Schwester genüsslich am Strand mit einer Nadel aus dem
Haus zog, und natürlich an massenhaft anderes Meeresgetier.
Vielleicht waren wir auf dem Land einfach zu weit von der
Industrie entfernt. Vielleicht lag es daran, dass meine Eltern
Gastronomen waren – Tierleid war bei uns kein Thema. Das
Essen von Fleisch hingegen ständig.
Aktivismus war mir fremd. Das sollte bis zur Jugend so blei-
ben. Je älter ich wurde, desto öfter zählten Vegetarier zu mei-
nen Freunden. Doch selbst der Kontakt zu politischem
Engagement und Vegetariern hat mich nicht von meinem
Weg zum nächsten Steak abgebracht. Ich will es essen, schmecken, riechen. Immer noch. Wie mir geht es vielleicht auch
dem ein oder anderen, der sich Abholzung, Insektensterben
und Tierleid entgegenstellt. Trotzdem: Wir braten und
brutzeln, was das Herz begehrt. Doch mit dem Konsum

kommt auch die Kritik. Denn des einen Lust und lecker ist des anderen Aversion.

Die Stimmen, die lautstark nach einer Abkehr vom Fleischsystem, wie wir es kennen, rufen, mehren sich. Sie verlangen nach mehr Tierwohl, besseren Umweltschutzauflagen und weniger Antibiotika. Ein Protest, der sich beispielsweise in der *Wir haben es satt*-Demo zeigt, die zur Agrarmesse *Internationale Grüne Woche* stattfindet. Im Januar in Berlin kommen also nicht nur Aussteller, Wissbegierige, Hungrige, Landwirte, Köche, Journalisten und Industrielle zusammen. Seit 2011 ist die Demonstration Wallfahrtsort für all jene, die mit dem System, das wir leben, und der Art, wie wir konsumieren, nicht zufrieden sind. 50 Organisationen stehen hinter 35 000 Demonstranten (laut eigenen Angaben und Medienberichten[71]) und der Idee einer anderen Landwirtschaftspolitik.

Die Zahl der Aktivisten, Lobbyisten, Tier- und Umweltschützer scheint also besonders im Winter in Deutschland groß. Dann zeigen sie gemeinsam Gesicht und dass sie die derzeitige Situation gehörig satt haben. Ihre Forderung: der »Stopp der industriellen Landwirtschaft und Lebensmittelproduktion«. Die Menschen, die sich in der Januarsonne am Brandenburger Tor zusammenfinden, sind Aktivisten eines potenziellen Wandels, der von anderer als der Clean-Meat-Seite angetrieben wird. Und doch könnten sie Teil der Revolution sein, die aus unterschiedlichsten Bereichen der Gesellschaft in die Mitte getragen werden muss. Denn die Menschen, die hierhergekommen sind, um etwas zu verändern, sind offen, sie wollen darüber sprechen, welche Alternativen der Markt bietet. Sie wollen ihn verändern. Sie sind ein Indikator für das neu erblühte Gewissen und den potenziellen Wandel.

Ich befinde mich mitten unter einer glühenden Gesellschaft, sie alle stehen für etwas ein. Sie inspirieren zu neuen Gedanken und Ideen. Dabei geht es nicht um das Gegen, sondern um das große Für: artgerechte Tierhaltung und gut erzeugte Lebensmittel.

Dieses Für hat sich längst Gehör verschafft. Es ist eine Stimme, die immer lauter wird. »Wo wir Verbesserungen sehen, ist am Markt. Verbraucherinnen und Verbraucher in Deutschland konsumieren das erste Mal seit Jahren weniger Fleisch. Nach vielen Jahren des Anstiegs liegt der Konsum jetzt wieder so niedrig wie zu BSE-Zeiten«, freut sich Benning, die eine der Sprecherinnen der *Wir haben es satt*-Demo ist. Ihrer Einschätzung nach zeigen die Verbraucher, dass sie das System nicht mehr unterstützen wollen, und zwar so sehr, dass sie sogar eine marktwirtschaftliche Regel durchbrechen: »Obwohl Discounter und Supermärkte die Fleischpreise verlockend niedrig gestalten und rund 40 Prozent der Wurstwaren über Aktionen und Angebote nochmal billiger gemacht werden, steigt die Nachfrage insgesamt nicht mehr.« Einen Beitrag dazu dürften langfristig neben der wachsenden Ablehnung industrieller Tierhaltungsformen auch die etlichen Gammelfleischskandale in den letzten zwei Jahrzehnten geleistet haben. Vor allem 2005 und 2006 wurde der Ekelfaktor beim Konsumenten überstrapaziert. In diesen Jahren wurde bekannt, dass Gammelfleisch einfach neu etikettiert und verkauft wurde.[72] Obwohl der Konsum langfristig auch nach dem schlimmsten Skandal wieder stieg, glaube ich, dass die Skandale am Fleisch-Image gekratzt haben dürften – auch wenn sich das aufgrund der Zahlen nicht konkret belegen lässt. Auch BSE oder Antibiotikarückstände sind am faden Geschmack der Fleischwirtschaft mit schuld. Im *Fleischatlas* heißt es: »In Deutschland [... ging] der Fleischkonsum pro Kopf [...] in der Zeit des Rinderwahnsinns und der ersten großen Fleischskandale von Mitte der 1990er- bis Anfang der 2000er-Jahre etwas zurück und sinkt seit 2011 erneut.«[73]

Noch während ich hier recherchiere, lese ich von einem aktu-

ellen Fleischskandal in Polen.[74] Kranke Kühe sollen heimlich
und im Schutz der Nacht geschlachtet worden sein. Neben
Polen, Frankreich, Spanien, Estland, Finnland, Ungarn, Lett-
land, Litauen, Rumänien, der Slowakei, Schweden und Portu-
gal ist auch Deutschland betroffen. Ich kann einfach nicht
anders, als an das letzte Steak zu denken, das ich gegessen
habe. Woher das Fleisch stammte? Ich weiß es nicht. Ob es ein
ähnlicher Moment war, der bei den Demonstranten, die am
19. Januar in der Kälte den Wandel fordern, ein Umdenken
auslöste? Auch das weiß ich nicht. Wie auch immer die Menschen aber zum Protest gekommen sind, sie bringen die Landwirtschaft in Bewegung. »Der Bau von neuen Megamastanla-
gen wird überall in Deutschland von örtlichen Bürgerinitiativen
so stark angegriffen, dass die Tierfabriken oft nicht gebaut
werden und Investoren sich zurückziehen. Das Gleiche gilt für
Schlachthoferweiterungen«, weiß Benning.
Sie hat es satt, dass sich so wenig tut, obwohl sich in der Bevölkerung und auch bei den Bauern eine hohe Bereitschaft für die
Agrarwende abzeichnet: »Niemand möchte die Tiere quälen.
Alle Menschen möchten ihren Beitrag leisten, dass es besser
wird. Die Bundesregierung und Agrarindustrie bremsen trotz
dieses gesellschaftlichen Konsenses bisher die Fleischkenn-
zeichnung nach Haltungsformen aus. Das habe ich gründlich
satt. Denn der Verbraucher will kein billiges Fleisch. Oder
sehen wir Demos für billiges Fleisch?« Stattdessen, ergänzt
Benning, geht es eher um angemessene Preise für die Bauern.
Für sie zeichnet sich ab: »Wir sehen hier Zehntausende Menschen, die im übertragenen Sinn für höhere Preise demons-
trieren. Das zeigt, dass zivilgesellschaftliche Courage längst
kapitalistischen Glaubenssätzen widerspricht, weil viele Menschen verstanden haben, dass Billigproduktion hohe Kosten
für die Allgemeinheit, etwa beim Klima-, Tier- und Wasser-
schutz verursacht. Nicht billig muss es sein, sondern wertig.«

Warum jetzt?

»Selbst der dümmste Mensch der Welt muss sehen, wie ineffizient dieser Prozess ist.«   Simeon Van der Molen

Was wir wissen: Es tut sich etwas auf dem Markt. Das Bewusstsein für die Auswirkungen unseres Konsums wächst. Doch warum gerade jetzt? Wieso haben wir nicht bereits vor Jahren angefangen, nach Alternativen zu suchen, warum hat sich die Politik nicht längst eingeschaltet? Vielleicht wurde die Entwicklung der Bevölkerung und unseres Konsums nicht als unmittelbare Gefahr betrachtet. Mittlerweile aber sind wir unzählige Menschen. Wir vermehren uns rapide. Dabei stellt sich nicht die Frage nach Huhn oder Ei. Denn was unser Wachstum erst ermöglicht hat, ist die landwirtschaftliche Revolution, so viel habe ich (hoffentlich) verstanden. Die Evolution hat uns kognitiv dazu befähigt, die Produktion unserer Nahrungsmittel zu potenzieren und sie während der industriellen Revolution noch effizienter zu gestalten. Was hat es uns gebracht? Ganz einfach: mehr Menschen. Während das System argumentiert, es müsse handeln, wie es handelt, um die Menschen auch alle ernähren zu können, ist die Zahl der Menschen erst durch die Mittel des Systems exponentiell gewachsen.

Wenn ich an meine Kindheit in Irland denke (ich weiß, so viel bleibt nicht hängen im Alter bis sechs, aber …), erinnere ich mich an wenige Häuser, wenige Autos und letztendlich auch wenige Menschen. 1990 waren es in ganz Irland rund 3,5 Millionen[75] Menschen, 2018 dann 4,9[76]. Betrachtet man die weltweite Entwicklung, zeichnet sich überall derselbe Trend ab. 1990 waren es noch 5,3 Milliarden, heute bevölkern rund 7,7 Milliarden Menschen die Erde.[77] Allein in meiner Wahlheimat Berlin sind es heute rund 3,7 Millionen Menschen[78], mehr als 1990 in ganz Irland. Kein Wunder, dass es mir zuweilen zu eng wird. Bewohner anderer Metropolen können über diese Zahl natürlich nur lachen. Nehmen wir beispielsweise New York City. Der Big Apple zählt bei kleinerer Fläche als Berlin (783,8 km² [79] gegenüber 891,8 km² [80]) 8,6 Millionen[81] Einwohner! Wovon sollen sich die Menschen ernähren? Können wir das System noch effizienter gestalten oder braucht es eben einen Bruch? »Wir können diesem rapiden Wachstum nicht mit unseren derzeitigen Anbaumethoden begegnen«, sinniert Simeon Van der Molen, Gründer des Lebensmittelherstellers *Moving Mountains*. Denn heute schon zählen wir zu viele Kühe, zu viele Schlachthäuser. Der Wunsch nach beziehungsweise Bedarf an Alternativen auf dem Markt wächst mit der Zahl der Menschen. Deshalb schauen sich alle derzeit danach um.

Wir müssen es also wieder einmal sichern, unser Überleben. Für jemanden, der in einer Gesellschaft aufwächst, die vom Überfluss gekennzeichnet ist, ist das natürlich schwer vorstellbar. Natürlich gibt es auch hierzulande Unterschiede. Es gibt jene, die mit Hartz IV eine Familie ernähren müssen, und jene, die es sich leisten können, in den teuersten Bioläden einkaufen zu gehen, ohne darüber nachdenken zu müssen. Auch ich habe schon von Hartz IV gelebt. Natürlich ist es für jemanden, der frisch aus dem Studium kommt, nicht dasselbe wie für einen alleinerziehenden Vater. Während des Studiums aber habe ich immer gerechnet. Kein Grund, sich zu beschweren. Es ging mir immer gut, ich habe nebenbei gearbeitet, bin ausgegangen und habe das Leben genossen. Ich habe auch eine Familie, die mich unterstützt hat. Dennoch weiß ich aber um die kleinen Unterschiede im Portemonnaie. Heute bin ich froh, dass ich mir auch das ein oder andere Bioprodukt leisten kann. Worauf ich hinaus will: Hungern muss bei uns, egal ob er sich durch irgendeine Stütze oder ein Gehalt finanziert, keiner.

Bei der Zahl an noch guten Lebensmitteln, die wir entsorgen, wäre das auch ein zusätzlicher Skandal. Eine meiner einprägendsten Erinnerungen in diesem Kontext: die Arbeit bei einem Bäcker. Was am Ende des Tages an Pizzabroten und anderen Teigwaren übrig blieb, musste in die Tonne. Was ich retten konnte, habe ich eingesteckt. Aber ein Mensch kann nun einmal nur eine begrenzte Menge Lebensmittel vertilgen. Auf die Frage, warum wir die Lebensmittel nicht an Bedürftige geben, bekam ich die Antwort, sie dürften die Produkte nicht einfach weitergeben. Nicht die erste Situation, die mir vor Augen führte, was in unserem System nicht stimmt. Damals war ich noch Schülerin. Heute habe ich selbst schon viele Lebensmittel entsorgt. Denn ich gehöre leider zu denjenigen, die sich vom Ablaufdatum eines Produkts beeindrucken lassen – und ich schäme mich gleichzeitig dafür. Andere gehen containern und retten, was es aus den Tonnen der Supermärkte zu retten gibt. Fazit: Es geht uns (den Privilegierten) gut, aber wir blicken offenbar auf eine ungewisse Zukunft – aus dem einfachen Grund, dass wir zu viele sind.

So effizient, wie die Produktion uns erscheint, ist sie nicht. Das wird mir auch bei einem Gespräch mit Van der Molen klar. »Wenn du jemanden fragst, ob er weiß, wie lange es braucht, um einen Rindsburger herzustellen, denken die meisten, es dauere ein paar Monate. Tatsächlich aber braucht es drei Jahre«, weiß der Unternehmer. Denn für die Herstellung der Boulette unserer geliebten Burger (auch ich hatte lange Zeit mit meinem Freund einmal die Woche »Burger und Bier«-Tag) muss zunächst eine Kuh befruchtet werden. Die Tragezeit dauert rund neun Monate – nur etwas länger als beim Menschen. Dabei entstehen natürlich auch Kosten. Das Muttertier muss gefüttert, gepflegt und ärztlich versorgt werden. Dann folgen die Kosten der Geburt, und auch das Kalb muss wieder versorgt werden. »Rund zwei Jahre später wird die Kuh dann zur Schlachtbank geführt. Dort kommen noch die Transport- und Schlachthauskosten auf die Produzenten zu«, schildert Van der Molen die Erzählungen von Landwirten. Am Ende dieses Prozesses stehen 200–300 Burger. Für ihn steht fest: »Selbst der dümmste Mensch der Welt muss sehen, wie ineffizient dieser Prozess ist. Es ist absolut bizarr.«

Das Problem ist also eine steigende Nachfrage bei gleichzeitig ineffizienten Prozessen. Für Van der Molen ist die Lösung einfach: Unser Weg muss uns fort vom Pflanzenanbau für Tierfutter und hin zur Produktion von Lebensmitteln aus den eigentlichen Pflanzen führen. Dabei würden wir nicht nur von einem verkürzten Prozess profitieren, sondern auch von einem reduzierten Ressourcenverbrauch. »Dasselbe gilt für die zellulare Landwirtschaft«, ergänzt der Visionär. Auch Reinhild Benning weiß um die Probleme der Flächennutzung. Von 17 Millionen Hektar landwirtschaftlichen Agrarflächen in Deutschland werden laut Expertin über 60 Prozent für den Anbau von Futtermitteln genutzt. »Dann kommen erst Grundnahrungsmittel für den Menschen wie etwa Brotgetreide. Das zeigt, wie hoch das Einsparpotenzial wäre, wenn wir weniger Tiere halten würden«, erklärt Benning.

Mittlerweile aber zeichnet sich ab, dass auch die großen Fleischproduzenten Schritt für Schritt die Zeichen der Zeit deuten und sich ein Stück vom Pflanzenkuchen sichern. »Ob die Menschen es wollen oder nicht, sie werden die Alternativen vorgesetzt bekommen«, sagt Van der Molen voraus. Medienberichten zufolge scheint er damit recht zu behalten. Immer wieder lesen wir derzeit von den Bemühungen der Großen der Fleischindustrie, sich im Markt der alternativen Proteine niederzulassen. Auch der Riese *Tyson*, der bereits in den *Beyond Burger* investiert war[82], gab 2019 erst bekannt, eine eigene Linie für alternative Proteine[83] auf den Markt zu bringen, und hat nur kurze Zeit später die Marke *Raised & Rooted* herausgebracht. Das erste Produkt ist ein auf Erbsen basierender Chicken Nugget.[84] In Deutschland sorgt das Traditions- und Familienunternehmen *Rügenwalder Mühle* immer wieder mit neuen vegetarischen Produkten für Schlagzeilen. Nach anderthalb Jahrhunderten Fleisch führte es Ende 2014 die ersten vegetarischen Produkte ein.[85] Ganze 30 Prozent des Umsatzes werden heute, nur rund fünf Jahre später, mit den vegetarischen und veganen Produkten gemacht.[86]

Auch ich habe mich zum Kauf der vegetarischen *Mühlen Würstchen* hinreißen lassen und sie mir gemeinsam mit meinem Partner und mit Ketchup verfeinert einverleibt. Urteil: gut. Auf der Webseite wirbt der Hersteller mit 27 verschiedenen Produkten und der Beschreibung: »Für alle, die den Geschmack von Fleisch lieben, aber nicht mehr so viel davon essen wollen, gibt es unsere leckeren fleischfreien Alternativen.« Dabei treten sie mittlerweile sogar als Sponsor der *New Food Conference* auf. Es werden Bündnisse ehemals »verfeindeter Parteien« geschlossen. Unter den Großen der Szene wird eine vegane Revolution vorhergesehen. Eine Revolution, die Teil des neuen Systems ist, dessen Schaffung auch durch die Clean-Meat-Visionäre angetrieben wird. Neben der Industrie und den Wissenschaftlern dürfen wir aber einen ganz wesentlichen Akteur des Systems nicht vergessen: die Landwirte.

Souveränität und moderne Landwirte

»Marketing ist alles, das Produkt ist nichts.«   Julia Köhn

»80 Prozent der Lebensmittel und ihrer Vorprodukte werden von weltweit zehn Konzernen gesteuert. In Deutschland sind es rund 70 auf fünf. Mir scheint, dass wir da ein kleines Monopol haben, und zwar ein Monopol im Handel.« Julia Köhn kennt den Markt und seine Tücken. Das Monopol, von dem sie spricht, besteht aus *Schwarz* (*Lidl, Kaufland*), *Rewe, Edeka, Aldi* und *Metro*. Sie alle versorgen uns bundesweit mit Lebensmitteln aus der Industrie, stillen unseren Hunger nach einer möglichst preiswerten und unkomplizierten Ernährungsweise. Köhns Onlineplattform *Pielers* will hier ansetzen. Sie eröffnet Landwirten, die bestimmte Nachhaltigkeitskriterien einhalten, die Möglichkeit, ihre dezentral produzierten Produkte zentral auf einer Webseite anzubieten. Die dort eingestellten Produkte können von den Konsumenten direkt vom Produzenten gekauft werden. »Die meisten Landwirte beziehungsweise Erzeuger, mit denen wir heute zusammenarbeiten, sind bislang in der Direktvermarktung tätig gewesen oder vermarkten über Groß- und Einzelhandel. Hier haben sie das Problem, dass sie in den Preisen gedrückt und gleichzeitig als Qualitätsankerprodukte genutzt werden«, erklärt Köhn. Das bedeutet, die Landwirte tragen dazu bei, Konsumenten mit höheren Ansprüchen in die Läden zu holen. Gleichzeitig ist der Absatz relativ gering, da die Produkte hochpreisig angeboten werden. Der Landwirt hat laut Köhn also ein ganz konkretes monetäres Interesse daran, die Ware direkt zu vermarkten. Während die Direktvermarktung ab Hof für familiär geführte Betriebe meist kein Problem darstellt, ist es für etwas größere Betriebe, die diese familiären landwirtschaftlichen Strukturen aufbrechen müssen, sehr kostenintensiv. »Diese Landwirte brauchen nicht nur Raum, sondern Personal. Das Personal muss außerdem geschult werden«, weiß Köhn. Diejenigen, die es sich leisten können, die Prozesse zu professionalisieren, sind erfolgreich. Für die, die es sich nicht leisten können, wird die Direktvermarktung »schnell zum Klotz am Bein«. Ein Klotz, den Köhn den Landwirten mit *Pielers* abnehmen will: »Wenn ich zehn Steaks kaufen möchte, ist das eine überlegte Entscheidung. Die Bestellung folgt dann in der Regel terminiert. Das heißt, der Erzeuger hat eine Vorlaufzeit beim Schlachten und kann die Ware zu Tagesrandzeiten verpacken. Wir holen die Waren dann vom Hof ab.«

Im Fokus der Geschäftsidee steht der Versuch, die beschriebene Konzentration im Lebensmitteleinzelhandel aufzubrechen. Wie? Laut Köhn durch mehr Transparenz und faire Preise, die eine Informationsfunktion erfüllen: »Betrachtet man den Lebensmittelmarkt, sehen wir zwei zentrale Probleme – Ineffizienz und Intransparenz. Wir verschwenden so viele Lebensmittel. Marketing ist alles, das Produkt ist nichts. Der Markt ist kaputt. Was kann man jetzt also tun, damit er wieder auf Spur kommt?« Für Köhn ist die Antwort einfach: den Markt umstrukturieren. Dezentrale Landwirte dabei zu unterstützen, die Abhängigkeit von den Wenigen zu überwinden, ist ein erster Schritt, den Markt zu verändern. Kleinen Hofläden, Schlachtereien, Bauernmärkten und Bioläden wird auf *Pielers* eine digitale zentrale Stimme verliehen. Diese Stimme soll die »kleinen Landwirte«, die sich ethischen und Umweltstandards verschrieben haben, stützen. »Den Kleinen fehlt der Zugang zur größeren Kundengruppe. Sobald der geschaffen wurde, wird sich dieser Bereich weiter ausdehnen. Das wird dazu führen, dass wir eine insgesamt verbesserte Qualität der Produkte und auch Tierwohl erleben werden«, verspricht sich Köhn von ihrem Ansatz.

Nicht jeder Landwirt ist auf *Pielers* auch willkommen. Es müssen schon beispielsweise Mindeststandards beim Tierschutz eingehalten werden. Das junge Unternehmen verfolgt eine bestimmte Ethik: »Die 8 Grundsätze für anständige Lebensmittel«. Mit der Verschiebung zu einem höheren Konsum dezentral hergestellter Lebensmittel würde für *Pielers* zudem ein Beitrag zur »Ernährungssouveränität« geschaffen. Wie passen Souveränität und Ernährung zusammen? Für diejenigen, die sich mit Landwirtschaft und Ernährung befassen, gehört der Begriff zum Standardvokabular. Das habe ich während der vielen Gespräche mit Demonstranten, Aktivisten und Idealisten gelernt. Das hinter dem Begriff stehende Konzept ist zentral für die Auseinandersetzung mit der Industrie. Nicht nur für Köhn, auch für Reinhild Benning: »Unser Ideal für ein tatsächliches Umdenken ist das Modell der Ernährungssouveränität, bei dem sich die Bevölkerung und die Bauern einer Weltregion darauf verständigen, was die optimale regionale Lebensmittelerzeugung ist, wie sie agrarökologisch gewonnen werden kann, was uns fehlt. Wir müssen wissen, welche Ressourcen wir vor Ort bereits haben und was wir damit zubereiten können. So schaffen wir eine Souveränität für Bevölkerung und Bauern.« Der Konsument braucht also mehr Entscheidungsgewalt, der Bauer mehr Macht.

Bisher läuft das Geschäft mit dem Hunger allerdings aufgebaut auf Renditeerwartungen. Konzerne wecken in uns Bedürfnisse, um damit vornehmlich Geld zu verdienen. Der Konsument entscheidet sich zwar im Supermarkt für ein Produkt. Er hat aber weder wirkliche Macht über die Prozesse der Herstellung, noch ist er informiert. Für Benning steht deshalb fest: »Wir müssen unsere demokratischen Möglichkeiten noch sehr viel mehr nutzen, um gegenüber Produkten aus der Industrie, die wir nicht wollen, Stopp zu sagen. Um letztendlich dezentrale Ernährungssouveränität praktisch zu leben, müssen wir politisch dafür sorgen, dass unfaire Praktiken im Regal erkennbar und am besten von vornherein vermieden werden.« Doch wollen wir diese Produkte tatsächlich nicht? Oder ist es eine Form der Souveränität, dem Markt und seinen Mechanismen zu überlassen, wo wir lebensmitteltechnisch hinsteuern? Möchten sich die Menschen tatsächlich nicht mehr darauf verlassen, dass die Ernährungsindustrie auch für unsere Ernährungssicherung zuständig ist? Ja, glaubt Benning. Anzeichen dafür sieht sie in der Gründung von weltweiten

Ernährungsräten, die in Argentinien, Brasilien, Venezuela, Dänemark, Schweden, aber auch Deutschland sitzen. Umfragen zufolge sähe die Mehrheit in Deutschland die Politik in der Pflicht, Konzernen mit Gesetzen und Kontrollen klare Leitplanken zu setzen, anstatt auf das »gute« oder »ehrliche« Großunternehmen zu warten.[87]

Auch Köhn glaubt, dass die Industrie unserem Anspruch nicht gerecht wird, dass wir mehr wollen als das, was wir derzeit erhalten. Doch wo ansetzen, um einen nachhaltigen Wandel zu schaffen? Ganz einfach bei der Transparenz. *Pielers* soll so viel Transparenz in die gesamte Wertschöpfungskette vom Saatgut bis auf den Teller bringen, dass eine souveräne Entscheidung möglich wird. Dabei ist es für Köhn nicht relevant, ob die Produkte bio sind oder nicht. Das zu entscheiden, hätte nichts mit Souveränität zu tun: »Wir entscheiden nicht, ob ein Bioprodukt besser ist als ein konventionelles Produkt. Das muss der Verbraucher selbst machen.« Mindeststandards für den Verkauf auf ihrer Plattform hat sie aber dennoch. Köhn ist bestimmt und leidenschaftlich. Sie ist keine Bio-, Tierschutz- oder Umweltfanatikerin, sondern eine Geschäftsfrau mit der Vision einer besseren Zukunft. Eine Vision, die ihrer Meinung nach auch Landwirte teilen. Denn tierschutzfremde Haltung sei auch beim modernen Landwirt nicht mehr »State of the Art«. »Der gemeine Stadtbürger denkt noch immer, dass Landwirten die Tiere egal sind, dass sie innovationsfeindlich seien. Dabei haben sich die meisten Landwirte, die ich kenne, dafür entschieden, aus ökonomischen Gründen tierwohlorientierter zu halten.«

Das Kapital spielt also wie immer eine Schlüsselrolle – in der Produktion genauso wie an den Supermarktkassen. Und die Bauern ändern bereits ihre Haltungsbedingungen, um mehr zu verdienen. Ein Beispiel: Landwirte hielten ihre Kühe im Sommer sehr gerne draußen, so Köhn, um Personalkosten zu sparen und durch die geringere Keimbelastung Krankheiten vorzubeugen.

Doch würden auch die Konsumenten ihren Teil beitragen und mehr zahlen, um die Bedingungen nachhaltig zu verbessern? »Kein Landwirt wird sich dagegen wehren, seine Tiere besser zu ernähren, wenn wir es ihm ermöglichen. Das funktioniert aber nicht, wenn wir ein Hähnchen kaufen, das 90 Cent ab Hof kostet. Wenn wir glauben, dass das unser Grundrecht auf Nahrung ist, dann müssen wir uns nicht wundern, wenn 40 000 Hähnchen in einem Stall gehalten werden und der komplette Bestand neun Mal im Jahr durchgedreht wird. Da erwarten wir einfach zu viel Verantwortungsübernahme vom einzelnen Landwirt«, mahnt Köhn. Wenn also wirklich 50 Prozent der Menschen, wie im *Ernährungsreport* des *BMEL* attestiert, bis zu fünf Euro mehr für ein Kilo Fleisch, das besonders tierfreundlich produziert wurde[88], ausgeben würden, könnten wir es schaffen? Voraussetzung ist wohl, dass die Befragten es auch wirklich ernst meinen und sich – wenn auch anonym – nicht unter sozialem Zwang zu der Antwort haben hinreißen lassen, die der allgemeinen gesellschaftlichen Erwartung entspricht.

Aber auch ohne den Beitrag aus der Gesellschaft heraus gehen moderne Landwirte für Köhn einen unbeirrbaren und auf monetären Aspekten aufgebauten Weg in Richtung bessere Verhältnisse: »Der Landwirt hat ein intrinsisches Motiv, das wir ihm als Verbraucher absprechen. Es gibt eine junge Generation Landwirte, die mich sehr hoffnungsvoll stimmt. Die betreiben sowohl im Bio- als auch im konventionellen Bereich unheimlich wissensorientierte Landwirtschaft.« Kriterien wie Natur-, Umwelt- und Tierschutz rücken immer mehr in den Fokus. Bei einem befreundeten Bauern, den Köhn aus dem Studium kennt, hat sie diesen wissensorientierten Ansatz beobachten können. Den Hof hat er vom Vater übernommen. Um »eine plausible Geschichte für die Bank zu haben«, müssten sie die Produktionsbedingungen zunächst so ausweiten, dass sie überhaupt kreditfähig werden. Das Ziel sei aber Bio. Auf jeden Fall Freilandhaltung der Schweine. »Sein Vater hatte den Wandel verschlafen. Sie werden jetzt in zwei Jahren auf Bio umstellen und starten von der antiquarischsten Form der Landwirtschaft«, erzählt Köhn. Schon jetzt kann der erfahrene Bauer beispielsweise auf den Einsatz vieler Medikamente verzichten. Was wir hier sehen, ist eine Strategie der Risikominimierung. Denn die Landwirte müssen sich laut Köhn irgendwie auf dem Weltmarkt positionieren: »Derzeit haben sie gar keine Chance, ihre Produkte im Vergleich zu anderswo produziertem Fleisch zu differenzieren. Das ist ein generisches Fleisch, das auch im Labor produziert werden könnte.«

Ein erster Schritt zum Wandel ist auf jeden Fall getan, und eine neue Generation Landwirte steht in den Startlöchern, weitere Schritte zu gehen. Schritte wie den vom konventionellen Schlachthof weg. »Ich beobachte die Hofschlachtung als einen willkommenen Trend, der gerade bei jungen Landwirten sehr verbreitet ist. Das ist noch kein Massenphänomen, und es ist auch noch keine Ernährungswende, sondern ein Anfang«, weiß Köhn.

Bei *Pielers* melden sich immer häufiger auch Konzerne. Denn die Trends hin zu mehr Tier- und Umweltschutz setzen auch die industrielle landwirtschaftliche Produktion, wie wir bereits erfahren haben, unter Druck, innovativer zu werden. Die Logik des Systems bestimmt dabei laut Köhn den Markt. Sie müsse also ganz einfach geändert, aufgebrochen werden. Irgendwann sollen – wie sie es auf *Pielers* online in Ansätzen vormachen – auch in den Supermärkten Produkte stehen, die mit einem digitalen Pass ausgestattet sind. Bis dahin aber haben wir für Köhn noch viel Wegstrecke vor uns: »Wir müssen noch richtig viel Kraft in den Wandlungsprozess reinstecken, um ihn auch wirklich in die großen Organisationen hineinzutragen. Nur weil der Konzernchef aufsteht und Bio machen will, ist der Wandel noch lange nicht im letzten Glied der Kette angekommen.«

Im Wandel der Ernährungsgewohnheiten

»*Ob Vegetarier oder Fleischesser, ist im Bereich Tierschutz eigentlich fast schon egal. Wer sich wirklich für Tiere einsetzen will, der müsste sich vegan ernähren.*«   Dr. Simone Frey

Was wir wissen: Die Ernährung des Menschen und sein Fleischkonsum haben sich in den letzten Jahrhunderten aufgrund einer sich verändernden Industrie angepasst. Dabei zeichnen sich nicht nur bei den Konsumenten, die auf Kennzeichnung Wert legen, sondern offenbar auch in der Industrie und bei den Landwirten die Anfänge eines nächsten Umbruchs ab. Ein Bruch der Verhältnisse, der auch in einem gesteigerten Bewusstsein für die Gesundheit unserer Körper begründet liegt. 94 Prozent der Frauen und 88 Prozent der Männer in Deutschland ist es wichtig, dass ihr Essen gesund ist.[89]

Auch ich mache mir immer öfter Gedanken darüber, ob ich mich gesünder ernähren müsste. Ich erinnere mich an gemütliche Abende mit meinem Bruder und meiner Schwester, an denen wir Chips, »Bunte Tüte«, Schokolade, Eis und Pizza in abwechselnder Reihenfolge konsumierten. Während meiner Jugend, aber auch in den 20ern standen viele ungesunde Lebensmittel auf dem Speiseplan. Heute ertappe ich mich immer öfter dabei, mich selbst und dieses Essverhalten infrage zu stellen. Da ich nicht an das »Erwachsenwerden« per se glaube, fällt es mir schwer, mein verändertes Bewusstsein darauf zu schieben. Tatsächlich werde ich gefühlt viel öfter damit konfrontiert, was ich esse, und werde als Konsument auf die Auswirkungen meiner Ernährung hingewiesen. Menschen aus meiner Umgebung fragen, ob ich zum Beispiel Fleisch esse, wie viel und warum. Woher kommt diese sich derzeit manifestierende Gedanken-Revolution unserer Ernährung?

»Um zu verstehen, wie wir uns heute ernähren oder was wir für ein Verhältnis zu unseren Nahrungsmitteln haben, ist es immer gut zurückzuschauen«, weiß Dr. Simone Frey. Sie ist Gründerin der Plattform *Future of Nutrition* und Ökotrophologin. Einen kurzen Blick in die Vergangenheit haben wir schon gewagt. Ein Aspekt, der bereits Erwähnung fand und der laut Frey eine wichtige Rolle spielt, ist Hunger. Hunger, dieses elende Gefühl im Magen, das wenige von uns Privilegierten noch wirklich kennen. Wie beim Hund, wenn er sich bedroht fühlt, fühlt sich auch unser Körper von diesem Mangel bedroht und beginnt zu knurren. Es ist diese Bedrohung, die für die Expertin tatsächlich der größte Feind des Menschen war. Lange Zeit ging es ums Überleben.

Ich muss an dieser Stelle noch einmal betonen, dass wir bei den betrachteten Entwicklungen natürlich auch immer an die Perspektive der westlichen Welt denken müssen. Es gibt selbstverständlich auch heute und sehr wahrscheinlich auch in Zukunft Länder (deshalb müssen wir unsere Produktionsweise anpassen), in denen Hunger immer noch ein wichtiger Treiber der Ernährung ist und nicht etwa die ernährungsbasierte Selbstverwirklichung.

Erinnern wir uns an den ersten Schritt zum Fleisch, die Anpassung an eine sich verändernde Umgebung. Sie galt dem Besiegen genau dieses Feindes, des Hungers, mit der besten Ernährungsstrategie. Eine Ernährungsstrategie, die vorsah, dem menschlichen Körper über Fleisch Proteine zuzuführen. Ein Nährstoff, den wir auch heute noch brauchen: »Unser Körper braucht Proteine, um Muskelmasse aufzubauen und zu halten. Da wir keinen Speicher dafür haben, müssen wir sie täglich zuführen. Das erklärt, warum wir dieses Lebensmittel essen«, erläutert Frey. Mittlerweile scheinen wir Herr des Hungers, der Proteine und unseres Konsums zu sein.

Gleichzeitig mit und durch diese Entwicklung aber haben sich zahlreiche Probleme entwickelt – neue Feinde. Der Einfluss auf unsere Umwelt, der Umgang mit Tieren, aber auch – und das zeichnet sich zunehmend ab – mit unserem Körper. Hier liegt der Knackpunkt. Wir führen, wenn man so will, einen Kampf gegen uns selbst. Die Lösung: »Heute sind wir an einem Punkt, da soll die Ernährung nicht nur gesund sein, sie soll uns gesund machen«, erklärt Frey. Da haben wir ihn, den potenziellen neuen Bruch in der Ernährungsgeschichte. Aus der Lösung für das Überlebensproblem von einst ist die Grundlage unserer Verhaltensweise geworden, des Systems, das sich entwickelt hat, und letztendlich des Überlebens-kampfes der Moderne. Der Mensch muss wieder eine Anpas-sung an seine Umgebung vornehmen, seine Ernährungsstrate-gie anpassen. Kann das eine Art Ernährungsmedizin sein? Auch der Blick in die Petrischale von Clean Meat lässt Vermu-tungen dieser Art zu. Denn das künstlich erschaffene Fleisch ist theoretisch nährstofftechnisch modifizierbar.

Was ist mit dem Fleisch, das heute auf dem Speiseplan steht? Laut Frey ist das Fleisch ein Indikator für den Wandel: »Auch bei Fleisch beziehungsweise Proteinen sehen wir den Trend hin zur Gesundheit. Lange Zeit brauchten wir die Kalorien. Mitt-lerweile aber hat sich unser Lebensstil so sehr verändert, dass wir kalorienreiche Lebensmittel weniger brauchen.« Das weiß auch das Gros der Verbraucher. Auch Dr. Helmut Oberritter, ehemaliger Geschäftsführer der *Deutschen Gesellschaft für Ernährung e. V.*, bestätigt in einer Pressemitteilung aus dem Jahr 2015: »Eine abwechslungsreiche Ernährung mit maximal 300 bis 600 g Fleisch und Wurst pro Woche liefert Proteine sowie Vitamine, Mineralstoffe, Ballaststoffe und sekundäre Pflanzenstoffe in ausreichender Menge.«[90] In vielen Küchen kommen für die Proteinzufuhr statt Fleisch zudem Hülsenfrüchte auf den Tisch. Zu viel Fleisch gilt als ungesund. Vielleicht also doch »die Zigarette der Zukunft«? Warum? Für Frey liegt der Trend in zwei Entwicklungen begründet. Die erste Ursache ist die Entwicklung der Forschung: »Seit 200 Jahren wissen wir, dass wir Kalorien brauchen, seit 100 Jahren kennen wir die Vitamine, und seit 50 Jahren geht es auf molekularer Ebene darum, welche Nährstoffe wie mit unserem Stoffwechsel interagieren. Dabei stehen wir noch ganz am Anfang. Was wir aber heute schon wissen, ist, dass zu viel tierisches Fett und zu viel tierisches Eiweiß negative Auswirkungen auf unsere Gesundheit haben können. Das ist beim Konsumenten angekommen.«

Tatsächlich spuckt mir *Google* nach nur 0,38 Sekunden rund 327 000 Ergebnisse zur Suche »Fleisch ungesund Studien« aus. Die Ergebnisse reichen von Artikeln über die neuesten Erkenntnisse in der Forschung im Stern bis hin zu der Webseite Zentrum der Gesundheit und »Sechs überzeugenden Argumenten, weniger Fleisch zu essen«. Tausche ich »ungesund« gegen »gesund« aus, erhalte ich sogar in nur 0,44 Sekunden 5,6 Millionen Ergebnisse. Die Konnotation von Fleisch und Gesundheit ist da. Ein Blick auf die ersten Ergebnisse der letzteren Suche zeigt, dass es um die Klärung der Frage geht, wie viel Fleisch gesund ist, und überraschenderweise um eine neue Studie, die belegen soll, dass rotes Fleisch und Milchprodukte sogar zuträglich sein sollen für die Herzgesundheit (»Experten erklären: Warum wir wieder mehr rotes Fleisch und Käse essen sollen«).[91] Es gibt sie also, die Forschungsergebnisse, die uns aufzeigen, wie schlecht oder gut der Verzehr von Fleisch ist.

Diese Suche führt mich unweigerlich zur zweiten Ursache der sich abzeichnenden Veränderung im Umgang mit Fleisch – dem technologischen Fortschritt: »Das Internet hat es geschafft, dass der Konsument sich informiert. Über die Herkunft und Nachhaltigkeit seiner Lebensmittel. Das tut er, weil er niemandem mehr vertraut. Es geht um weniger Mythen und mehr Fakten in der Ernährung«, weiß Frey. Das Wissen über Nährstoffe und die Möglichkeit, sich dieses Wissen selbst anzueignen, bilden also die Basis der sich anbahnenden Veränderung. Der Konsument lässt sich heute »nicht mehr für dumm verkaufen«. Auch ein Blick auf den Markt der Nahrungsergänzungsmittel bestätigt den Trend zum Gesunden. Ohne hier die Diskussion um die Wirksamkeit der Mittel anschneiden zu wollen (dazu könnte man wahrscheinlich ein eigenes Buch verfassen): Die Nachfrage stieg im Jahr 2016 um 4,4[92], im Folgejahr um 4,2 Prozent[93] (bezogen auf die Packungszahl). Auch in anderen Industrien sehen wir die Anfänge der anstehenden Revolution. Sie alle sind Teil der Vision der Clean-Meat-Revolutionäre.

Im Zentrum all der Ideen um das neue System herum stehen dabei Daten. Ob wir unsere Schritte, Kalorien oder Kilos zählen, die Zukunft der Ernährung wird von ihnen bestimmt. Damit verbunden zeigt sich ein wesentlicher Trend für Frey: »Wir steuern auf das Zeitalter personalisierter Lebensmittel zu.« Werden wir künftig beim Bäcker um die Ecke ein Brot kaufen, dessen Inhaltsstoffe genau auf uns zugeschnitten sind? Erhält der Bäcker über eine Datenbank, die mit einer Smartwatch verknüpft ist und bestimmte Parameter des Körpers überwacht, Auskünfte über die jeweilige Konstitution seiner Kunden, sodass eine künstliche Intelligenz automatisiert Rezepturen anpasst? Oder wird der »Clean-Meat-Fleischer« unseres Vertrauens beim Prozess des Brauens unserem Fleisch die Nährstoffe zusetzen, die wir nötig haben? Müssen wir Angst vor einer Zukunft à la »Die Insel« haben? Der Film macht vor, wie eine Welt des personalisierten Essens aussehen kann. Die Klone ungesund lebender Menschen müssen ihre

Diät entsprechend der über Ausscheidungen gemessenen Werte anpassen. Da kommt bei dem einen mehr, bei dem anderen weniger Speck aufs Frühstückstablett. Was für Konsequenzen hätte eine solche Überwachung beispielsweise im Hinblick auf Versicherungen? Könnte der Trend zur Gesundheit vielleicht zur Nährstoff- und Gesundheitsparameter-»Versklavung« der Menschheit führen?

Heute sind wir wohl noch weit entfernt von einer »Die Insel«-Dystopie und einer Versklavung durch die Gesundheitsbranche. Wie auch immer aber eine personalisierte Ernährung künftig aussehen wird, im Zentrum steht eine entsprechende Diagnostik. Diese Diagnostik hat sich bereits ihren Weg in unsere Leben gebahnt. Denn wir wollen ihn schon heute, den gesunden Wandel. »Zwei Orte, wo wir diese Entwicklung schon beobachten können, sind Supermärkte und das eigene Bad«, weiß Frey. In England gibt es die ersten Ernährungsberater, die Konsumenten im Supermarkt an die Hand nehmen und mit ihnen personalisiert einkaufen. Einen weiteren Ansatz in diese Richtung sehen wir im Start-up Habit. Es wirbt online mit den Worten »Become the Best Version of You« und bietet seinen Kunden einen personalisierten Ernährungsplan, den sie mithilfe von 70 Gesundheitsmarkern, die die Kunden zur Verfügung stellen, erarbeiten. Die Ergebnisse zeigen, wie unser Körper Fette oder Kohlenhydrate verarbeitet – und letztendlich, was wir essen sollen.

Bei dem Gedanken an den zweiten von Frey erwähnten Ort kommt wieder die Erinnerung an den Film »Die Insel« und die Messung von Gesundheitsparametern über Ausscheidungen. Die Smart Toilet könnte künftig alle unsere Hinterlassenschaften analysieren. Diese Daten werden laut Expertin mit unseren gezählten Schritten und dem persönlichen Mahlzeitenplan gespeichert – alles vollkommen automatisch. Vertrauen wir den Unternehmen so sehr, dass wir ihnen künftig diese Datenmacht geben werden? Bei Betrachtung des derzeitigen Umgangs mit unseren persönlichen Daten – auch ich gehöre zu der Gruppe Menschen, die unvorsichtig damit umgeht – ist das Szenario der täglichen Übertragung von Gesundheitsdaten gar nicht abwegig. Die Industrie zwischen Lebensmitteln und Medizin wird über kurz oder lang geschaffen. »Dieses System aus Ernährung und Wellness wird sich ähnlich entwickeln wie die Medizin. Im Moment ist es emotional und mythengetrieben. Jeder hat eine Meinung zur Ernährung. Künftig werden wir aber mehr und mehr Branchenexperten sehen«, verspricht Frey. Eine Veränderung, die aufgrund der gesundheitlichen Implikationen zur Folge haben könnte, dass mehr und mehr Menschen gänzlich auf Fleisch verzichten. Und ein Wandel, den unsere heutigen Ernährungsmöglichkeiten durchaus tragen würden. »Nährstofftechnisch ist es gar kein Problem, sich vegetarisch zu ernähren. Aber auch vegan kommt infrage. Es gibt sogar eine vegane Lebensmittelpyramide. Es kommt ganz einfach darauf an, wie ich meine Nahrung zusammensetze. Ich muss dann besonders darauf achten, die Stoffe, die mein Körper braucht, auch zuzuführen«, erklärt Frey. Für die Ernährungsexpertin zeichnet sich dabei ab, dass die Diskussion um die »richtige« Ernährungsweise weiter reichen muss als bis zum Fleischregal: »Wenn ich Tiere halten muss, um Kuhmilch zu produzieren, dann endet der Diskurs bei mir nicht beim Fleisch. Ob Vegetarier oder Fleischesser, ist im Bereich Tierschutz eigentlich fast schon egal. Wer sich wirklich für die Tiere einsetzen will, der müsste sich vegan ernähren.« Ein veganes Leben also als nachhaltigste Variante des Umweltschutzes? Selbst dann noch begegnen einem Lebensmittel, deren Konsum nicht nachhaltig ist – man denke nur an eine Avocado.

Wo auch immer wir uns hinbewegen: Transparenz, Wissen und Selbstbestimmung stehen offenbar im Zentrum der

Erwartungen einer neuen Generation von Konsumenten. Der Mensch will wissen, was er isst und wie er essen soll. Ob sich das letztendlich tatsächlich auf unseren Fleischkonsum auswirken wird, bleibt abzuwarten. Der Blick in den *Ernährungsreport* des *BMEL* zeigt derzeit schon einen Trend: Während 2016 34 Prozent der Deutschen täglich zu Fleisch und Wurst griffen, waren es 2018 nur noch 28 Prozent.[94] Aber eine gänzliche Aufgabe der Leidenschaft Fleisch? Wahrscheinlich eher nicht. Denn wenn es um unsere Lieblingsgerichte geht, steht Fleisch immer noch hoch im Kurs. 33 Prozent der Deutschen geben bei der Frage nach ihrem Lieblingsgericht Braten, Schnitzel oder Gulasch an.[95] Der Sonntagsbraten wird eben mit mehr verbunden als dem bloßen Verzehr von Fleisch. Er ist Zeichen des Wohlstands und ein familiäres Event. Laut *Nestlés* 2016 veröffentlichter Studie »So is(s)t Deutschland«»befriedigen die Menschen bei einer gemeinsamen Mahlzeit [immer noch] ihr grundlegendes Bedürfnis nach Zusammenhalt, Nähe und Austausch.«[96] Das hat auf den ersten Blick natürlich erst einmal nichts mit Fleisch zu tun und könnte irgendwann auch fleischlos stattfinden. Irgendwie aber scheinen wir ein Bedürfnis nach dem Verzehr zu spüren. Oder?

Ich zumindest kann es manchmal kaum erwarten, in ein saftiges Stück Fleisch zu beißen oder eine Wurststulle zu essen. Eklig? Für den einen mag das stimmen. Aber manchmal spüre ich eben einfach das unbändige Verlangen nach Fleisch. Im *Deutschlandfunk Kultur*-Interview[97] mit Josef Reichholf verrät der Evolutionsbiologe und Autor: »[…] die grundsätzliche Frage, ob Fleisch essen oder nicht, halte ich für den Menschen von seiner Herkunft her gelöst: Er hat Bedürfnis nach Fleisch, er braucht Fleisch und er sollte das in Maßen zur Verfügung haben.« Natürlich nicht zu den jetzigen Bedingungen: »Die Massentierhaltung ist eben wirklich das Problem und nicht der Fleischkonsum als solcher.« Auch keiner der Menschen, mit denen ich mich bisher unterhalten habe, glaubt, dass wir irgendwann kein Fleisch mehr essen – Reduktion ja, Aufgabe nein. Vielleicht gibt es deshalb immer mehr Menschen, die sich beispielsweise als Flexitarier bezeichnen und bereits weniger Fleisch essen. Doch was bedeutet diese Flexibilität tatsächlich, und wo führt sie uns hin?

Auf dem grünen Weg zur Revolution

»Du fragst mich, aus welchem Grund Pythagoras kein Fleisch gegessen hat? Ich möchte viel eher wissen, in welchem Zustand, in welcher seelischen oder geistigen Verfassung der Mensch war, der als Erster Blut mit dem Mund berührte, das Fleisch eines toten Tieres an seine Lippen brachte, tote und halb verweste Körper auf dem Tisch haben wollte und das Zukost und Leckerbissen nannte, was kurz zuvor noch gebrüllt und geschrien, sich bewegt und um sich geschaut hat.«[98]   Plutarch

Die Leidenschaft für den Geschmack hat aus einer Notwendigkeit längst eine Kunst gemacht. Die Kunst der Ernährung bereitet nicht nur Lust, sie bestimmt, wer wir sind. Die zentralste aller Fragen scheint dabei: to meat or not to meat? Wir lieben unser Fleisch oder hassen es eben. Liest man aber die einführenden Worte Plutarchs, muss sich selbst der größte Fleischfan fragen, ob das, was er so liebt, nicht zu hinterfragen ist. Vegetarier, Flexitarier, Pescetarier und Veganer machen vor, wie man alternativ leben kann. Dabei sind sie Teil der Revolution und ebnen den Weg für weitere Visionen einer neuen Ernährung. Braucht es also vielleicht gar keine Clean-Meat-Revolution?

Veganer kommen völlig ohne tierische Produkte aus, Vegetarier essen kein Fleisch, Pescetarier essen ausschließlich Fisch, und Flexitarier essen »wenig« Fleisch. Was das bedeuten soll – für den einen vielleicht eine Reduktion auf jeden zweiten Tag, für den anderen der Konsum einmal im Monat –, habe ich für mich noch nicht rausfinden können. Eines aber ist gewiss, sie alle prägen eine Bewegung weg vom Fleisch. Ich habe mir viele Gedanken gemacht, wie ich in diese Welt der Alternativen einführen, wie ich sie erfahren und welche Ansätze und Produkte ich vorstellen soll. Der Plan: ein Selbstversuch – eine Woche vegane Ernährung. Der nächste Montag ist für mich Stichtag für sieben Tage Verzicht auf tierische Produkte im Lebensmittelbereich.

Nur ein paar Kilometer entfernt von meinem Zuhause steht eine Filiale von *Veganz*. Ein Geschäft, das ausschließlich vegane Produkte verkauft. Im Friedrichshainer Kiez, den ich seit sieben Jahren meine Heimat nenne, warten zudem zahlreiche auf vegane Speisen spezialisierte Restaurants auf meinen knurrenden Magen. In Berlin bin ich scheinbar am richtigen Ort. Dabei sind mir die Lokalitäten auch jetzt schon nicht unbekannt. Ich habe schon oft mit einer Freundin, die vegetarisch lebt, in ausschließlich veganen Restaurants gegessen. Das Fazit dieser Stippvisiten: Der vegane Speiseplan ist überraschend vielfältig. Meine Angst vor dieser anstehenden Woche aber bleibt dennoch. Denn es ist das eine, abends eine vegane Mahlzeit zu sich zu nehmen. Etwas vollkommen anderes aber ist es, auf Käse, Milch, Joghurt, Schmand, Quark oder aber Speiseeis zu verzichten. Vor allem Käse hat es mir angetan. Am liebsten genieße ich das tierische goldene Fett in erhitzter Form auf anderen tierischen oder aber pflanzlichen Produkten, knusprig, fettig, lecker. Und was

90

wird aus meinem geliebten Milchkaffee am Morgen? Der größte Treiber meiner Angst ist also: der Ersatz von Milchprodukten. Dabei wird einem erst durch den Verzicht bewusst, wie viele tierische Produkte tatsächlich täglich so auf dem eigenen Teller landen.

Damit ich mir nicht selbst im Weg stehe, heißt das Ziel bis zum Startschuss, zumindest die daheim verbliebenen Süßigkeiten mit tierischen Bestandteilen zu vertilgen (zwei Tage für vier Milcheis mit Schokolade – machbar). Wird mich das Experiment bekehren? Mir die Lust auf Fleisch austreiben und mein Gewissen beschweren, so wie es auch die Worte Plutarchs vermutlich sollen? Momentan gehe ich nicht davon aus. Schließlich konnten meine bisherigen Recherchen auch nichts daran ändern, dass ich gerne Fleisch esse.

»Eine Woche« tierlos glücklich: das Experiment

»Die Tiefkühlpizza sieht ja nicht wirklich appetitlich aus!«
Mein Partner

Es ist Stichtag: kein Milchkaffee, kein Brötchen mit Mortadella, keine Käsepizza mehr. Eines muss ich gleich vorwegnehmen. Aus der Woche sind lediglich drei Tage geworden – aus einem einfachen Grund. Nur einen Tag vor dem Start haben mir zwei rote Streifen angezeigt, worauf ich seit einem halben Jahr warte: schwanger. Natürlich habe ich recherchiert, ob ich bei einer veganen Ernährung alle wichtigen Nährstoffe aufnehme. Kurz und knapp informiert habe ich mit dem Veganexperiment losgelegt und wurde nach drei Tagen der Bedenken und des Verzichts von der Frage meines Partners überrascht: »Du tötest aber nicht unser Baby, weil du dich vegan ernährst?« Ein eingefleischter und informierter Veganer wird jetzt vermutlich mit den Augen rollen, da er genau weiß, was er konsumieren muss, um alle relevanten Nährstoffe aufzunehmen. Ich aber nicht, und so sind aus sieben eben drei Tage geworden.

Tatsächlich beiße ich gerade in ein mit Käse überbackenes Brot, und es ist köstlich – leider. Hier sind wir auch schon am Kern der Erfahrung angekommen. Geschmack ist alles. Ich schätze, es ist fast schon so etwas wie eine Sucht, die das Verlangen nach tierischen Produkten verursacht. Dabei umgeben sie mich überall. Ob der Gang zum Bäcker, ins Restaurant oder den Supermarkt, wo man hinschaut, sieht man Tier. Der erste Morgen war in Ordnung, mal keinen Kaffee, das ist machbar – ich musste mir ja sowieso koffeinfreien besorgen. Der Verzicht fiel leichter. Doch was frühstücken? Mein neuer Feind: Eier, Butter, Käse und Wurst. Keine Chance also, einfach was beim Bäcker zu kaufen. Das Problem und die Erkenntnis: Ich weiß gar nicht wirklich, in welchen Produkten tierische Lebensmittel verwendet werden. Wird einem bestimmten Teig vielleicht Butter oder Milch zugesetzt? Wir konsumieren, ohne zu wissen, ohne bewusstes Wissen.

Zu Mittag gab es eine Packung Nüsse. Der Weg in den Supermarkt hat zwar ein paar vegane Produkte gezeigt, aber nichts, das ich auf die Schnelle essen konnte. Dritte Erkenntnis: Der schnelle Snack zwischendurch ist nicht so einfach gefunden. Nach einem Tag im Büro habe ich mich auf den Weg in den bereits erwähnten veganen Supermarkt *Veganz* begeben. Und tatsächlich gibt es mittlerweile zahlreiche Lebensmittel, die unser tierisches Pendant ersetzen. Von Butter über Mortadella, Käse, Schokomuffins, Chicken Nuggets bis hin zur Tiefkühlpizza. Vegan ist möglich, man muss sich darauf eben einfach vorbereiten. Nach 20 Minuten war die Expedition in den alternativen Markt erledigt. Sehr groß war er nicht, hatte aber alles, was ich brauchte.

An diesem ersten Abend gab es Chicken Nuggets und Knob-lauchdip. Die Nuggets bestehend aus Soja und Weizen, die Quarkgrundlage für den Dip ebenfalls aus Soja. Nach einem ersten skeptischen Blick ins Innere der kleinen fleischlosen Fleischhappen – das aussieht wie noch rohes, zermatschtes Fleisch – die Überraschung: Die Nuggets schmecken gut, auch der Dip. Die Produkte hatten nur einen leichten Nachge-schmack, an den man sich gewöhnen kann. Die nächste Über-raschung folgte am Morgen darauf. Auch der Milchersatz, das vegane Streichfett und die pflanzliche Mortadella überzeugen durch einen guten Geschmack. Muffins, Kekse und Schoko-lade sind lecker. Nur damit das klar ist: Natürlich gab es zwi-schendurch den üblichen Apfel, einen frisch gepressten Oran-gensaft oder mal eine Banane. Diese Snacks gehören sowieso auf meinen Ernährungsplan.

Am Abend gab es eine Tiefkühlpizza und den Hinweis mei-nes Partners, dass »die ja nicht wirklich appetitlich aussieht«. Danke. Geschmeckt hat sie allerdings, auch wenn der Käse eher schleimig war. Damit wären wir beim Käse. Der Biss in einen alternativen Käse – er sah aus wie Chester – war für mich das enttäuschendste Erlebnis meines kurzen Ausflugs in die Welt der Veganer. Der Geschmack war so weit von dem eines regulären Käses entfernt und insgesamt auch nicht alternativ lecker, dass ich die Packung leider entsorgen musste. Ein Problem, dessen sich auch Veganer und Produ-zenten bewusst sind und wegen dem diese an vielen ausge-feilten Ersatzprodukten arbeiten. Auch am nächsten Tag gab es pflanzliche Mortadella und Butter auf Brötchen zum Frühstück. Zum Mittag dann der Gang zum Vietnamesen und ein köstliches Essen mit Tofu, Gemüse, Reis und leckerer Soße. Abends Gemüselasagne. Letztere habe ich nach zwei Bissen zur Seite geschoben. Sie schmeckte schlichtweg »zu gesund«.

Tatsächlich habe ich das Gefühl, mich in diesen drei Tagen ungesünder ernährt zu haben als sonst. Das liegt mit Sicherheit auch daran, dass ich einschlägige Produkte ausprobieren wollte. Aber auch an der Gewohnheit der Gedanken, die dafür sorgt, dass die Ideen, die man für die nächste Mahlzeit hat, meist an das, was man kennt, gekoppelt sind. Und das sind in meinem Fall viele tierische Produkte. Selbst der heiß geliebte Spinat im Tiefkühlfach hatte leider den Blubb und war damit tabu. Drei Tage brachten zahlreiche Erkenntnisse und am Ende des Tages eine unglaubliche Gier nach meinem für mich »normalen« Essen. Wie erwähnt, es ist fast schon wie eine Sucht, die einen zu den üblichen Produkten der Wahl treibt. Dabei bietet der vegane Markt durchaus wohlschmeckende Alternativen. Das Potenzial ist da.

Die Tradition des Verzichts

»Alles, was der Mensch den Tieren antut, kommt auf den Menschen zurück.«   Pythagoras

Wenn uns die Worte Plutarchs am Beginn dieses Kapitels eines offensichtlich lehren, dann das: Wir fragen uns nicht erst seit dem Aufkommen von Fleischskandalen und dem Wissen um das System sowie die gesundheitlichen Auswirkungen, ob wir Fleisch essen sollen. Was für mich also eine neue Erfahrung war, begleitet den Menschen tatsächlich bereits seit Jahrhunderten. Zumindest wenn es um das Konzept des Vegetarismus geht. Laut der Webseite der Ernährungsorganisation *ProVeg international* geht der Vegetarismus sogar bis ins Jahr 600 v. u. Z. zurück.[99] Damals lebten die sogenannten Orphiker aus religiös-philosophischen Gründen vegetarisch. Zur gleichen Zeit lebten auch der Philosoph Pythagoras und seine Anhänger fleischlos. Heute wird der Gelehrte gerne damit zitiert, dass »alles, was der Mensch den Tieren antut, auf den Menschen zurückkommt«[100]. Der Grund für die Abstinenz: Fleischgenuss mache aus Menschen Kriegsmaschinen. Ich muss mir eingestehen, dass eine gewisse Aggressivität wohl unabdingbar ist, wenn man mithilfe des Todes den Hunger besiegen will.

Auch der Jainismus, Hinduismus und Buddhismus gelten als frühe vegetarische Gemeinschaften. Sie alle finden ihren Ursprung in Indien. Einem Land, in dem sich heute noch 40 Prozent der Menschen vegetarisch-vegan ernähren. In der Stadt Palitana wird tatsächlich sogar zu 100 Prozent vegetarisch gegessen. Dort hätten sich vermutlich auch Leonardo da Vinci oder Seneca gut aufgehoben gefühlt. Sie gehören zu den berühmten Vegetariern vergangener Zeiten. Der »moderne« Vegetarismus aber (wie ich es nenne) lässt sich ins 19. Jahrhundert zurückdatieren. 1847 wurde in England die *Vegetarian Society of the United Kingdom* etabliert. Auch der Begriff des Vegetariers wurde in England geprägt und baut auf dem englischen Wort für pflanzlich – vegetable – auf.[101] Bis dahin galten Menschen, die kein Fleisch aßen, als Pythagoräer. Auch in Deutschland machte sich im 19. Jahrhundert der Vegetarismus bemerkbar. 1867 kam es – ganz in der Nähe der Stadt, in der ich die längste Zeit meiner Kindheit und Jugend verbrachte, in Nordhausen im Harz – zur Gründung des *Vereins für natürliche Lebensweise.* Heute kennen wir diesen Verein, der sich 1892 mit weiteren Verbänden in Leipzig zum *VEBU* zusammenschloss, unter dem Namen *ProVeg.* Sein Ziel: den globalen Konsum von Tieren bis 2040 um 50 Prozent zu reduzieren.[102] Ein Ziel, das durch das Aufkommen des Veganismus in greifbarere Nähe rückt.

Denn auch der hat sich ein Jahrhundert nach dem modernen Aufleben des Vegetarismus in Europa langsam seinen Weg in die Mitte der Gesellschaft gebahnt. Die Pioniere finden sich abermals in England. Aus der einstigen *Vegetarian Society* wurde 1944 die *Vegan Society*. Gründer Donald Watson und seine Frau Dorothy prägten dabei den Begriff. Sie strichen ganz einfach aus dem »Vegetarian« das »etari« und gaben der neuen Bewegung ihre Bezeichnung.[103] Heute weiß fast jeder Mensch, was es mit Vegetarismus und Veganismus auf sich hat. Allein in Deutschland leben laut *ProVeg* rund zehn Prozent der Menschen vegetarisch. Der *Ernährungsreport* des *BMEL* zeigt: Je jünger, desto größer ist der Anteil an Vegetariern in Deutschland. Bei den 14- bis 29-Jährigen liegt er bei elf Prozent. Der Anteil der Veganer fällt wesentlich geringer aus. Lediglich ein Prozent der Befragten insgesamt hat angegeben, sich vegan zu ernähren.[104] Wie auch immer aber die Zahlen ausfallen, in den Menschen, die hinter der Idee und Vision einer neuen Ernährung stehen, manifestiert sich eine nie dagewesene Form des stillen Protests. Und auch diese Vision wird von Innovation, Ideen und Kapital getragen. Aus dem Protest einiger weniger ist im Laufe der Zeit eine Bewegung geworden, die heute durch eine neue globale Industrie genährt wird. Immer mehr Unternehmen, die sich auf die Herstellung pflanzlicher Fleischersatzprodukte spezialisiert haben, fluten den Markt. Sie entwickeln Bouletten für Burger, die »bluten«, sowie pflanzenbasiertes Ei und Lebensmittel aus Insekten. Obwohl Letztere genau genommen natürlich auch Tiere sind. Was genau setzen die Hersteller uns vor? Warum jetzt, und wie schmecken die berühmten Alternativen von Unternehmen wie *Beyond Meat*?

Zurück zu den Revolutionen: Berge versetzen mit der veganen Vision

»Die Produkte, die es in den Supermärkten gab, waren alle so langweilig. Ich war nie inspiriert, bis ich 2012 von Mosa Meat und dem In-vitro-Burger hörte. Die Wissenschaftler rund um das Start-up haben mir gezeigt, was machbar ist.«   Simeon Van der Molen

Eines steht für mich nach meinen bisherigen Recherchen fest: Fleisch zu essen scheint tatsächlich Ursache von Scham. Während ich bei einem Gespräch über meine Ernährungsgewohnheiten nicht verberge, dass ich den Duft eines saftigen Steaks, medium rare serviert und mit Zwiebeln bedeckt, für eine der schmackhaftesten Speisen halte, die es gibt, scheinen andere Menschen sich schwer damit zu tun, »zuzugeben«, dass sie Fleisch konsumieren. Um einen Eindruck von der Akzeptanz von Clean Meat einzufangen, habe ich während verschiedener Veranstaltungen eine kleine Umfrage durchgeführt. Dabei musste ich feststellen, dass 90 Prozent der Befragten, die angegeben haben, Fleisch zu essen, im nächsten Augenblick versicherten, »nur selten« oder »ganz wenig« Fleisch zu essen. Woher diese Scham kommt? Leider war diese Frage nicht Teil meiner kleinen »Studie«. Die eine Erkenntnis aber möchte ich teilen. Sie ist beispielhaft dafür, dass selbst unter Menschen, die Fleisch essen, die Leibspeise zugleich auch »Leidspeise« ist. Hier sehen wir einen Indikator dafür, dass die Zahl der sich alternativ Ernährenden steigen könnte. Parallel steigt zumindest schon einmal die Zahl der Unternehmen, die vegane Produkte herstellen.

Der Diskurs um den Markt der alternativen Produkte in Deutschland wurde Anfang 2019 vor allem von einem Unternehmen dominiert: dem US-amerikanischen Lebensmittelhersteller *Beyond Meat*. Die Einführung des gleichnamigen

fleischlosen Burgers auf Erbsenbasis – des *Beyond Burgers* –
auf dem deutschen Markt Ende 2018[105] wurde von einem regen
Interesse der Öffentlichkeit begleitet. Kein Wunder, der Burger
wird gepriesen als das Ersatzprodukt schlechthin, einem
Fleischburger zum Verwechseln ähnlich. Auf der Webseite
wirbt Gründer und CEO Ethan Brown mit »The revolutionary
plant-based burger, that looks, cooks and satiesfies like beef«.
Gegenüber dem regulären Burger sollen 99 Prozent weniger
Wasser und 93 Prozent weniger Land zur Produktion des
Beyond Burger notwendig sein. Zudem soll er 90 Prozent weniger Treibhausgasemissionen verursachen und 46 Prozent
weniger Energie verbrauchen.[106] Die Zahlen scheinen zu stimmen. Auch der Gang an die Börse im Mai 2019 lässt Vermutungen über das Potenzial der Branche zu. Nach nur zwei
Tagen hat sich der Börsenwert der *Beyond*-Aktie verdreifacht.[107] Tendenz steigend. Mittlerweile bietet auch der Discounter *Lidl* die pflanzliche Boulette an. Doch was ist mit dem
Geschmack?

Das wollte ich natürlich genau wissen und habe mich im
Friedrichshainer Kiez in das vegane Restaurant *yoyo Food-
world* begeben, das laut eigener Webseite älteste vegane Fast-
Food-Restaurant Deutschlands. Ganze sieben Jahre gibt es die
dahinterstehende GmbH bereits. Auf in den Kiez also. Das
kleine, unscheinbare Restaurant ist gut besucht. Die Zuberei-
tung des Burgers wird dem Konzept des Fast Foods mehr als
gerecht. Im Nullkommanichts – nach rund fünf Minuten –
stand das alternative Fleisch auf dem Tisch. Der erste Blick auf
die Boulette war dann doch etwas ernüchternd. Sie sah ganz
einfach nicht aus wie eine Boulette der Marke Fleisch. Doch
dann nach dem ersten Bissen die Überraschung. Denn während der Burger von außen offenbarte, nicht tierischen
Ursprungs zu sein, sah das Innere tatsächlich aus wie halb
rohes Fleisch. Mir ist fast schon ein wenig übel von dem

Anblick geworden (das konnte nur die Schwangerschaft sein, schließlich liebe ich ein gutes Steak, medium rare). Der Burger ist lecker, wirklich. Nein, er schmeckt nicht wie Fleisch, zumindest nicht für mich, aber er ist lecker. Mein Freund hat mich zu diesem Test begleitet. Auch er mochte den Burger, kam aber nicht von der Frage weg, warum wir unbedingt einen Ersatzburger brauchen, der genauso schmecken und aussehen soll wie echtes Fleisch? Ja, warum eigentlich? Schließlich strömen auch die Clean-Meat-Revolutionäre nach und nach auf den Markt.

Wenn wir im Ernährungsbereich einen wirklichen Wandel schaffen wollen, warum nicht da ansetzen, wo eine Veränderung einen wirklichen Einfluss hätte: am Fleischmarkt. Nicht die Veganer und Vegetarier, die Fleischesser sollen von der neuen Industrie überzeugt werden, die blutige gegen eine grüne Gabel einzutauschen, und das, ohne Abstriche machen zu müssen. Ein Unternehmen, das neben *Beyond* genau dort ansetzt: *Moving Mountains.* »Fleisch neu zu kommunizieren ist nicht einfach. Ein veganes Produkt auf der Karte eines Restaurants zu sehen ist nicht so attraktiv für die Fleischesser. Aber wenn sie den *Moving Mountains*-Burger auf der Speisekarte sehen, sehen sie, wie lecker er aussieht. Da er aussieht wie Fleisch, sind sie eher geneigt, das Produkt auch zu bestellen«, erklärt Van der Molen. Ein Problem, den Fleischmarkt mit pflanzlichen Alternativen zu durchdringen, liegt in der Bedeutung des Wortes vegan: Es geht darum, was am Produkt fehlt, und nicht darum, was sich im Produkt befindet.

Das britische Unternehmen, das seinen pflanzenbasierten Burger bereits im ganzen Vereinigten Königreich verkauft, ist einer der aufstrebenden Player am Markt der pflanzlichen Alternativen. Dabei blickt Van der Molen mit seinem Unternehmen *Ecozone* auf 20 Jahre Erfahrung im Bereich pflanzenbasierter Produkte zurück.

Der Hang zum Veganen zeigte sich bei Van der Molen bereits in der Kindheit:»Ich muss ungefähr sechs oder sieben gewesen sein, als ich mich weigerte, Milch zu trinken. Ich erinnere mich an meine Schwester, die unseren Vater fragte, warum ich mein Müsli mit Orangensaft aß, während alle anderen Milch nahmen.« Sein Vater antwortete auf die Frage damit, dass ihr Bruder seltsam sei.»Doch was ist seltsamer, etwas Natürliches mit seinem Müsli zu essen, oder ein paar seltsame Laktationssekrete, die von einer Kuh kommen?«, lacht Van der Molen. So genau denken wir wohl nie über das weiße Lebensmittel, das wir über unsere Cerealien oder in unseren Kaffee gießen, nach. Vielleicht bräuchte es den ganzen Diskurs dann heute nicht. Van der Molen aber dachte darüber nach und hatte sie offensichtlich im Blut, die Abneigung gegen das Tierische und die Gedanken an die Herkunft der Produkte. Unabhängig von der Milch mochte er den Geschmack des Fleisches schlichtweg nicht. Vielleicht sehen wir hier bereits die evolutionäre Antwort auf die sich verändernde Umwelt, eine Art Schutz, damit wir unsere Umwelt nicht weiter zerstören? Zumindest nicht mit der Produktion von agrarischen Produkten ...

Aus der kindlichen Abneigung des Naturliebhabers wurde zunächst ein blühendes Geschäft für Reinigungsmittel. An vegetarischen, gar veganen Lebensmitteln bestand gar kein Interesse.»Die Produkte, die es in den Supermärkten gab, waren alle so langweilig. Ich war nie inspiriert, bis ich 2012 von *Mosa Meat* und dem In-vitro-Burger hörte. Die Wissenschaftler rund um das Start-up haben mir gezeigt, was machbar ist«, erinnert sich der Unternehmer. Van der Molen gründete einen neuen Betrieb mit dem Ziel, Fleischessern eine Alternative zu bieten. Heute bieten 3000 Restaurants in ganz Europa seinen *Moving Mountains*-Burger an. Unter ihnen findet sich auch der deutsche Anbieter Hans im Glück. Das nächste Ziel ist die Eroberung des US-amerikanischen Marktes. Dazu sind sie gerade erst mit dem Fleischlieferanten Jan Zandbergen eine Kooperation eingegangen. Mittlerweile gibt es die fleischlose Alternative in Deutschland, Finnland, Schweden und den Niederlanden. Weitere Länder sollen im Jahr 2019 noch folgen. »Das haben wir alles aufgrund der Partnerschaft mit Jan Zandbergen geschafft. Ein Unternehmen, das seit rund 70 Jahren nichts anderes macht, als Fleisch an den Mann zu bringen. Unser Burger ist das erste Produkt dieser Art, das sie jemals gelauncht haben«, weiß Van der Molen.

Warum aber mit einem Riesen der Fleischindustrie kooperieren und nicht etwa einem Player im Bereich veganer Produkte? Für Van der Molen ist die Antwort einfach: »Auch wir stellen Fleisch her. Der einzige Unterschied ist, dass es von Pflanzen stammt und nicht von Tieren. Wir produzieren Burger. Jan Zandbergen hat genau die Reichweite, die wir brauchen, um wirklich etwas zu verändern.« Logisch: Ein Partner, der Restaurants bereits mit Fleisch beliefert, hat einen ganz anderen Zugang zur Branche. Die Kommunikation als Fleisch und nicht etwa als revolutionäres veganes Produkt scheint dabei die Erfolg versprechende Komponente der Strategie der neuen Spieler auf dem Markt der Alternativen. Ein Markt, der noch klein ist. »Die Unternehmen sind zwar laut, aber noch lange keine ernst zu nehmende Konkurrenz für den Fleischmarkt. Addiert man all die Zellen pflanzenbasierter Produkte, die man sich global in Supermärkten und Co. vorstellen kann, auf und stellt sie den Zellen tierischer Produkte gegenüber, kratzen sie nicht einmal an der Oberfläche der Fleischindustrie«, weiß Van der Molen.

Dennoch, der Markt wächst. So ist der Umsatz mit pflanzlichen Lebensmitteln in den Staaten beispielsweise laut der *Plant Based Foods Association* von 2017 auf 2018 um 20 Prozent gestiegen (in Dollar Sales).[108] Und wieder fällt ein Stichwort, das meine Recherchen von Tag eins an begleitet: Transparenz. »Niemand kann sich mehr verstecken. Die Menschen posten ununterbrochen Skandale, Erlebnisse und Eindrücke«, erklärt Van der Molen. Hier liegt die Krux unseres Zeitalters. Denn die Skandale und Skandälchen kratzen heute viel stärker am Image eines Unternehmens, als sie es noch vor ein paar Jahrzehnten gemacht haben. *Facebook*, *Instagram* und andere machen den Produzenten das Leben schwer. Ob es Videos aus den Produktionshallen sind oder Menschen der Industrie, die sich Luft machen, heute sehen wir besser denn je. Natürlich sind wir für vieles immer noch blind, aber es ist schwieriger, einen Skandal unter den Teppich zu kehren. Der Deckmantel des Schweigens ist nur noch dünn. Das liegt auch an gebeutelten Arbeitnehmern, weiß Van der Molen: »Zu den gequälten Tieren kommen die Bedingungen für Schlachthausmitarbeiter hinzu. Sie werden nicht darauf vorbereitet, was sie tagein und -aus sehen. Sie werden schlecht bezahlt, müssen ganz früh am Morgen raus, um die Kehlen von Kühen durchzuschneiden. Kein Wunder, dass einige unter posttraumatischem Stress leiden.«

Das Image der Industrie könnte also mal wieder ein wenig aufgehübscht werden. Ein willkommener Umstand für die neuen Player, denn für sie öffnet sich dadurch der Markt der Fleisch-Möglichkeiten. Die Partnerschaften von traditioneller und neuer Protein-Industrie sind selbstverständlich auch umstritten. Allerdings: Warum nicht das Geld nehmen und in den Wandel investieren? Warum nicht den Zugang zum Markt nutzen? Warum nicht einen Fuß in der Tür haben, der nicht mehr so einfach abzuschütteln ist?

Deutschland im Veggie-Fieber

»Die Menschen haben mich für verrückt erklärt. Ich finde es aber verrückt, nicht die Verantwortung für unseren Planeten zu übernehmen.« Selim Varol

Mir sind nur wenige erfolgreiche deutsche Start-ups begegnet, die sich mit zellularen oder innovativen pflanzenbasierten Ersatzprodukten auseinandersetzen. Woran liegt das? »Wenn wir uns anschauen, wo diese Produkte herkommen, müssen wir uns anschauen, wo die Nachfrage hoch ist«, erklärt Van der Molen. In Kalifornien, Israel und den Niederlanden ist sie es. Diese Länder haben sich laut dem Vegan-Experten zu den drei wichtigsten Standorten für zellulare und pflanzenbasierte Produkte etabliert. »Diese zentralen Standorte haben sich aus den verschiedensten Gründen etabliert. Zum Beispiel religiösen. Die Deutschen aber lieben ihr Fleisch«, so Van der Molen. Die Niederlande seien zudem ein großer Player in der Lebensmitteldistribution, vornehmlich im Bereich Landwirtschaft. An großen neuen Innovatoren und visionären Start-ups am Markt, die unsere Industrie aufmischen, fehlt es indessen in Deutschland. Stattdessen werden die Innovationen importiert, und das von den Unternehmen, die sonst im Kontext Fleisch auch mal am Pranger stehen. Ein ganz großer Name unter den Treibern alternativer Produkte: *Wiesenhof.* Die Industrie scheint auf den Geschmack gekommen. So hat sich zum Beispiel die *Rügenwalder Mühle* im Bereich veganer Produkte einen Namen gemacht. Wieso aber fehlt es am Hype um diese Produkte? Und haben die beheimateten Unternehmen überhaupt eine Chance gegen die »Lifestyle-Konkurrenz«?
Godo Röben, Geschäftsführer der *Rügenwalder Mühle*, blickt offen auf den globalen Markt und freut sich über die marktbelebende Konkurrenz, verrät aber gleichzeitig: »Dass wir als

mittelständischer, heimischer Hersteller mit 40 Prozent Marktanteil in Deutschland der klare Marktführer sind, wird leider oft übersehen. Das liegt auch daran, dass die amerikanischen Start-ups mit Börsengängen natürlich spektakuläre Nachrichten erzeugen.« Einen weiteren Grund für die fehlende Aufmerksamkeit für heimische Produkte sieht der Experte im politischen Umfeld. Denn die Politik würde ihren Blick eher ins Silicon Valley als nach Niedersachsen richten. Auf die Frage, ob Deutschland trotzdem das Zeug dazu habe, sich gegen die internationale Konkurrenz durchzusetzen, antwortet Röben mit einem klaren »Ja«. Deutschland könne weltweiter Treiber im Bereich alternative Proteinquellen werden. Denn das Land sei global gesehen einer der innovativsten Wirtschaftsstandorte im Bereich der Lebensmittel.

»Wir sehen hier viele Lebensmittelunternehmen, die über jahrzehntelanges Know-how in der Produktentwicklung verfügen. Außerdem haben wir einen einzigartig starken Mittelstand, der von Familienunternehmen geprägt wird, die seit jeher für Vertrauen, Qualität und Zukunftsorientierung stehen«, weiß Röben. Für den Experten kommt es darauf an, dass wir unsere Stellung und die Chancen, die sich daraus ergeben, auch nutzen. Zeit also, den Markt und die Käufer wieder auf das aufmerksam zu machen, was wir bereits vor Ort haben. Denn, so verlangt Röben, »wir dürfen uns nicht von anderen Ländern abhängen lassen«. Wie das funktionieren soll? Kriterien wie Geschmack und Clean Labeling – Hinweise auf den Verzicht bestimmter Zutaten wie Zusatzstoffe auf Lebensmitteln – sollten höchste Priorität haben, auch in Zusammenarbeit mit Lieferanten und anderen Vorstufen.

Die Marktführerschaft ist dabei von den unterschiedlichsten Variablen abhängig. Ressourcen, Konsumenten, Zulieferer, Politik und vieles mehr definieren, wie sich der Markt entwickelt. Da hat jeder seine ganz eigene Strategie, auch die

Rügenwalder Mühle:»Wir arbeiten stetig daran, die Zutaten-liste, wenn möglich, zu verkürzen und das Sortiment weiter auszubauen. Dafür müssen Kapazitäten geschaffen werden, die aktuell noch fehlen.« Hier sei aber auch die Politik gefragt, um entsprechend gute Rahmenbedingungen für Förderung, Forschung und Finanzierung zu schaffen, verlangt der Experte. Grundsätzlich ist die Entwicklung des Marktes aber positiv zu bewerten. Denn wenn die deutschen Unterneh-men von einem profitieren, dann von der grundsätzlichen Aufmerksamkeit für die Produkte, die die internationalen Player erregen. Eine Entwicklung, die dazu führen wird, dass vegane Produkte ihren Anteil am Markt der Proteine laut Röben relativ schnell von zwei Prozent auf fünf oder zehn steigern werden.

»Insgesamt dreht sich die Wahrnehmung weiter ins Positive. Das wird den Markt auch in Zukunft bestimmen. Ob der Tip-ping Point, an dem wir mit pflanzlichen Proteinen auf 20–50 Prozent Marktanteil kommen, schon bald erreicht sein wird, werden wir nur beobachten können. Nach der Europawahl letzten Sonntag und dem großen Erfolg der Grünen aber wird sich auch die Politik verstärkt mit dem Thema beschäftigen«, prognostiziert der Proteinexperte. Mit dem Begriff »Thema« meint Röben mehr als vegane Fleischersatzprodukte. Es geht um das große Ganze. Denn mit Proteinen sind Pflanzenfleisch, Laborfleisch und Insektenfleisch gemeint. All diese Produkte werden, so prophezeit Röben, weltweit kommen. Bei uns aller-dings zunächst vor allem Pflanzenfleisch. Klassisches Fleisch, das durch die Schlachtung von Tieren gewonnen wird, wird mittelfristig aber immer noch eine Rolle spielen, wenn auch in einem kleineren Umfang als jetzt: »Die Proteinalternativen werden alle Bereiche der Ernährung erobern, wie die System-gastronomie, Fluglinien und Supermärkte weltweit. Außer-dem wird sich das Angebot vergrößern: In naher Zukunft wird es für alle tierischen Produkte pflanzliche Alternativen geben – auch für Fisch und Garnelen«, weiß Röben.

Die Frage, ob die *Rügenwalder Mühle* bei dem Ausblick auf den Markt der Alternativen auch auf den Clean-Meat-Trend aufspringen würde, verneint der Unternehmer allerdings. Für sie stehen ganz klar »aktuell und in absehbarer Zukunft pflanzliche Proteinquellen« im Fokus. Und das aus scheinbar gutem Grund. Denn während die Alternativen aus pflanzlichen Proteinen aus keinem Supermarkt mehr wegzudenken seien, tue sich der deutsche Konsument mit Fleisch aus Insekten oder der Vorstellung von Clean Meat aus dem Labor noch schwer.

Wir werden also weiterhin die vegane Revolution beobachten können, auch in Deutschland. Und das nicht nur durch die Großen der Szene. Auch kleinere Unternehmen aus dem gastronomischen Bereich innovieren den Veganmarkt. Zu ihnen gehört das Fast-Food-Restaurant *What's Beef*. Sie haben den *Moving Mountains*-Burger der internationalen Konkurrenz auf die Karte und den Anstoß des Wandels in die Hand genommen. Die Kooperation mit *Moving Mountains* auf den Weg gebracht hat allerdings ein weiterer Großer der Lebensmittelszene: die *METRO AG*.

Sehen wir hier die Anfänge eines kooperativen Wandels? Eines Wandels, der Unternehmer des Fleischmarkts dazu bringt, Menschen dazu aufzufordern, weniger Fleisch zu essen? »Wir alle müssen uns fragen, ob wir weiterhin so viel Fleisch konsumieren wollen und woher das Fleisch kommt«, verlangt *What's Beef*-Gründer Selim Varol. Er wuchs mit dem Tod von Tieren auf. Erlebte das Schlachten im Kindesalter während des Ramadans hautnah mit. Heute fordert er die Menschen dazu auf, weniger und dafür nachhaltiges Fleisch zu essen. »Die Menschen haben mich für verrückt erklärt. Ich finde es aber verrückt, nicht die Verantwortung für unseren Planeten zu übernehmen«, erwidert Varol. Der Unternehmer will der nächsten

Generation Schritt für Schritt beibringen, bewusster zu konsumieren. Nicht jeder wird als Veganer oder Vegetarier leben, aber wir »sollten unsere schlechten Gewohnheiten des massenhaften Konsums hinter uns lassen«.

Varol bietet seit der Eröffnung seines Fast-Food-Restaurants 2012 auch vegane Alternativen an. Er kennt die Landwirte seiner Produkte genau, prüft den Umgang mit den Tieren regelmäßig selbst: »An erster Stelle stehen für mich das Tierwohl, die Freiheit von gentechnisch veränderten Organismen und das Weglassen von Antibiotika sowie Hormonen.« Seit Anfang des Jahres hat Varol den *No'Muh-Burger* von *Moving Mountains* auf die Karte seiner *What's Beef*-Filialen genommen. Die Alternative rege den Diskurs darüber an, dass ein Wandel nötig sei. Die Resonanz könnte für Varol nicht besser sein. Obwohl sich die Nachfrage nicht wirklich verändert hat. »Was sich aber gefühlt verändert hat, ist die Zahl der Flexitarier«, verrät Varol. Für ihn steht dabei fest, je mehr Alternativen angeboten werden, desto mehr Menschen werden ihre Angewohnheiten ändern und weniger Fleisch essen. Was auch auf dem Markt passieren wird, Varol sagt dem *Moving Mountains*-Burger eine wichtige Rolle voraus. Er ist für den jungen Unternehmer »der beste in der Liga der pflanzenbasierten Alternativen«.

Währenddessen plant Van der Molen für 2019 eine Tour durch Deutschland. Er will noch mehr Restaurants davon überzeugen, die pflanzliche Alternative auf ihre Karte zu nehmen. »Ich will den Markt verstehen, die Zulieferer verstehen. Denn das Potenzial für eine große Nachfrage ist da«, vermutet Van der Molen. Ein Potenzial, das er beispielsweise in Finnland beobachtet hat. Hier gibt es ein Restaurant, das heute schon 1000 seiner Burger in der Woche verkauft. Laut dem Vegan-Pionier ist das auch in Deutschland möglich. Er müsse nur an die richtigen Akteure geraten. Die, die nicht aus persönlichen Gründen von vornherein dicht machen. »Die Bombe der Alternativen wird auch in Deutschland einschlagen. Sie muss einfach. Deutschland war schon immer sehr ökologisch. Ihr wart die Ersten, die mit Recycling um die Ecke kamen. Viele ökologische Materialien stammen aus Deutschland. Wir hatten mit unseren pflanzenbasierten Reinigungsmitteln nie eine Chance in Deutschland, der Markt war schon gesättigt«, erinnert sich Van der Molen. Ist es also nur eine Frage der Zeit, bis auch wir die ökologische Kehrtwende machen? Die Industrie zumindest macht vor, was geht. Ein Wandel aber geht nur Hand in Hand. Das System müsste schon revolutioniert werden.

Intermezzo: Fall X

Lea ist wie in Trance. In der Ferne kann sie noch schemenhaft die Umrisse des Gebäudes sehen, das ihrer Familie einst so viel bedeutet hatte. Die Dunkelheit scheint sie zu verschlucken, wie einst der Staat. Es ist ein blasses Überbleibsel ihrer Vergangenheit. Das Schlachthaus ist über Generationen Teil ihrer Familie gewesen. Es war Hort ihrer Identität. Und sie hatten alles zerstört. Einfach so. Sie hatten sie ihres Erbes und ihrer Familientradition beraubt. Heute war nur noch sie da.

Ihre Kleidung ist noch feucht von dem Blut der Tiere, die sie gerade gemeinsam mit ihren Kameraden in den stillgelegten Hallen geschlachtet hatte. Es war ein gutes Gefühl, das Blut an den Händen zu haben. Sie kann noch immer die Geräusche der Tiere vernehmen, wie sie langsam verendeten. So, wie es sein sollte. Endlich hatten sie sich aus ihren Kellern gewagt und ein Zeichen gesetzt.

»Lea, wir müssen hier weg, bald werden sie die Gegend absuchen«, irgendeiner ihrer Kameraden ruft aus einem VW-Bus zu ihr herüber.

Sie alle haben keine Ahnung, wie es ist, seine Identität zu verlieren, wissen nicht, was in Lea vorgeht. Auch nicht, wie es ist, wenn die Familie zerbricht, weil der Staat auf einer Mission ist, die allem entgegensteht, was sie über Jahrhunderte gelebt hatten.

»Ich komme, einen Augenblick. Nur einen Moment noch«, ruft sie in die Nacht hinaus.

Gleich würden sie das Fleisch verarbeiten, einen Teil auf dem Schwarzmarkt verkaufen, einen Teil selbst essen. »Das ist für euch, Oma und Opa«, flüstert sie in die Stille der Nacht hinaus. Sie ist bereit, ihre Mission zu erfüllen.

Teil II:
Eine saubere Sache?

Der Markt der Zukunft

»Zelluläre Landwirtschaft, kurz Cell-Ag, ist die Wissenschaft oder Praxis, tierische Produkte aus Zellen und nicht aus ganzen Tieren zu züchten.«   Cellular Agriculture Society

Als ich mit Ira van Eelen zusammensaß, war es ihr sehnlichster Wunsch, dass ich »the maths« für den deutschen Markt machen solle. Ich sollte mir also die Hürden, die dem Wandel entgegenstehen, ganz genau ansehen und herausfinden, wo wir stehen. Gar nicht so einfach. Denn tatsächlich gestaltet sich der deutsche Markt der Clean-Meat-Revolutionäre übersichtlich. Viel gibt es noch nicht, um ihn zu analysieren und die Unbekannten einer potenziellen Gegenwehr zu berechnen. Zwar gibt es einige große Industrielle, die fleißig investieren und ein Stück vom Clean-Meat-Kuchen abhaben wollen. Auch im Bereich institutionellen Engagements tut sich was. Nicht zuletzt habe ich immerhin einen Clean-Meat-Pionier während meiner Recherchen aufgetan. Wie aber können diese Akteure helfen, Hürden der Regelung und vor allem der Akzeptanz und der in der Breite fehlenden Investitionskraft anzugehen? Es bleibt die Erkenntnis, dass die Unbekannten in der Gleichung »Clean Meat« zumindest in Deutschland weitaus schwieriger zu berechnen sind als anderswo.

Dabei muss die Innovationskraft selbstverständlich nicht aus unserem Markt herauskommen. Die Gefahr, die sich dabei allerdings zeigt, ist, dass wir auch hier wieder ein Feld der gesellschaftlichen Transformation und Innovation verschlafen. Laut Frey sind die Deutschen »generell nicht die Early, sondern Late Adopter. Das gilt auch für Clean Meat. Wir müssen uns darüber im Klaren sein, dass die Marktführerschaft, wenn wir uns bestimmten Technologien verschließen, ganz schnell bei anderen landet.« Noch haben wir die Chance aufzuholen und uns in die Riege der Veränderer einzureihen. Noch können auch wir die Geschichte unserer Ernährung mitbestimmen und umschreiben. Bisher aber sind es vor allem Pioniere anderer Nationen, die sich eine Stimme erkämpft haben.

Während in den Niederlanden Willem van Eelen seine Vision eines sauberen Fleischmarktes im letzten und in diesem Jahrhundert vorantrieb, wurde parallel auch anderswo auf der Welt an der neuen Landwirtschaft alternativer Proteine gearbeitet. Allen voran in den Vereinigten Staaten. In diesem Kontext aber müssen wir unsere Begriffswelt rund um Clean Meat erweitern. Denn wenn wir von Clean Meat sprechen, dann sprechen wir unweigerlich von einem neuen System, das sich innerhalb unserer Ernährungswelt etabliert: die Cellular Agriculture (Cell-Ag). In der Öffentlichkeit scheint die treibende Kraft dieser neuen Form der Landwirtschaft Fleisch. Sie berührt allerdings weitaus mehr Aspekte unserer Ernährung und des täglichen Lebens.

»Zelluläre Landwirtschaft, kurz Cell-Ag, ist die Wissenschaft oder Praxis, tierische Produkte aus Zellen und nicht aus ganzen Tieren zu züchten. Dazu gehören unter anderem Lebensmittel tierischer Herkunft wie Fleisch, Milch und Eier sowie Leder, Seide und Rhinozeroshorn.«[109] Diese Definition der sich neu bildenden Industrie der Cell-Ag stammt von der Webseite der *Cellular Agriculture Society (CAS)*, gegründet von Kristopher Gasteratos. Dort findet sich auch das Who is Who der Szene. Von Wissenschaftlern, etablierten Unternehmen und Start-ups bis hin zu Investoren, sie alle finden auf der Seite der *CAS* Erwähnung und jeder Clean-Meat-Interessierte so einen Überblick. Zu dieser Szene gehören auch Größen wie Bill Gates oder Richard Branson. Sie alle glauben an ein neues

Zeitalter der Landwirtschaft und die Revolution unseres Ernährungssystems. Eine Revolution, die weitaus länger zur Ideengeschichte der Menschen gehört, als so manch einer denken würde, wenn er das erste Mal von Clean Meat und der Cell-Ag hört. Einen Überblick verschafft die Timeline der CAS[110].

Hier ein vereinfachter Einblick in die Entwicklungsgeschichte: Noch vor Winston Churchill (1932) hat der französische Chemiker Marcelin Berthelot im Jahr 1894 eine Welt vorausgesagt, in der Menschen »will dine on meat grown in a lab rather than slaughthered animals«. Das Jahr seiner Vision: 2000. Obwohl wir dieses ja offensichtlich überschritten haben und immer noch industriell gefertigtes Fleisch verzehren, sind wir von seiner Vision des Fleischmarkts nicht allzu weit entfernt. Der erste Schritt auf dem Weg zu dieser Vision und zur heute als Cell-Ag definierten Industrie soll laut Timeline der CAS bereits vor über 100 Jahren stattgefunden haben. Dann nämlich, als der französische Biologe Alexis Carrel 1912 ein Stück Hühnerherz in einer Petrischale am Leben erhielt. Damals sahen die Menschen bereits, welche Potenziale Biotechnologie im Rahmen der Schaffung und Erhaltung von Leben außerhalb eines tierischen Körpers bereithält. Bis zum heutigen Stand allerdings sollten eben noch 100 Jahre vergehen.

In den 50ern dann startet die Erfolgsgeschichte van Eelens, bevor dem amerikanischen Biologen Russel Roll im Jahre 1971 das gelingt, was heute die Grundlage des Tissue Engineering ist: Er kultiviert tierische Muskelfasern in-vitro. 1978 betritt das erste Cell-Ag-Produkt die Bühne: synthetisches Insulin. Bis zu dessen Erfindung wurde es aus dem Pankreas von Tieren gewonnen. Mit der Bewilligung des künstlich erschaffenen Labs durch die *Food and Drug Administration* (*FDA*) in den Staaten im Jahr 1990 aber startet die eigentliche Erfolgsgeschichte der Cell-Ag. Von da an sind regulatorische sowie technologische Tore geöffnet. Auch für die *NASA*, die 2001 mit ihrer Forschung zu zellenbasiertem Fleisch beginnt, bald aber aufgrund fehlender wissenschaftlicher Fortschritte aufhört. Ein Umstand, der neue Aufmerksamkeit für die Idee des sauberen Fleisches in der akademischen Welt hervorruft. Zu den ersten Figuren der Szene gehört Jason Matheny. Er gründet 2004 *New Harvest*, eine gemeinnützige Organisation zur Forschungsförderung von zellenbasiertem Fleisch. Nur ein Jahr später erscheint im *Journal of Tissue Engineering* ein Artikel von Wissenschaftlern aus den Niederlanden und den Staaten, der sich mit Clean Meat auseinandersetzt.

Langsam kommt die Idee einer neuen Form der Landwirtschaft auch immer mehr in der weltweiten Gemeinschaft an. In Japan wird 2007 das Unternehmen *Spiber* gegründet, das die Technologie zur Herstellung von Seide einsetzt. 2009 folgt mit derselben Idee das amerikanische Unternehmen *Bolts Threads*. Nur ein Jahr später reiht sich die Einreichung eines Patents eines der größten weltweiten Sportartikelhersteller in die Riege der Cell-Ag-Visionäre ein: *Nike*. Sie konzentrieren sich allerdings nicht auf Seide, sondern auf Leder. Das erste Unternehmen, das im Ledergeschäft der Cell-Ag produziert, folgt 2011 mit Namen *Modern Meadow*.

Mit Marks Posts Burger im Jahr 2013 und seinem Start-up *Mosa Meat* ist das neue System endgültig in Bewegung gekommen. Neben Japan, den Vereinigten Staaten und den Niederlanden bemühen sich nun auch Innovatoren aus einem anderen Land, die Idee der Cell-Ag voranzubringen: Israel. Das Gesicht des israelischen Ansatzes ist die 2014 gegründete *Modern Agriculture Foundation (MAF)*. Damit betritt eine weitere Non-Profit-Organisation die Bildfläche. Ihr Fokus liegt initial auf einem bestimmten Produkt und Ziel: der Entwicklung von Hühnerfleisch. Im selben Jahr noch wird das US-amerikanische Unternehmen *Perfect Day* mit Produktfokus Milch gegründet. Auch das US-amerikanische Unternehmen *Clara Foods* erblickt im selben Jahr das Licht der Unternehmerwelt, um die bereits gedeihende Wirtschaft rund um Cell-Ag mit einem weiteren Produkt zu versorgen: Eiweiß. Die Liste der Initiativen und Unternehmen, die der Cell-Ag angehören, ist lang. Auf ihr findet sich seit 2015 auch das Produkt des Unternehmens *Pembient*. Sie haben sich der Herstellung von Wildtiermaterialien wie Elfenbein verschrieben. Aber auch im Clean-Meat-Bereich tut sich damals wieder etwas. *Memphis Meats*, eines der bekanntesten Start-ups der Szene, tritt der Gemeinschaft bei. In den nächsten Jahren folgen weitere Unternehmen und Organisationen, die die Szene maßgeblich beeinflussen sollen.

Die ersten weiteren Produkte im Clean-Meat- und generellem Cell-Ag-Bereich – darunter Hähnchen, Leder oder aber Fisch – werden sukzessive der Öffentlichkeit präsentiert und Studien zu den tatsächlichen Potenzialen durchgeführt. Der wohl bezeichnendste Indikator für das Aufleben einer neuen Industrie aber sind neben den Unternehmen die Investitionen, die getätigt werden. Warum? Weil diese auch aus der Fleischindustrie stammen. Unternehmen wie *Cargill* oder *Tyson* finden sich inmitten einer neuen Fleischwelt und wollen sich eine Faser des neuartigen Steaks sichern. 2018 schließlich findet das Buch »Clean Meat« von Paul Shapiro seinen Weg auf den Markt. Seit Januar 2019 auch auf Deutsch erhältlich, gibt es einen weiteren und ersten massentauglichen Einblick in die Szene.

Auch wenn die Geschichte der Clean-Meat-Industrie in noch recht junger Gestalt daherkommt, die Idee ist es offenkundig nicht, und ihre Durchschlagskraft scheint sich heute erst zu zeigen. Wo aber ist Deutschland bei der Betrachtung der Meilensteine der System-Etablierung anzusiedeln?

Cell-Ag in Deutschland?

»Deutschland pennt auf der ganzen Linie.« Richard David Precht[111]

Die deutlichen Worte Richard David Prechts zur Entwicklung von Clean Meat auf dem 4. *Zukunftsdialog Agrar & Ernährung* (2017) könnten ebenso 2019 fallen, dem Zeitpunkt, an dem ich dieses Buch schreibe. Denn auch jetzt noch scheint mir das Konzept von Clean Meat und der Cell-Ag, zu der das Fleisch gehört, eine in Deutschland weitgehend unbekannte und nicht viel diskutierte Industrie. Einer der wenigen Akteure, die sich mit dem Thema auseinandersetzen, ist seit Oktober 2018 der *ProVeg Incubator* der gleichnamigen internationalen Nichtregierungsorganisation. Seit zwei Jahren ist der ehemals unter dem Namen *Vebu* bekannte Verein über die Bundesgrenzen hinweg tätig, um den Wandel im Bereich Food mitzugestalten. »Wir beschäftigen uns damit, weil wir die Ernährungsindustrie verändern wollen und wir glauben, dass es dort ein Riesenpotenzial gibt«, verrät Albrecht Wolfmeyer, International und National Head des *ProVeg Incubator*. Das große Bild der Ernährungsindustrie setzt sich für Wolfmeyer aus mehr Teilen als der vegetarischen und veganen Bewegung zusammen. Alle Variablen des sich verändernden Systems müssen bei dem Versuch der Initiierung eines Wandels einbezogen werden – auch die der Cell-Ag.

Auf die Frage, ob Clean Meat vegan sei, reagiert Wolfmeyer mit einem Schmunzeln: »Das ist eine philosophische Frage. Wir sehen hier eine neue Kategorie, die wir pragmatisch betrachtet schlichtweg fördern sollten.« Worauf es ankomme, sei das, was die Industrie erreichen kann.

Um das zu erörtern, ist eine der spannendsten Fragen die nach den rechtlichen Grundlagen. Denn hier sehen wir einen Pfeiler der Etablierung des neuen Systems und damit der Schaffung des neuen Marktes. Wolfmeyer bestätigt, was sich auch in anderen Gesprächen gezeigt hat: Deutschland und im rechtlichen Bereich Europa stehen noch ganz am Anfang. Vor allem im Vergleich zu anderen Staaten. Sollten wir uns in Deutschland also wirklich Gedanken darüber machen müssen, wieder einmal den Anschluss zu verlieren?

»Das ist eine große politische Frage. Es ist schon auffällig, dass anderswo Innovationen vorankommen und in Deutschland offenbar nicht. Die Community ist aber auch noch gar nicht so groß. Derzeit sind alle daran interessiert, das Thema voranzubringen. Deutschland ist daran aber nicht beteiligt«, weiß Wolfmeyer. Auch der Experte kann mir nur ein Start-up nennen, das sich bundesweit der Produktion von Clean Meat verschrieben hat: *Innocent Meat*. Insgesamt sind wir an der Fleischfront nicht so weit. Zur Cell-Ag aber gehört, wie wir erfahren durften, mehr als nur Clean Meat. Das bestätigt auch Mitgründer und CEO von *LegenDairy Foods*, Raffael Wohlgensinger, mit seinem noch jungen Clean-Dairy-Unternehmen. Es ist eines von elf Start-ups in der zweiten Kohorte, die der *ProVeg Incubator* unterstützt. Die Ressourcen, die sie dort erhalten, helfen: Unterstützung von Mentoren, Investoren und anderen Gründern. Was Wohlgensinger und sein Team aber mehr als alles andere brauchen, sei ein Labor. Davon gäbe es in Berlin nicht viele. Ihr Labor sitzt vorübergehend noch in Bangkok.

»In Deutschland kommst du ohne Gelder und Resultate nicht weiter. In anderen Ländern gibt es öffentliche Labore«, erklärt der Unternehmer. Für ihn ist das ein Grund, weshalb es in Deutschland keine wirklichen Clean-Meat-Initiativen gibt. Zuerst braucht es die Labore, dann kommen die Ergebnisse, dann die Finanzen, und dann, so Wohlgensinger, kann man auch ein eigenes Labor aufbauen. Für den Jungunternehmer steht fest: »In Europa ist alles noch schwerfällig. Es gibt viele

Visionäre, die in diesem Feld tätig werden wollen, aber die Barrieren sind einfach riesig.« Ein Problem, das auch wirtschaftliche Relevanz entfalten könnte. »Biologie wird der nächste große Treiber der Innovationen am Markt sein. Auf wissenschaftlicher, universitärer Ebene sind wir in Deutschland gut, aber bei dem, was auf der anderen Seite ökonomisch rauskommt, nicht«, mahnt Wohlgensinger. Hier fehlt es für ihn an der Förderung. Viele Doktoranden im Bereich Biotechnologie, mit denen er sich derzeit beschäftige, hätten eine Karriere im Start-up nicht auf der Agenda: »Unternehmertum ist hier noch nicht angekommen.«

Mit Blick auf den deutschen Markt scheint die Auseinandersetzung des *ProVeg Incubators* mit dem Thema also umso wichtiger. Zu den Mentoren zählen unter anderem Mark Post und Shaked Regev, Mitgründer der *The Modern Agriculture Foundation*. In dem Verein werden also zahlreiche Kräfte der Szene gebündelt, nicht nur bei den Mentoren. Denn zu den *ProVeg*-Experten gehört neben Wolfmeyer auch Nathalie Rolland. Sie hat bei Mark Post studiert und ist *Cellular Agriculture Specialist* der Nichtregierungsorganisation. In ihrem Studium hat die junge Wissenschaftlerin sich mit dem Thema der Verbraucherakzeptanz beschäftigt. Heute setzt sie sich für das Voranbringen der gesamten Industrie ein. Ihre Studie war die erste dieser Art, die Post unterstützt hat. In dieser wurde niederländischen Probanden ein vermeintliches Stück Clean Meat zum Probieren angeboten. Sie wollten herausfinden, wie viele Menschen bereit sind, das Fleisch zu essen. Noch sind die Ergebnisse nicht öffentlich. Die Publikation folgt. Die Erkenntnis für den Clean-Meat-Markt ist aber generell: Immer mehr Wissenschaftler und Institutionen beschäftigen sich nicht nur mit der Produktion der Proteinalternative, sondern auch mit dem Markt. Ein weiterer Indikator für die bald erblühende Industrie?

Sicher ist, wir sehen eine Entwicklung, die mit der Etablierung alter und dem Aufkommen neuer Start-ups zusammenhängt. »Was ich in den letzten zwei Jahren global beobachten konnte, ist, dass die Start-ups jetzt endlich auch nach und nach über die finanziellen Mittel verfügen und wir deshalb kurz vor einem Wandel stehen. Es wird sich etwas bewegen in der Industrie«, glaubt Rolland. Laut der Expertin würde immer mehr Personal eingestellt, und die Skalierung rücke stärker in den Fokus. Wenn es um den internationalen Markt geht, weiß Rolland von Unternehmen, die das Produkt in bis zu zwei Jahren auf den Markt bringen wollen, und zwar in Ländern wie Singapur. Warum ist gerade Asien offen für die Produkte? Die Antwort ist für sie ganz einfach: »Länder wie Singapur oder Japan verfügen nicht über das Land, um konventionelle Landwirtschaft zu betreiben. Wohl aber über den technologischen und innovationsgetriebenen Weitblick. Und durch Clean Meat blicken sie auf eine Zukunft, in der sie ihr eigenes Fleisch produzieren können.« Hier sehen wir Bedingungen, so die Expertin, die Ländern wie Indien Anlass geben, ihr Know-how auf dem Gebiet weiter auszubauen und den Markt schnellstmöglich zu erobern. In Deutschland oder Frankreich aber hätten wir die Möglichkeit, die traditionelle Produktionsweise zu betreiben. Eine Hürde für das neue System? Letztendlich wird es eine Frage der Marktreife der Produkte, aber auch Regulierung sein, wann der Markt bereit ist.

Wenn das Fleisch endlich auch bei uns angekommen ist, dann laut Expertin wahrscheinlich erst einmal in Restaurants. Von da seien es weitere zwei Jahre bis in die Regale der Supermärkte. »Ein genereller Zeithorizont, der in diesem Kontext oft genannt wird, sind vier bis fünf Jahre«, wirft Wolfmeyer ein. In Gesprächen mit Start-ups und Experten prognostizierten die Pioniere, dass es diese Zeit brauchen würde, um Clean Meat in die Küchen der europäischen Restaurants zu bringen.

Wolfmeyer führt aus: »Es wird wohl zunächst in einigen aus-gewählten Restaurants angeboten werden, um den Markt zu testen. Außerdem lassen sich dort auch hochpreisigere Speisen anbieten. Bis zur Skalierung für den Massenmarkt wird es anschließend aber noch einmal ein paar Jahre brauchen. Die Quantität stellt immer noch ein Problem dar.« Eine wirkliche Prognose, wann wir Clean Meat endlich probieren können, lässt sich also nur schwer abgeben.

Was aber können wir tun, um den Markt in Europa und letzt-lich Deutschland anzutreiben? Für Rolland ganz klar: »Kom-munizieren. Wir müssen das Thema in die Gesellschaft tragen, um es voranzubringen. Und damit verbunden Wissen. Bil-dung ist ein zentraler Pfeiler der Etablierung.« Die Menschen sollen also erfahren, warum an den Produkten gearbeitet wird und warum die Arbeit so wichtig ist. Das sei die Grundlage, um Investoren zu finden und damit wiederum Unternehmen zu schaffen – und darüber hinaus auch, um bei der Regulie-rung Türen zu öffnen. »Wir werden mit Sicherheit Demons-trationen von Menschen sehen, die denken, das Produkt sei nicht sicher. Derzeit beobachten wir sowohl wenig Unterstüt-zer als auch Gegner der Idee in Europa. Die Kommunikation zum Thema muss belebt werden«, verlangt Rolland.

An der Basis steht dabei die Kommunikation über die Vorteile, die mit dem Wandel einhergehen würden. Denn »die Men-schen in Deutschland wissen um die Nachteile der konventio-nellen Fleischproduktion«, führt Rolland aus. Das stimmt. Die Informationen über die Nachteile, die unser Konsum tieri-scher Proteine birgt, haben dafür gesorgt, dass das Basiswissen da ist. Nur scheint das bisher nicht alle Menschen zu interes-sieren. Was es braucht, sind die unmittelbare Bedrohung, die wiederkehrende Warnung und das ständige Vor-Augen-Führen der Konsequenzen. Womit wir wieder bei der Frage der Trans-parenz wären. Vielleicht braucht es auch ganz einfach eine

Industrie, die uns die Entscheidung abnimmt. Auch ich esse immer noch Fleisch, wenn auch seit meinen Recherchen vornehmlich bio. Ich würde mich selbst nicht als irrationalen Menschen bezeichnen. Warum also kann ich nicht darauf verzichten? Es gehört zu mir, zu meiner Identität. Die Veränderung dieser ist schwierig. So wie mir ergeht es Millionen anderen Menschen womöglich auch. Sie sind ein Produkt jahrelanger Konditionierung. Sie leben die Gewohnheit. Kommunikation also kann, wenn überhaupt, nur eine Lösung auf lange Sicht sein, die unsere Polung langsam auflöst und durch eine neue Geschichte sowie einen neuen Glauben ablöst.

In Deutschland scheinen wir aber, das zeigen die Recherchen, noch weit weg vom Glauben an ein neues System. Auch die Cell-Ag-Abteilung von *ProVeg* steckt noch in den Kinderschuhen und hat ihre Arbeit erst aufgenommen. »Das deutsche Potenzial abzuschätzen ist gar nicht so einfach. Es gibt zahlreiche Forschungsinstitute und Akteure, die sich mit dem Thema beschäftigen könnten, kein einfach zu durchdringendes Feld«, verrät Rolland. Zurzeit arbeiten sie daran, zu verstehen, welche Akteure sich an der Idee beteiligen, welche Forschung dazu bereits an Universitäten vorliegt und wer daran interessiert ist, die Industrie zu unterstützen. Sie führen eine Bestandsaufnahme durch – eine Inventur des Clean-Meat- und Cell-Ag-Status der Länder. »In den Köpfen vieler ist die Etablierung der Industrie noch Zukunftsmusik. Sie beschäftigen sich nicht damit, ob und wie sie diese auch unterstützen könnten«, weiß Rolland. Die Prototypen der Produkte aber gibt es bereits. Deshalb sei es an der Zeit, ein Netzwerk zu bilden.

Das wissen vor allem auch die Investoren. Das Kapital bahnt sich seinen Weg in die Industrie. »Aber wir sehen auch immer mehr Start-ups und internationale Institutionen, die sich der Kommunikation und dem Netzwerken verschrieben haben«, freut sich Rolland. Neben den Investoren müssten auch die

Fleischproduzenten verstärkt Flagge zeigen und gemeinsam mit den Start-ups am Markt von morgen arbeiten, verlangt die Expertin. Dabei müsse laut Rolland ganz klar aufgezeigt werden, dass es hier nicht nur darum geht, Geld zu verdienen, sondern eine Lösung für eine der größten Herausforderungen unserer Zeit zu finden: eine nachhaltige Ernährung.

Neben NGOs, Unternehmen und Start-ups müsse aber auch die Regierung Teil des Anstoßes sein. Diese müsste in erster Linie ein Verständnis aufbauen. »Hier kommen sicherlich in Ländern mit einer starken Lobby Probleme auf uns zu«, weiß Rolland. Denn der Markt ist abhängig von den Landwirten. Wer sich in seiner Existenz bedroht sieht, verteidigt diese – verständlich. Wie also sollen die Landwirte verstehen, dass etwas, das ihr Wirtschaften ablösen könnte, für das größere Wohl sorgt und dass auch sie Teil dieses Wohls sind – nicht nur auf der abstrakten Ebene der Verbesserung der Umweltbedingungen, die auch ihre ist. Auf der Ebene, dass sie Teil der Industrie sein könnten – beispielsweise als Produzenten.

»Es wäre hilfreich, mit den Landwirten zu sprechen«, sinniert Rolland. Sie weiß um die Relevanz dieses Faktors. Während ihrer Forschung war die Sorge um die Landwirte auch eine der Sorgen der Probanden. Nicht nur die Landwirte fragen sich also, was mit ihnen in einer Cell-Ag-Gesellschaft passieren würde. Laut Rolland sehen wir hier eine der drängendsten Aufgaben, die auf die Industrie warten: den Landwirten beziehungsweise der Landwirtschaft ihre Rolle im neuen System aufzuzeigen. »Es ist auch wichtig, zu verstehen, dass wir keine Ablösung von heute auf morgen sehen werden. Was wir sehen, ist ein langwieriger Prozess, bei dem nach und nach vielleicht ein System transformiert wird. Das traditionelle Fleisch aber wird weiterhin eine Rolle spielen«, prognostiziert die Cell-Ag-Expertin. Daraus könnten sich auch Vorteile für die Landwirte ergeben. Eine weniger blutige Industrie und die

Möglichkeit, für qualitativ hochwertige Produkte mehr Geld verlangen zu können. Welches Szenario auch immer auf die Landwirte wartet, Rolland betont: »Es ist ein Wandel, den wir gemeinsam schaffen müssen. Wir müssen anfangen, über die Möglichkeiten zu sprechen.«

Der Dialog mit allen Akteuren steht im Zentrum der Etablierung des Systems. Als Kern wird er das Wachstum der Industrie fördern. Dieser Kern ist aber nicht in Deutschland zu finden. Das habe ich während meiner Gespräche gelernt. Immer wieder habe ich dieselbe Frage danach gestellt, was wir auf dem deutschen Markt sehen, und immer wieder war die Antwort gleich: nichts oder nur wenig. Was wichtig ist: dass der Wandel stattfindet, egal von wo. Noch aber, und das sollte uns als viertgrößte Volkswirtschaft der Welt (BIP)[112] bewusst sein, haben wir die Möglichkeit, Teil des Wandels zu werden und die Innovation in die Welt zu tragen. Laut Rolland sprechen einige Start-ups darüber, in zwei Jahren auf dem Markt zu sein. Natürlich hängt der Markteintritt von mehr als dem Willen der Innovatoren in den Laboren ab. »Auch die Investoren wollen ihr Kapital gut angelegt sehen und die Produkte schnellstmöglich auf den Markt bringen. Auf der anderen Seite gibt es auch Tierwohlorganisationen, die hinter dem Wandel stehen«, weiß Rolland. Nicht nur, dass wir hier, wie bereits im Teil über das Aufkommen des veganen Marktes beschrieben, sehen, wie Akteure, die sich traditionell entgegenstehen, zusammenkommen, wir sehen auch ein wenig Druck. Allzu lange sollten wir also nicht warten, bis wir uns dazu entscheiden, Teil der Revolution zu sein und uns die ersten »sauberen Burger« aus Laboren fernab der deutschen Industrie in den Restaurants angeboten werden.

Auf dem Weg zum neuen Markt

»Im Kontext alternativer Proteine sehen wir in Deutschland einen absoluten Nachholbedarf. Wir nehmen die Diskussion noch nicht wirklich ernst.«   Fabio Ziemßen

Die Gründung des *Verbands für Alternative Proteinquellen e. V. (BALPro)* im März 2019 kann als Zeichen für die Entstehung eines deutschen Bewusstseins für die Relevanz von Clean Meat betrachtet werden. Einer der Gründer und Vorstandsvorsitzender des Verbands ist Fabio Ziemßen. Er gehört bereits seit zehn Jahren der FoodTech- und Innovatoren-Szene an. Heute stehen die »Lebensmittel der Zukunft« in seinem beruflichen Fokus. Man könnte ihn als einen wegweisenden Gestalter des deutschen Marktes und einen Sprecher des FoodTech-Fortschritts in Deutschland bezeichnen. »Als ich anfing, lag mein Fokus auf dem Bereich Onlinehandel. Damals konnte ich sehr schnell feststellen, dass die großen Themen Digitalisierung und Lebensmittel größtenteils aus der Distributionsperspektive betrachtet wurden«, erinnert sich Ziemßen. Für den Experten zu einseitig. Er hat sich den Markt und die Chancen, die neue Technologien und Digitalisierungsbemühungen bergen, ganz genau angeschaut und war schnell im Bann der großen FoodTech-Themen: Vertical Farming, Kreislaufwirtschaft und letztendlich die alternativen Proteinquellen. Bei Letzterem hat der Lebensmittelexperte die Chance gesehen, jetzt gute Grundlagen zu schaffen, um das Themenfeld von Anfang an mitzugestalten.

»Wir haben schon im letzten Jahr den Bedarf gesehen, dass es hier eine Interessensgemeinschaft geben muss. Im Fokus steht dabei, dem Thema eine rein sachliche Ebene zu bieten, auf der sich die Gemeinschaft aus Wissenschaftlern und Unternehmen austauschen kann und Gehör findet«, führt Ziemßen in die Beweggründe der Initiierung von *BALPro* ein. Bereits zwei Monate nach der Gründung zählte der Verband über 35 Mitglieder aus der Welt des Unternehmertums, der Forschung und der Start-up-Szene. Der Hintergrund war für Ziemßen das Wachstum der internationalen Szene für alternative Proteine, wie sie sich beispielsweise in der Institution der *CAS*, aber auch den immer zahlreicheren Start-ups widerspiegelt. Immer mehr Unternehmen haben sich der Thematik angenommen und sind auf dem Weg der Etablierung eines neuen Systems.

»Im Kontext alternativer Proteine sehen wir in Deutschland einen absoluten Nachholbedarf, vor allem in der Forschung. Auch die Unternehmen – wie die *Rügenwalder Mühle* oder *PHW* – stimmen hier mit ein. Sie sehen sich international um und beobachten, dass in den Bioscience- und FoodTech-Hotspots die Themen unheimlich präsent sind, wir hierzulande aber die Diskussion noch nicht wirklich ernst nehmen«, mahnt Ziemßen. Er bewegt sich sehr viel in der Lebensmittelszene. Sein Urteil: »Ich bin auf vielen Konferenzen unterwegs, auf denen man sich mit der Zukunft der Lebensmittelindustrie beschäftigt. Selbst da wird dieses Thema eher zurückhaltend betrachtet.« Wenn es um die Zukunft geht, dann laut dem Experten meist nur darum, Produkte derselben Kategorie in den Handel zu bringen, nicht etwa alternative Wege zu besprechen und Innovationen anzustoßen, um eine Infrastruktur dafür aufzubauen. FoodTech sei einfach (noch) nicht im notwendigen Ausmaß auf der Agenda der deutschen Szene.

»Wenn wir das rein aus der Start-up-Szene betrachten, sind die Parallelen zum grundsätzlichen Thema Digitalisierung schon sehr ähnlich. Da haben wir anfangs auch bemängelt, dass zu wenig Risikokapital vorhanden ist, um die großen

Ideen umzusetzen«, weiß Ziemßen. Damit der FoodTech-Bereich nicht dasselbe Schicksal erleidet, will sich *BALPro* für den Aufschwung einsetzen. Es fehlt an Kapital und Motivation, diesen Bereich anzutreiben. Dabei ginge es dem Verband nicht darum, »den Schuldigen zu suchen«, unterstreicht Ziemßen. Es sei nur jetzt der Zeitpunkt gekommen, dass sich Kräfte bündeln müssen. Dazu müsse der Markt analysiert werden. Die Herausforderungen und Voraussetzungen müssten identifiziert werden, um hier den Dialog aufzubauen. Nur so, wirft der Experte ein, könne man beispielsweise auch Akteure aus anderen Ländern auf Deutschland aufmerksam machen, und nur so würde Deutschland auch für Unternehmen aus dem Ausland attraktiv. Es geht also nicht nur um die Etablierung eines Bewusstseins für das Thema Cell-Ag, sondern auch um den Ausbau und die Entwicklung des Standortes. »Ein schönes Beispiel dafür, welchen Einfluss das auf die Wirtschaft haben kann, ist das Start-up *Infarm*, das derzeit als nächstes Unicorn gehandelt wird. Die Gründer sind damals nach Berlin gekommen, weil die Lebenshaltungskosten gut waren. Heute profitieren wir auf vielen Ebenen von diesen richtigen Rahmenbedingungen«, erklärt Ziemßen. Von weiteren Start-ups, die mit einer Bewertung von einer Milliarde US-Dollar den deutschen Lebensmittelmarkt als Unicorn aufrütteln, scheint Deutschland derzeit aber noch weit entfernt.

Doch wo genau stehen wir am FoodTech-Standort Deutschland? In anderen Ländern sehe man die Entstehung richtiger Cluster in diesem Bereich. Für Ziemßen sind diese Vorbilder dafür, was sie mit *BALPro* bundesweit schaffen wollen. Dabei betrachten sie im Verband drei große Themenfelder: pflanzliche Proteinquellen, Entofood – Insekten als Proteinquellen – und die künstliche Erschaffung von Proteinen wie bei Clean Meat. Im Kontext der Untersuchung der Potenziale für Letzteres war Ziemßen einer der Initiatoren der A.-T.-Kearney-Studie »How will Cultured Meat and Meat Alternatives Disrupt the Agricultural and Food Industry?". Laut der Studie werden weltweit bis 2040 nur noch 40 Prozent unseres Fleischkonsums durch Tiere gedeckt. Der Anteil an Clean Meat am Markt soll bis dahin auf 35 Prozent anwachsen, und vegane Alternativen sollen 25 Prozent ausmachen.[113] Eine Entwicklung, die auch Auswirkungen auf die deutsche Landwirtschaft und deren Akteure haben wird. »Es ist natürlich noch eine Wette auf die Zukunft. Aber wenn man sieht, wie viel Kapital in diesem Bereich in Forschungshotspots wie Israel und die USA fließt und wie viele Menschen an der Vision mitarbeiten, dann müssen wir vom Eintreten dieser Zahlen ausgehen«, kommentiert Ziemßen die Ergebnisse.

Die derzeitigen Bewegungen auf dem Markt sind die ersten Schritte in diese Richtung. Für Ziemßen blicken wir dabei auf einen sehr schnelllebigen Markt. Der Pitch hinter den Produkten sei ein einfacher. Es sei nachvollziehbar und eine einfache Rechnung, dass das Wachstum der Bevölkerung und die derzeitige Produktionsweise nicht zusammenkommen könnten. Um diese Geschichte herum, erklärt der Experte, würden Märkte kreiert. »Welches Unternehmen es am Ende schaffen wird, können wir natürlich nicht vorhersagen. Aber wenn einer es schafft, dort einen signifikanten Forschungs- und Entwicklungsvorteil geltend zu machen, dann wird derjenige auch den Markt zunächst besetzen«, prognostiziert Ziemßen. Dabei ginge es sehr stark um das Thema Brand Building. Ein nicht unwesentlicher Faktor bei der Etablierung des Marktes. Denn, so Ziemßen, dort würden wir derzeit nur eine Handvoll Unternehmen sehen, die von den Distributoren »mit Kusshand« genommen würden. Je besser sich diese Marken inszenieren und positionieren, desto mehr Aufmerksamkeit erhalten sie natürlich. »Die Story lässt sich gerade sehr gut durch den Handel spielen«, weiß der Foodexperte.

Die Gefahr, die sich hier allerdings abzeichnet, ist die Bündelung von Marktmacht und letztendlich die Bildung von Monopolen. Warum aber schaffen es Produkte wie der vegetarische Burger von der *Rügenwalder Mühle* nicht, dieselbe Präsenz am Markt zu zeigen wie ein *Beyond Burger*? »Start-ups können einen anderen Lifestyle zelebrieren. Sie nutzen die Story des Start-up-Underdogs, um Authentizität zu kreieren, und bewerben Produkte mit internationalen Promis. Darüber hinaus haben sie mit ihrem Geschäftsmodell von Anfang an die klare Vision, ein Produkt zu vermarkten. Etablierte Fleischanbieter, die ihr Portfolio um vegetarische und vegane Produkte ergänzen, stehen vor anderen Herausforderungen«, weiß Ziemßen. Die Zielgruppe dieser Sparte sei auch anspruchsvoll. Bei den Flexitariern nützt es nichts, nur die Nachhaltigkeitsaspekte in den Fokus zu rücken. Es muss um den Geschmack gehen, um das Gefühl. Pure Ideologie sei hier fehl am Platz. Deshalb lautet auch das größte Ziel von *BALPro*, einen neuen Diskurs, der auf einer Sachebene geführt wird und das Thema antreibt, anzustoßen.

Im Fokus steht der konstruktive Dialog und nicht etwa das Anprangern eines Systems, das gesamtgesellschaftlich etabliert wurde, dessen Folgen aber zunehmend der Fleischindustrie und nicht unserer Leidenschaft für Fleisch zugeschrieben werden. »Rein von der Technologieperspektive her müssen wir einfach zu Potte kommen«, verlangt Ziemßen. Dafür wird bei *BALPro* in einem ersten Schritt eine Taxonomie für den Bereich alternativer Proteine entwickelt, in der die verschiedenen Produkte klassifiziert werden. Der Verband steht zudem bereits mit verschiedenen Politikern in Kontakt, um das Thema weiter voranzubringen.

Grundsätzlich gibt es auch auf politischer Ebene laut Experten viele Vertreter, die dem Thema offen gegenüberstehen. Genauso gäbe es aber auch hier Bereiche, die alternative Proteine und Clean Meat nicht priorisieren würden, weil es für sie schlichtweg sehr viel akutere Themen gibt.

Auf politischer Ebene sei der erste Schritt die Etablierung eines Rats, der sich damit befasse, wie die Zukunft alternativer Proteine in Deutschland aussehen kann. »Wir brauchen jemanden, der sich konsequent mit diesem thematischen Feld auseinandersetzt, weil es einen so signifikanten Einfluss auf den Klimawandel und die Entwicklung der Welt per se hat. Diesem Wandel müssen wir definitiv mit neuen und innovativen Maßnahmen begegnen«, verlangt Ziemßen. Für ihn fängt die Arbeit von *BALPro* deshalb bei der Schaffung eines Bewusstseins für das Thema an. Auch der Kontakt zu den Landwirten wird derzeit etabliert. »Gerade machen wir eine Bestandsaufnahme der Akteure und Bereiche, die alternative Proteine berühren, und stellen Tätigkeitsfelder sowie einen Aktionsplan auf, um dann mit unserer Arbeit richtig durchstarten zu können«, verrät Ziemßen.

Ein großes Thema wird künftig auch die Definition der Rolle des Handels in einem sich verändernden Foodsystem sein. Ein Feld, über dessen Relevanz sich Ziemßen als Leiter des Innovations-Hubs *NX-Food* der *METRO-AG* auf vielen Ebenen bewusst ist. »Es ist absolut notwendig, dass der Handel seine Rolle neu definiert«, sagt der Marktkenner. Denn wenn die klassischen Funktionen des Handels – Distributions-, Marketing- und Pricing-Funktion – von anderen Marktteilnehmern übernommen werden, steht der Handel vor Herausforderungen. Hier gilt es für Ziemßen herauszufinden, wie die zukünftigen Aufgaben des Handels aussehen werden.

Was wir insgesamt auf dem Lebensmittelmarkt erleben, ist die Verschiebung von Tätigkeitsfeldern, aber auch die Schaffung neuer. Derzeit sieht sich der Handel in der Rolle, das Thema Clean Meat, sobald es im Markt angekommen ist, zum Konsumenten zu tragen, muss dabei aber gleichzeitig aufpassen, dass er nicht von den neuen Unternehmen der Szene verdrängt wird. »Hinzu kommt, dass der Handel eine Art Gatekeeper-Funktion innehat. Das Vertrauen, das er in den letzten Jahren geschaffen hat, muss er jetzt in die neuen Bereiche hineintragen, sodass er für den Konsumenten einen reibungslosen Übergang zu den neuen Technologien und Produkten schafft«, erklärt Ziemßen. Dabei müsse der Handel dafür sorgen, dass die richtige Qualität den Markt erreicht und gewisse Standards eingehalten werden. Für Ziemßen eine Zukunft des Handels, auf die er optimistisch blickt. Letztlich müssen wir aber abwarten, wie sehr sich Stakeholder wie der Handel oder aber die Politik an dem Aufbau des neuen Systems beteiligen.

Clean Meat in Deutschland

»Die Menschen interessiert es mehrheitlich auch heute nicht, woher das Fleisch kommt. Es geht darum, dass es schmeckt.«

Laura Gertenbach

Der Blick auf den deutschen Clean-Meat-Markt als Teil einer neuen globalen Cell-Ag bleibt erst einmal ernüchternd. Laut meinen Recherchen hat es gerade einmal und doch immerhin ein Start-up gewagt, sich der Innovation zu stellen: *Innocent Meat*. Das in Rostock beheimatete Clean-Meat-Unternehmen ist demnach das erste seiner Art bei uns.
Seit rund zwei Jahren arbeiten Gründerin und CEO Laura Gertenbach und ihr Team, bestehend aus Experten in den Bereichen Zellkultivierung, Automatisierungstechnik, Landwirtschaft und Digitalisierung, daran, den deutschen Fleischmarkt zu verändern. Die Zeit haben sie genutzt, um sich mit dem wissenschaftlichen Standard vertraut zu machen: »Es wird viel Forschung im Bereich der regenerativen Medizin

und Zellkultivierung betrieben. Nicht aber für den direkten Anwendungsbereich Clean Meat. Die Forschungsergebnisse können aber auf unseren Anwendungsbereich übertragen werden«, weiß Gertenbach. Auf Grundlage dieser Forschung haben sie ihren ganz eigenen Ansatz entwickelt, mit dem sie nun auf den Markt wollen. Die Antwort auf die Frage nach dem Warum ist für die Gründerin ganz einfach:»Wir haben im Team verschiedene Motivationen, Clean Meat herzustellen. Natürlich spielen Nachhaltigkeitsaspekte bei uns allen eine Rolle. Aber für mich ist es vor allem einfach eine gute Alternative zur derzeitigen industriellen Herstellung und allen weiteren Implikationen, die sie mitbringt«, erklärt Gertenbach.

In der Landwirtschaft aufgewachsen, weiß die Unternehmerin, wovon sie spricht, wenn es um die Fleischindustrie geht. Neben anderen Vorteilen birgt Clean Meat für sie die Möglichkeit, Flächen effizienter zu nutzen. Flächen, auf denen Gertenbach auch weiterhin Tiere sieht:»Ich glaube, dass es weiterhin Nutztiere geben wird. Wenn ich vom Gegenteil in der Presse lese, muss ich schmunzeln. Wir brauchen die Tiere, um die Landschaften zu bewahren und zu pflegen. Ob wir die Menge brauchen, ist eine andere Frage.« Auch sie scheint eine Verfechterin einer insgesamt revolutionierten Produktion zu sein, die eine gemeinsame Gestaltung des Marktes durch unterschiedliche Akteure und deren Teilbereiche vorsieht. Für die Gründerin steht fest, dass es deshalb auch zwei Arten von Fleisch geben wird:»Das etwas teurere Manufakturfleisch glücklicher Tiere und das industriell gefertigte Clean Meat, das mithilfe von Zellen glücklicher Freilandtiere, die nicht zwangsweise für die Fleischproduktion geschlachtet werden, hergestellt wird. Hier sehen wir die Chance der Etablierung eines Schlachthofs 4.0.«

Der Markt wird sich laut der Gründerin also zwangsläufig verändern. Auch die Großindustriellen, der Mittelstand sowie die

Fleisch verarbeitenden Betriebe des Marktes würden aufwachen und auf den Zug aufspringen. Vor allem Letztere würden die Chance wittern, Rohstoffproduzent zu werden und auf den Einkauf vom Schlachthof verzichten zu können. Das Geschäftsmodell der Schlachthöfe würde nicht nur deshalb langfristig auf einem Clean-Meat-Markt infrage gestellt. »Wenn hier immer mehr Marktanteile wegbrechen, wird das Geschäft schwieriger. Auch dort wird es Innovationen brauchen«, prognostiziert Gertenbach. Obwohl Clean Meat für manche Akteure des Marktes aufseiten der Anbieter also durchaus auch negative ökonomische Effekte haben könnte, sieht Gertenbach in eine optimistische Zukunft für das neue System. Ihre Erfahrungen am Markt sind durchweg positiv. Die Menschen seien offen für Clean Meat. »Natürlich ist das ein Prozess. Meine Großeltern würden In-vitro-Fleisch vielleicht nicht essen«, lacht die Unternehmerin.

Wer den Nutzen und die Vorteile von Clean Meat verstehe, der werde künftig auch danach greifen. Vor allem, da ist sich Gertenbach sicher, wenn wir ein Produkt erleben, das gleich schmeckt, bessere Nährwerte aufweist und bei dem der Preis stimmt. Ob aus dem Labor oder vom Fließband, würde dann keine Rolle mehr spielen. »Die Menschen interessiert es mehrheitlich auch heute nicht, woher das Fleisch kommt. Beim Griff zur Wurst im Supermarkt fragt keiner danach, was da in dem Einkaufskorb landet. Dasselbe sehen wir bei Convenience Food. Es geht darum, dass es schmeckt und ohne großen Aufwand zubereitet werden kann«, weiß Gertenbach.

Was es aber laut Expertin ganz klar braucht, ist Aufklärung, und zwar von Anfang an und am besten direkt vom ersten Unternehmen, das den Markt betritt. Ob das *Innocent Meat* sein wird, bleibt auch für sie abzuwarten. Derzeit befindet sich das Start-up in einer Finanzierungsrunde, von der die Zukunft des derzeit einzigen deutschen Clean-Meat-Unterfangens abhängt. Wie auch immer die Zukunft des deutschen Clean-Meat-Marktes aussehen und wer auch immer den ersten Schritt machen wird, für Gertenbach steht beim Thema Clean Meat und dem Markteintritt eines im Fokus: Qualität. »Das Produkt muss zunächst einmal stimmen. Das Know-how und die Technologie sind da«, versichert die Unternehmerin. Gertenbach ist keine Frau für halbe Sachen. Deshalb ist sie sich auch sicher, dass der Zeitpunkt für den nächsten Schritt gekommen ist. Denn die Grundlage haben sie in ihrem kleinen Team in den letzten Jahren erarbeiten können. Mit der angestrebten Finanzierung könnten sie nun ihren lang ersehnten Prototypen, bestehend aus fünf Burgerpatties, herstellen. Vielleicht können ein paar ausgewählte Journalisten bald bei einem Medienspektakel den ersten deutschen Clean-Meat-Burger verkosten? Es bleibt spannend um die Entwicklung in Deutschland.

Dass für *Innocent Meat* primär Schwein zum Produkt der Wahl wird, war für Gertenbach aufgrund der europäischen Nachfrage klar. Genauso klar wie die Entscheidung, dass langfristig nicht nur Schwein, sondern auch Rind hergestellt werden soll. Dabei malt auch das Team rund um das Start-up eine Clean-Meat-Zukunft ohne das umstrittene Kälberserum. Wie ihr Nährmedium und der Prozess genau aussehen, wollen sie allerdings nicht verraten. Nur so viel: »Wir werden auf jeden Fall gentechnikfrei arbeiten.« Die Zellen aus ihren Biopsien werden also nicht mithilfe von genverändernden Methoden dahingehend angepasst, dass sie sich beispielsweise schneller vermehren. Andere Unternehmen würden sich laut Gertenbach dieser Methode bedienen. Doch auch ohne Gentechnik versichert die Gründerin: »Mit einer Biopsie könnten wir theoretisch mehrere Tonnen Fleisch herstellen.«

Die Gewebeproben gewinnen sie von toten Tieren eines nahe gelegenen Schlachthofes. Das Biopsieren lebender Tiere sei ohne Genehmigung verboten. Grund seien die nicht nachvollziehbaren Auswirkungen des Eingriffs beim Tier, der in den Bereich der Tierversuche fällt. Für mich scheint der Gedanke abwegiger, dass ein Tier tot sein muss, um ein kleines Stück Gewebe spenden zu können, als ihm ein Leben als Spender auf einer Weide zu ermöglichen. Ich musste bereits eine Biopsie über mich ergehen lassen und habe keine schlechten Erinnerungen daran. Wie es um die Schmerzen bei anderen Lebewesen gestellt ist, kann ich natürlich nicht beurteilen. Aber der Tod scheint mir doch ein sehr hoher Preis für die Gabe eines kleinen Gewebestücks, auch wenn die Tiere im Schlachthof selbstverständlich nicht wegen der Biopsie getötet werden.

Ob künftig am lebenden oder doch toten Tier, die gesetzlichen Rahmenbedingungen bestimmen letztlich die Art der Gewebeentnahme. Das, was danach folgt, allerdings nicht: das ganz persönliche Clean-Meat-Rezept. »Den Herstellungsprozess kann man sich wie bei einem Rezept für Marmorkuchen vorstellen. Auch bei Clean Meat kommen die unterschiedlichsten Rezepturen zum Einsatz, um das Endprodukt letztlich zu erhalten«, erklärt Gertenbach. Bevor ihr »Rezept« stand, lag ein weiter Weg vor dem kleinen *Innocent Meat*-Team. Von der kontinuierlichen Entwicklung des Produktes bis hin zur Begeisterung der wichtigsten Interessenvertreter für das Produkt haben sie kontinuierlich am ersten deutschen Pendant der internationalen Clean-Meat-Konkurrenz gearbeitet. Nun kommt es eben auf die besagten Vertreter an.

Die Daumen sind gedrückt, dass wir bald mehr von den Innovatoren aus dem Norden hören. Und die Chancen stehen nicht schlecht. Ist die Finanzierungsrunde dann erst einmal geschafft, ist es für Gertenbach nur eine Frage der Zeit, bis sich das Produkt am Markt durchsetzt. »Zumindest die Menschen hier in Mecklenburg-Vorpommern sind sehr empfänglich für die Idee«, freut sich die Gründerin.

Clean Dairy in Deutschland

»Pflanzliche Produkte haben ihre Berechtigung und sind ein Teil der Lösung. Aber der Großteil der Konsumenten wird nicht gewillt sein, komplett darauf umzusteigen.« Raffael Wohlgensinger

Wir haben gesehen, dass die Cell-Ag aus viel mehr als dem viel diskutierten Clean Meat besteht. Sie berührt alle Bereiche tierischer Produkte. Eines dieser Produkte ist Milch. Wir trinken sie pur, schütten sie in unseren Kaffee oder machen daraus beispielsweise Käse, Quark oder Joghurt. Kein Wunder, dass es dieses Produkt geschafft hat, die Aufmerksamkeit vieler Unternehmer der Szene alternativer Herstellungen auf sich zu ziehen – letztendlich auch die der Cell-Ag.

Ein Clean-Dairy-Unternehmer ist gerade einmal 26 Jahre alt und lebt inmitten der pulsierenden deutschen Hauptstadt. Ich treffe Raffael Wohlgensinger in einem typischen hippen Berliner Café am Rosenthaler Platz. Direkt gegenüber steht das in der Start-up-Szene allseits bekannte Coworking Space *St. Oberholz*. Die richtige Umgebung also, um mehr über innovative Ideen zu hören. Und innovativ ist das Start-up, das er gemeinsam mit Britta Winterberg gegründet hat, allemal. *LegenDairy Foods* hat es sich zum Ziel gesetzt, sogenannte »Clean Dairy« – saubere Milch – herzustellen. Das Unternehmen hat sich damit als eines von weltweit einer Handvoll Unternehmen die Revolution des Cell-Ag-Milchmarktes auf die Fahne geschrieben. Ihr Ziel ist dabei allerdings nicht primär die Nachbildung von Milch als solcher, sondern die Herstellung verschiedener Endprodukte – wie beispielsweise Käse.

»Warum gerade Milch? Ganz einfach. Ich habe viele Vegetarier in meinem Bekanntenkreis. Auf die Frage, warum sie keine Veganer sind, bekomme ich fast immer dieselbe Antwort: Käse«, lacht Wohlgensinger. Auch er vermisst Käse. Mit seinem gerade einmal vier Monate alten Start-up verfolgt er also nicht nur ethische Gründe. Es ist eine persönliche Mission. Der erste Kontakt mit der Cellular Agriculture kam dabei über die Lektüre von Informationen zu Clean Meat. »Ich dachte mir, wenn man Fleisch im Labor wachsen lassen kann, dann doch erst recht Milch«, erinnert sich der Jungunternehmer. Gemeinsam mit Kommilitonen der Universität St. Gallen hat er seine Idee getestet und mit der BioHacker-Gruppe *Real Vegan Cheese* darüber geredet. Nach dem Austausch mit vielen weiteren Experten ist er »immer weiter da reingerutscht«.

Dabei war Wohlgensinger bis zu seinem 22. Lebensjahr weder Veganer noch Vegetarier. Er stammt aus einer brasilianischen Familie, in der tierische Produkte traditionell auf der Speisekarte stehen. Erst seine damalige Freundin öffnete ihm die Augen. »Sie war Vegetarierin, dann Veganerin und forderte mich auf, mich zu informieren. Früher bin ich zu einem Kalb auf der Weide, hab es gestreichelt und bin danach ins Restaurant und hab es quasi gegessen«, schmunzelt Wohlgensinger und ergänzt: »Heute isst meine ganze Familie weniger Fleisch. Meine Oma kocht all die traditionellen Gerichte einfach vegan.«

Der junge Unternehmer kam von einem Interessenkonflikt zur Idee. Dabei unterscheidet sich diese Idee durch einen maßgeblichen Faktor von all den anderen Ersatzprodukten, die wir auf dem Milchmarkt finden und mich als Freund tierischer Produkte bereits nicht überzeugen konnten: In ihrem Produkt findet sich echtes Milchprotein. »Wir produzieren das gleiche Protein wie in echter Milch, nur mit einem anderen Organismus. Was wir machen, ist, ein Produkt zu schaffen, das im Kern Milch ist, aber ohne die negativen Konsequenzen«, erklärt Wohlgensinger.

Es ist dieses echte Protein, das es schafft, dass der Käse gut schmilzt und die Textur stimmt. In einem pflanzlichen Produkt findet man das laut dem Experten nicht. Den Prozess, den sie zur Herstellung nutzen, gibt es bereits lange: die Fermentation. Grund genug für den Unternehmer, daran zu glauben, dass es sich auf dem Markt durchsetzen wird. Alles, was es brauche, sei Aufklärung. »Denken wir nur an Insulin oder Lab, das eingesetzt wird, um Käse herzustellen. Da würde niemand sagen, das esse ich nicht. Die Leute wissen es einfach nicht besser«, erklärt Wohlgensinger.

Grundlage ihrer Herstellungsmethode ist die DNA einer Kuh. Über die Sequenzierung dieser kann genau festgestellt werden, welche Teile für die Herstellung eines bestimmten Proteins wie Kasein zuständig sind. Für die Herstellung der Sequenz aber braucht es heute keine Kuh. Sie wird chemisch mithilfe von Syntheseautomaten nachgebaut und kann ganz einfach bei externen Dienstleistern eingekauft werden. »Wir haben uns also angeschaut, welche Sequenzen bei der Kuh für uns relevant sind, und sie für unseren Prozess beziehungsweise an den Organismus, den wir nutzen, angepasst«, erklärt der Jungunternehmer. Die aus Nukleotiden bestehende DNA wird dann von den Zulieferern ganz einfach den Ansprüchen der Käufer entsprechend zu einer Sequenz zusammengesetzt. Was nach Medizin klingt, ist die Basis für die Schaffung eines altbekannten Lebensmittels in neuer Aufmachung.

Auch was danach folgt, ist pure Wissenschaft und erinnert so gar nicht mehr an Landwirtschaft oder Milchbauern. Die Sequenz kann beliebig oft vervielfältigt werden. »Wir legen sie in eine Pufferlösung, die erhitzt wird. Die doppelsträngige DNA bricht auf, und dann gibt es Enzyme, die sie komplementär wieder zusammensetzen. Das wiederholen wir immer wieder. Der Prozess ist wirklich kein Hexenwerk«, versichert Wohlgensinger. Nach der Vervielfältigung werden die Sequenzen in einen Wirtsorganismus wie Hefen, Algen, Insekten- oder Säugetierzellen eingesetzt. Das kleine Team rund um *LegenDairy Foods* verzichtet hierbei auf tierische Systeme. Für ihr Produkt greifen sie auf Hefe zurück, testen aber auch Bakterien, andere Pilze und Algen. Der Vorteil von Hefen liegt dabei für Wohlgensinger auf der Hand. Es handelt sich um einen Organismus, der auf eine lange Tradition in der Ernährungsindustrie zurückblickt. »Die DNA wird in die Hefe eingebracht. Dafür werden die Zellen unter Strom gesetzt, wodurch sie vorübergehend durchlässig werden und die genetische Sequenz aufnehmen. Wir haben dann eine Zelle, die zusätzlich zu den bereits vorhandenen Informationen die Information ›produzier das Protein, das auf dem DNA-Stück zu finden ist‹ erhält«, erklärt Wohlgensinger.

Dabei wird der Organismus dazu gebracht, seine Energie in die Herstellung bestimmter Proteine zu stecken. Auf Grundlage dieses Prozesses kann die Milch, die sie produzieren, auch individualisiert werden. Im nächsten Schritt folgt die klassische Fermentation. Die Organismen werden mit einem Wachstumsmedium, einer einfachen Art von Zucker, gefüttert. Aus den Nährstoffen des Organismus werden im Wachstumsmedium Proteine, die mit pflanzlichen Kohlenhydraten und Fetten gemischt werden. Fertig ist die Basis für Clean Dairy. Die Produkte, die daraufhin hergestellt werden können, sind dieselben wie die aus der Milch der Kuh. Ob Quark, Schmand, Joghurt oder eben Käse, mithilfe des beschriebenen Prozesses können unterschiedliche Proteine je nach Bedarf erschaffen und dann verarbeitet werden.

Obwohl ihr Produkt zur Industrie der Cellular Agriculture gehört, gibt es aber laut Wohlgensinger einen entscheidenden Unterschied: »Unser Endprodukt ist A-Cellular. Das bedeutet, unser Prozess geht zwar über Zellen, am Ende verbleiben aber keine dieser Zellen im Produkt. Außerdem stammt die Basis nicht vom Tier, sondern wird im Labor erschaffen.« Ein weiterer wichtiger Unterschied zu Clean Meat: der Einsatz ausschließlich pflanzlicher Bestandteile im Herstellungsprozess.

Sobald gesichert wäre, dass sich auch Clean Meat von dem viel kritisierten Kälberserum entfernt, würde aber auch Wohlgensinger als Veganer darauf zurückgreifen: »Das ist eine spannende Diskussion. Viele Veganer finden Clean Meat nicht gut. Ich finde es eine tolle Entwicklung, die zu einem nachhaltigeren und ethischeren Food System beitragen kann. Ab und zu mal Clean Meat zu essen wäre nicht verkehrt.« Wohlgensinger weiß aber auch, dass gerade die Akzeptanz eine der größten Hürden bei der Etablierung des neuen Cell-Ag-Systems sein wird. Für ihn steht fest, dass es viel PR und Marketing brauchen wird, um aufzuklären. Die Bezeichnung des Produkts wird, wie bei Clean Meat, auch bei Clean Dairy ein Thema sein.

»Die Skepsis bleibt, solange das Produkt nicht da ist. Sobald wir es zum gleichen Preis wie anderen Käse in die Supermarktregale gebracht haben, wird auch die Akzeptanz kommen. Milliarden Menschen essen bereits Produkte, die mithilfe der Fermentation hergestellt werden«, wirft Wohlgensinger ein. Er ist sich der Probleme, die die heutige Industrie in Fragen der Nachhaltigkeit verursacht, bewusst. Mit ihrem Ansatz könne man weltweit Produktionsstätten in Regionen ohne große Weideflächen bringen. Clean Dairy wäre eine Milchwelt ohne Hormone, ohne Bakterienverunreinigungen und mit einer Milch der immer selben Qualität, die auf Filtration sowie Standardisierung verzichten könne.

Die Milchprodukteherstellung würde durch ihren Prozess laut Experten bis zu 98 Prozent weniger Wasser, 96 Prozent weniger Land und 70 Prozent weniger Energie verbrauchen. Die Hefen könne man zudem immer wieder in den Prozess

einbringen oder als Basis zur Herstellung von Nahrungser-
gänzungsmitteln nutzen. Das Clean-Dairy-System wurde, wie
es scheint, von Anfang bis Ende nachhaltig gedacht. »Wenn
man sich anschaut, wie es in der Animal Agriculture aussieht – die Aufzucht der Tiere, das Füttern, die Medikamente –, ist es für jeden intuitiv verständlich, dass wir hier
einen riesigen Impact haben. Egal ob die europäische Wirt-
schaftselite es will oder nicht. Diese Produkte werden kommen«, prognostiziert der Unternehmer. Wann genau, kann er
nicht sagen. Wohl aber, dass sie in den nächsten zwei Jahren
ein sogenanntes »Minimal Viable Product« vorzeigen wollen.
Ein Produkt also, das die Mindestanforderungen erfüllt und
die minimal gewollten Eigenschaften mitbringt.

Clean Dairy könnte uns demnach vielleicht schneller im Kühlregal begegnen als Clean Meat und laut dem Experten zu
einem erschwinglichen Preis: »Momentan haben wir noch
hohe Forschungskosten. Ein guter Referenzwert ist aber, sich
die Large-Scale-Produktion anderer Proteine anzuschauen, da
kommen wir mittlerweile auf 20 Cent pro Gramm Protein.
Dahin wollen auch wir und irgendwann in großen Tanks herstellen.« Noch aber steht das kleine Team ganz am Anfang des
Entwicklungsprozesses.

Langfristig wollen sie die Technologie entwickeln, die die Herstellung der Produkte ermöglicht, und mit Verarbeitern
zusammenarbeiten. Dadurch soll der Prozess beschleunigt
werden. »Wir spezialisieren uns auf Mikrobiologie sowie Biotechnologie und weniger auf die Verarbeitung. Dafür gibt es
bereits Experten am Markt, mit denen, wir auch schon im
Gespräch sind. Sie werden den Weg ebnen und es wird strategische Investments geben«, verrät Wohlgensinger. Derzeit
aber würden die Großen noch aus sicherer Entfernung
zuschauen und auf das fertige Produkt warten. Um das abzu-
liefern, wird es laut Wohlgensinger noch in diesem Jahr eine

Finanzierungsrunde geben. Derzeit werden sie vom *Atlantic Food Labs* finanziert, aus dessen Inkubationsprogramm sie sich entwickelt haben.

Neben der Finanzierung ist auch die Bürokratie für die Weiterentwicklung ein Thema. Die Regularien des europäischen Markts könnten dem Unternehmer und seiner Mitgründerin einen Strich durch die Rechnung machen. Denn für neuartige Lebensmittel gilt die Novel-Food-Verordnung (mehr dazu Seite 185). Eine ernst zu nehmende Hürde. »Allerdings gibt es anders als beim Clean Meat bei uns bereits Ernährungsbereiche, die mit demselben Prozess arbeiten«, weiß Wohlgensinger. Sie wollen außerdem möglichst früh mit den Behörden zusammenarbeiten, um herauszufinden, was sie tun müssen, um zu bestehen. Dabei weiß der Unternehmer, dass sie, wenn auch nur ein Land in der EU das Produkt blockiert, auf ein Problem blicken. Bei einer starken Milchlobby nicht unwahrscheinlich. »Wo wir ansetzen können, ist bei den Verarbeitern. Der politische Einfluss großer Unternehmen ist sicherlich nicht zu unterschätzen. Die größte Chance aber haben wir, wenn von unten Druck auf die Politik gemacht wird«, hofft der Visionär.

Ihr Ziel ist kein politischer Kampf an oberster Stelle, sondern ein Wandel aus der Gesellschaft heraus. Für den Fall, dass die EU sich verschließt, wollen sie in anderen Märkten starten. In den Staaten oder Asien. Es bleibt abzuwarten. Die Konsequenz aber bliebe: Auch hier ginge wieder Innovationskraft in Deutschland verloren. Was wird aus dem Land der Dichter und Denker, wenn wir nicht endlich in Richtung Innovation zu denken anfangen?

Implikationen und Potenziale

»Die Frage, die wir uns stellen müssen, ist, ob Clean Meat die Menschheit weiterbringt und ob es ein ethischer Schritt für die Entwicklung unserer Spezies ist.«   Didier Toubia

Sie scheint ungewiss, die saubere Zukunft rund um die Cell-Ag. Grund für die Ungewissheit sind neben Hürden wie der Schaffung einer Fleischstruktur, wie wir sie derzeit vom Markt kennen, und des richtigen Geschmacks auch die Skalierbarkeit des Produktes, um es massentauglich produzieren und preiswert anbieten zu können. Ein Faktor der Produktion aber hat es der Öffentlichkeit ganz besonders angetan: der Einsatz von fötalem Kälberserum. Kein Wunder, eines der relevantesten Argumente für Clean Meat ist, das Töten von Tieren und die qualvolle Zucht abzuschaffen. Da passt ein Prozess, der an das Töten noch tragender Kühe und ihrer Kälber gekoppelt ist, nicht ins Bild und lässt keinen Raum für Zustimmung. Denn das noch ungeborene Kalb wird aus dem Bauch der toten Mutter geschnitten, woraufhin ihm das Serum aus dem noch schlagenden Herzen entnommen wird, »bis es blutleer ist«[114]. Serum ist demnach *das* Schlagwort der Kritiker. Allerdings – und das scheint mir nach zahlreichen Gesprächen und Vorträgen mit und von Experten aus der Szene sicher – ist sich auch die neue Industrie darüber einig, dass eine Clean-Meat-Zukunft nur eine ohne Kälberserum sein kann, auch für den bereits zitierten Didier Toubia.
Er nutzt für *Aleph Farms* das allseits kritisierte Kälberserum nicht. »Wir haben schon mit verschiedenen Nährlösungen ohne Serum gearbeitet. Die Erträge stimmen aber derzeit nicht«, verrät Toubia. Dennoch, die tierische Alternative

kommt für ihn nicht ins Labor. Sein Steak sei serumfrei. Natürlich handelt es sich dabei erst um einen Prototyp. Um darauf aufzubauen und die Erträge zu steigern, arbeitet *Aleph Farms* gemeinsam mit einem externen Unternehmen an ihrer Idee der Nährlösung. Nicht etwa, um es, sobald sie es haben, hinter verschlossenen Türen zu nutzen und ein Monopol aufzubauen. Es soll auch anderen Unternehmen zur Verfügung stehen. Denn Clean Meat sieht Toubia als Industrie, die durch Kooperation verändert, wie wir essen, und eine bessere Welt schafft. »Selbst jene, die derzeit mit dem tierischen Serum experimentieren, werden langfristig davon abrücken. Clean Meat wird frei sein von Kälberserum, nicht nur bei *Aleph Farms*«, prognostiziert der Pionier. Alles andere käme für den Experten der Idee gleich, ein System abzulösen, um ein gleichartiges aufzubauen.

Kein Wunder, dass der Gründer hier so rigoros ist. Tiere sind für Toubia ein zentraler Teil des Systems. Deshalb geht es ihm bei aller Kritik auch nicht um die Beziehung von Landwirten zu ihren Tieren, wie sie traditionell war: »Früher gab es eine echte Verbindung zwischen Landwirt und Tier. Das Tier wurde respektiert. Heute werden die Tiere anonym in einer Fabrik geschlachtet. Hier müssen wir transformieren.« Seine Vision: Eine Ablösung der Industrie durch Clean Meat, die Hand in Hand mit dem traditionellen Ansatz des früheren Schlachtens geht.

Dies sei auch ein Schritt hin zu einem natürlicheren Prozess im Umgang mit den Tieren. Dabei steht gerade die Natürlichkeit oft im Fokus der Diskussion. Denn viele Gegner monieren, Clean Meat sei dies eben nicht. Der Begriff der Natürlichkeit und seine Rolle für die Etablierung von Clean Meat wird auch bei der Betrachtung der Verbraucherakzeptanz (Seite 171) eine Rolle spielen und begegnete mir während meiner Recherchen häufig. Für Toubia ist der Standpunkt, der Clean

Meat als etwas Unnatürliches definiert, nicht nachvollziehbar. Er wirft ein: »Wir produzieren dasselbe Produkt aus Fleisch, die Grundlage sind dieselben Zellen, die innerhalb eines Tieres das Fleisch wachsen lassen. Der Prozess wird durch unseren Ansatz aber besser kontrolliert. Darüber hinaus nutzen wir nur eine minimale Menge Wasser und Nährstoffe, vergleichbar mit Hydrokulturen im Pflanzenbereich.« Ist Clean Meat also ein natürliches Produkt? Beim Gedanken an die Produktionsmethode, die wir derzeit praktizieren, scheint mir das »künstliche« Fleisch vielleicht sogar ein natürlicherer Weg, an die nächste Portion tierische Proteine zu kommen. Denn wie viel hat die Industrie tatsächlich noch mit der Natur zu tun? Und wie natürlich ist es, Tiere auf engstem Raum zu halten und über die Zugabe von Ressourcen sowie Züchtung dazu zu bringen, einen möglichst hohen »Ertrag« (also Fleisch) zu produzieren?

»Die Frage, die wir uns viel eher stellen müssen, ist nicht, ob es etwa natürlich ist, sondern ob es ethisch ist«, verlangt Toubia. Und führt dazu weiter aus: »Der Mensch versucht seit jeher, die Natur zu verbessern. Tatsächlich ist es dieses Bestreben, das uns von anderen Tieren unterscheidet, es ist unsere Fähigkeit, Technologien zu entwickeln. Nehmen wir beispielsweise Elektrizität. Es handelt sich dabei um ein natürliches Phänomen, das wir uns zunutze gemacht, es kontrolliert und verbessert haben. Auch bei Clean Meat machen wir uns ein Beispiel der Natur zunutze.«

Clean Meat adaptiert also bloß das, was existiert, und optimiert es? Wenn es nach dem Experten geht: ja. Es handelt sich nicht um einen künstlichen Prozess, den wir ins Leben gerufen haben. »Fliegen ist nicht natürlich. Ein Medikament, das Krebs bekämpft, ist nicht natürlich. Aber ist das Medikament gut? Ja. Ist es ethisch? Ja«, unterstreicht Toubia seinen Gedanken. »Wir müssen uns fragen, ob Clean Meat die Menschheit weiterbringt und ob es ein ethischer Schritt für die Entwicklung unserer Spezies ist. Ich denke ja. Es schont Ressourcen und macht es uns möglich, Fleisch zu produzieren, das sicherer ist.« Also ist am Ende alles doch nur eine Frage der Gewohnheit?

Neben der Natürlichkeit sind weitere oft diskutierte Aspekte des Clean-Meat-Diskurses Energie und Umweltbelastung. Für Toubia liegen die Vorteile von Clean Meat in diesem Kontext auf der Hand. »Wir sprechen bei Clean Meat in jedem Fall von einem effizienten Weg, tierisches Protein zu produzieren. Land und Wasser werden eingespart. Ressourcen, die wiederum für die Produktion von Lebensmitteln eingesetzt werden können. Auch Treibhausgase, allen voran Methan, werden eingespart«, ist sich der Unternehmer sicher, führt aber auch gleichzeitig Ungewissheiten ins Feld: »Von einem energetischen und CO_2-Gesichtspunkt aus betrachtet, bin ich mir allerdings nicht sicher, ob wir eindeutige Vorteile generieren werden.« Letztere stehen immer wieder in der Kritik und kommen auch in neuesten Studien nicht gut weg. Nach einer anfänglichen »Umweltentlastungseuphorie« kehrt derzeit allmählich ein wenig Resignation in diesem Kontext ein.

Eine der Pionierinnen im Bereich der Untersuchung der Umwelteinflüsse ist Dr. Hanna Tuomisto, außerordentliche Professorin der Universität Helsinki. Sie beschäftigt sich seit 2008 mit den Clean-Meat-Potenzialen und hat im Laufe der Jahre immer wieder die neuesten Erkenntnisse in ihre Arbeit einfließen lassen. Deshalb lässt sich auch aus ihren Ergebnissen ein Wandel in den tatsächlichen Potenzialen erkennen. Auf der *New Food Conference* hat sie die neuesten Erkenntnisse ihrer Untersuchungen zusammengefasst. 2011 noch zeigten ihre Untersuchungen bei der Betrachtung von Nachhaltigkeitskriterien von Clean Meat bei Treibhausgasemissionen (78–96% weniger), Landnutzung (99% weniger) und beim

146

Wasserverbrauch (82–96% weniger) deutlich bessere Zahlen als Rinder, Schafe, Schweine und Geflügel. Lediglich im Bereich des Energieverbrauchs konnte aufgezeigt werden, dass Clean Meat schlechter abschnitt als Geflügel.[115] 2014 veröffentlichte Tuomisto ein Update der Zahlen mit besser recherchierten Grundlagen. Vor allem im Bereich des Wasserverbrauchs wurde da ein viel höherer Wert für Clean Meat errechnet. Aber auch im Bereich der Energie zeigte die neue Fleischproduktion schlechtere Ergebnisse als bei der Rinderzucht.[116] Insgesamt kam Tuomisto zu dem Ergebnis, dass der wirkliche Einfluss nicht gut messbar sei, da viele Variablen zu ungewiss seien.

Zuletzt wurde in einer Studie des *LEAP (Livestock, Environment and People)* Programms der *Oxford Martin School*[117] aufgezeigt, dass der positive Effekt auf den Klimawandel auf lange Sicht (mit einem Zeithorizont von 1000 Jahren) davon abhängt, aus welchen Quellen Clean Meat seine Energie beziehe. Beim jetzigen Stand könnten die Methaneinsparungen, die durch die Substitution der Rinderzucht entstehen, durch den Energieverbrauch von Clean Meat überholt werden. Denn während Methan für zwölf Jahre in der Atmosphäre verbleibt, sind es bei CO_2 Jahrtausende.[118] Nun wissen wir nicht, welcher Wandel im Bereich des Energetischen noch bevorsteht, da erscheinen 1000 Jahre doch weit in die Zukunft gedacht.

Wer sich schnell eine Übersicht über die potenziellen Vorteile von Clean Meat verschaffen will, der ist gut darin beraten, sich online Kristopher Gasteratos' »90 Reasons to Consider Cellular Agriculture« vorzunehmen. In seinen Ausführungen geht er nicht nur auf die bereits erwähnten Vorteile im Bereich des Wasserverbrauchs ein, sondern zeigt auch auf, wie viel weniger Land Clean Meat im Vergleich zu konventioneller Viehhaltung braucht oder aber welche Potenziale im Bereich der Treibhausgasemissionen stecken, die insgesamt um 76 Prozent sinken könnten.[119] Im Bereich der Energie wird eine Reduktion des Verbrauchs um 45 Prozent vorhergesagt.[120] Aber auch Argumente wie eine reduzierte Verschmutzung der Ozeane durch Plastik sind in Gasteratos Übersicht zu finden. Hier natürlich bedingt durch die Produktion von Clean Fish. Der Grund: 46 Prozent des Plastiks, das in unseren Meeren schwimmt, stammt aus der Fischerei.[121] Eine Ursache sind sogenannte »Geisternetze«. So landen jedes Jahr über eine Million Tonnen Plastik in den Weltmeeren. Auf der *Greenpeace*-Webseite heißt es dazu: »Geisternetze sind herrenlose Fischernetze. Sie bleiben an Unterwasserhindernissen hängen und reißen sich von den Fangschiffen los, gehen bei hohem Seegang verloren oder werden von Fischern absichtlich im Meer entsorgt.«[122]

Nicht zuletzt führt Gasteratos Gründe wie verbesserte Tier- und Menschenrechte an. So findet sich natürlich auch das Argument des reduzierten Tierleids unter seinen 90 Gründen, aber ebenso der Einsatz von Cell-Ag-Produkten im Tierfutterbereich.[123]

Ein Bereich wurde schon öfter hier im Buch angeschnitten, hat aber noch keine ausführlichere Betrachtung erhalten: die Gesundheit. Wenn es um Tierhaltung geht, fällt uns in diesem Zusammenhang natürlich schnell das Schlagwort Antibiotika ein. Die bahnbrechende Entdeckung des Penicillin hat den Menschen medizinisch weit vorangebracht. Das Antibiotikum kämpft seit 1942 im menschlichen Körper gegen ungebetene tödliche Gäste. Ob grippaler Infekt, Lungenentzündung, Operation oder Wundinfektion, der unsichtbare Feind in unserem Körper hat durch das zufällig entdeckte Wundermittel seine Macht über Leben und Tod verloren. Lange Zeit brauchten wir nichts weiter tun, als zum Hausarzt des Vertrauens zu gehen und uns ein kleines Zettelchen geben zu lassen, das uns das begehrte Mittel verschaffte. Dabei haben wir wohl das Vertrauen in unseren eigenen Körper verloren.

Heute werden Antibiotika nicht als letztes Mittel der Wahl, sondern als Standard verschrieben. Der Verbrauch wird von der Weltgesundheitsorganisation in Tagesdosen gemessen. Dieser ist im Zeitraum 2000 bis 2015 von 21,1 Milliarden auf 34,8 Milliarden gestiegen (Messung des Verkaufs in 76 Ländern).[124] In einem Artikel von *Zeit Online* steht weiterhin dazu: »Der durchschnittliche tägliche Verbrauch pro 1000 Einwohner stieg um 39 Prozent von 11,3 auf 15,7 definierte Tagesdosen, wie die Forscher berichten. In ärmeren und aufstrebenden Ländern nahm der Gesamtverbrauch sogar um 114 Prozent zu. Der durchschnittliche tägliche Verbrauch pro 1000 Einwohner stieg um 77 Prozent an.«[125]

Was gibt es auch Einfacheres, als bei einem Infekt zur Tablettenpackung zu greifen und sich ins Büro zu schleppen? Nur zwei Tage später ist der infektiöse Spuk vorbei. Ein Vorgehen, das den Weg für die nächste Generation tödlicher Bakterien geebnet haben könnte. Eines steht fest: Die Wirkung der Wunderwaffe von einst steht auf der Kippe. Denn auch Bakterien wollen überleben, sie entwickeln Resistenzen. Neben dem unüberlegten Schlucken der kleinen Wunderdroge bei einem Infekt steht die Fleischindustrie in Verdacht, das Wundermittel auf dem Gewissen zu haben. Hier werden jährlich 131 000 Tonnen Antibiotika eingesetzt.[126] Laut *Fleischatlas* etwa doppelt so viele wie beim Menschen.

Ist der Umstand, dass wir sie überhaupt einsetzen müssen – und dann auch noch so viele –, ein Hinweis auf kranke Tiere und ein krankes System? Kein schöner Gedanke und einer, den ich beim nächsten Biss in ein saftiges Stück Fleisch hoffentlich wieder verdrängt habe (oder auch nicht). Dabei ist der Einsatz längst nicht überall gleich. In unserem Nachbarland Schweden beispielsweise gelten strengere Tierschutzregeln und Kontrollen als bei uns. »In Schweden braucht es rund 12 Milligramm Antibiotika, um ein Kilo Fleisch zu erzeugen.

In Deutschland sind es fast 90 Milligramm«, verrät Reinhild Benning. Der Wechsel zu einer ökologischen Tierhaltung scheint also mehr als bloßer Tierschutz. An dieser Stelle steht auch der ganz eigene Schutz im Fokus. Doch wie soll das ins Bewusstsein der Menschen vordringen? Ganz ehrlich, ich werde sehr wahrscheinlich beim nächsten Besuch im hippen Burgerladen in Berlin nicht daran denken, wie viel Antibiotika für die Herstellung der saftigen Boulette eingesetzt wurden. Müssen wir vielleicht neben den ganzen Angaben zu Zusätzen eine Angabe zum Einsatz von Antibiotika auf Restaurantkarten und Fleischverpackungen einführen? Ein eher unappetitlicher Gedanke. Andererseits, wer liest schon das Kleingedruckte? Und wissen wir nicht längst, dass Antibiotika zur Produktion tierischer Lebensmittel eingesetzt werden? Ist es uns egal?

Wie auch immer es um das Gemüt der Fleischesser steht, dass bei einer staatlichen Untersuchung des Angebots in deutschen Supermärkten auf 66 Prozent der Hähnchenfleisch- und rund 42 Prozent der Putenfleischproben resistente Keime gefunden wurden, sollte zumindest nachdenklich stimmen.[127] Dabei soll die eingesetzte Menge entsprechend der steigenden Nachfrage mit steigen. Sollte der Trend also anhalten, werden bis zum Jahr 2030 rund 50 Prozent mehr Antibiotika eingesetzt.[128] Kann Clean Meat hier Abhilfe verschaffen? Laut Grund 14 von Gasteratos' »90 Reasons« zumindest würden Antibiotika aus der Fleischproduktion verschwinden und somit auch die Resistenzen, die hierüber entstehen.[129] Im *Fleischatlas* hingegen wird darauf hingewiesen, dass Antibiotika auch bei der Herstellung von Clean Meat zum Einsatz kommen würden, »[…] denn Bakterien machen auch vor künstlichem Fleisch nicht halt.«[130] Aber was stimmt denn nun? Online findet man genauso unterschiedliche Aussagen wie in den beiden von mir angebrachten Belegen. Auf der Webseite von *Mosa Meat* steht:

»In contrast, because cultured meat is produced in a clean environment, there is no need to use any antibiotics at all.«[131] Clean Meat aber wartet mit noch weiteren Gesundheitsargumenten jenseits von Antibiotika auf. Viele der Pioniere der Clean-Meat-Szene arbeiten an einem Fleisch, das gegenüber dem konventionellen Produkt gesundheitliche Vorteile mitbringt, allen voran *Memphis Meats*-CEO und Kardiologe Dr. Uma Valeti. Schon 2005 spielte er mit der Idee, Fleisch aus Zellen zu züchten. Im Interview mit dem *Good Food Institute* erzählt Valeti, wie er von einer Studie, bei der es darum ging, geschädigtes Gewebe am Herzen durch Stammzellen zu reparieren, dazu kam, Fleisch aus Zellen zu produzieren. Seine Entscheidung begründet er folgendermaßen: »Ich kam zu der Erkenntnis, dass ich, wenn ich als Kardiologe weitermache, in den nächsten dreißig Jahren vielleicht ein paar Tausend Leben retten könnte. Wenn es mir aber gelänge, zu ändern, wie Fleisch hergestellt wird, ich Milliarden von Menschen- und Billionen von Tierleben positiv beeinflussen könnte.«[132]

Was er im Kontext des Menschen genau damit meint, geht weiter als bis zu den Umwelteinflüssen. Denn für ihn heißt seine Mission nicht nur Clean Meat, sondern auch die Produktion von Fleisch mit Nährstoffen, die es gesünder machen.[133] Damit steht er sicherlich nicht alleine da. Denn wie wir bereits erfahren durften, spielt auch Mark Post mit diesem Gedanken. Auch Simone Frey glaubt an einen individualisierten Burger: »Durch den Clean-Meat-Prozess könnte man das Fleisch auch so modulieren, dass es eine gesunde Mahlzeit wird. Dazu würde gehören, zu entscheiden, wie viel Fett das Gewebe aufweist und welche Fette. Man könnte überlegen, Vitamine zuzusetzen, sodass dieser Burger am Ende zu einem gesunden Lebensmittel wird.«

Die Vorstellung, beim nächsten Biss in einen Burger durch Clean Meat etwas für die Umwelt und gleichzeitig für die

Gesundheit tun zu können, ist so verlockend wie der Duft eines gut gebratenen Burgers. Allerdings scheinen viele der von der Industrie benannten positiven Effekte noch unzureichend belegbar. Wodurch auch hier ein fader Beigeschmack entsteht. Wo wir uns aber sicher sein können, ist bei der Frage nach dem Tierwohl und der Einsparung von Land. Sollten sich nicht negative Konsequenzen zeigen, die durch die Produktion aufkommen, so scheint mir die Natur der Cell-Ag auch ohne weitere Studien ein Gewinn für die Welt zu sein. Denn zwei der größten ernährungsbezogenen Probleme der Menschheit angehen zu können, reicht mir vorerst aus.

»Wachstum durch Vielfalt«: Einblick aus der Industrie

»Die herkömmliche Geflügelfleischproduktion im Stall wird unser Kerngeschäft bleiben.« Peter Wesjohann

Wie auch immer die Motivation hinter der Unterstützung des sich anbahnenden neuen Systems aussieht, wir sehen die Chance, einen positiven Wandel anzustoßen. Das empfinden auch viele Industrielle so. Zudem scheinen sie das Potenzial der Idee einer Antwort auf die steigende Proteinnachfrage zu erkennen. Doch wie genau sehen die wirklichen Beweggründe von *PHW* und anderen Unternehmen aus, zu investieren?
»Wir halten nichts von Schwarz-Weiß-Szenarien und verfolgen einen differenzierten Ansatz. Unsere Aufgabe als Lebensmittelhersteller ist es, für den Verbraucher möglichst viele verschiedene und überzeugende Angebote zu schaffen. Dabei mussten wir uns über unser gesamtes Firmenleben immer wieder neu erfinden und sind immer schon unkonventionelle Wege gegangen«, antwortet Peter Wesjohann, Chef des Geflügelfleisch-Herstellers *Wiesenhof,* auf die Frage nach dem

Warum. Auf dem deutschen Markt dürfte *Wiesenhof* jedem ein Begriff sein. Viele haben das Geflügelfleisch des Herstellers bereits gegessen. Der Konzern steht nicht selten auch in der Kritik. Vor allem für das konventionell produzierte Geflügelfleisch, das neben Privathof-Geflügel und pflanzenbasierten Produkten im Kühlregal steht. Und bald vielleicht auch neben dem ersten Geflügel aus dem Labor?

Kein abwegiges Szenario. Denn in Deutschland zumindest gehören sie in der Clean-Meat-Szene zu den Pionieren. »Wir wollen am Puls der Zeit sein und uns frühzeitig das Know-how für mögliche künftige Marktchancen sichern. Deshalb stellen wir unsere Produktpalette insgesamt breiter auf. In den vergangenen Jahren haben wir uns dazu auch intensiv mit verschiedenen Start-ups und Geschäftsmodellen beschäftigt«, verrät Wesjohann. Für die Etablierung von Clean Meat ist das positiv. Schließlich bringt *Wiesenhof* das Markt-Know-how mit. Sie kennen die Produkte, die die Verbraucher wollen, und bringen nicht zuletzt Wissen über Vertrieb und Logistik ein. Für ihre Clean-Meat-Partner bedeutet das Zugang zum Markt, wodurch sie die Produkte schnell auf den Markt bringen können.

Produkte wie das vom israelischen Start-up *SuperMeat* im Labor produzierte Geflügel. 2018 ist *Wiesenhof* eine strategische Partnerschaft mit ihnen eingegangen. Eine echte Chance also, dass die Produktpalette künftig durch Clean Meat ergänzt werden könnte. Denn die Strategie des Geflügelriesen lautet »Wachstum durch Vielfalt«. Neben *SuperMeat* stehen deshalb noch weitere Unternehmen auf der Investitionsliste. Eines davon ist *Good Catch Foods*. Das in New York ansässige, 2016 von Chris Kerr, Eric Schnell und Marci Zaroff gegründete Start-up stellt pflanzenbasierten Fisch her. *Wiesenhof* unterhält zudem eine Vertriebspartnerschaft mit *Beyond Meat* und *JUST*. Im Juli 2018 haben sie nicht zuletzt ihren langjährigen Mitarbeiter Marcus Keitzer als Vorstand für alternative Proteinquellen berufen. »Damit tragen wir ganz bewusst unserem vergangenen und zukünftigen Engagement im Bereich der alternativen Produkte Rechnung und werden der Suche nach und Entwicklung von alternativen Proteinquellen weiterhin verstärkt unsere Aufmerksamkeit widmen. Unternehmen wie *Beyond Meat, Good Catch Foods* und *JUST* stehen für die nächste Generation von hervorragenden pflanzlichen Protein-Produkten«, prognostiziert Wesjohann. Dennoch verrät der Fleischexperte: Die herkömmliche Geflügelfleischproduktion im Stall wird ihr Kerngeschäft bleiben.

Ein Hinweis darauf, dass sie den Markt noch für schwierig halten? Auf die Frage, wie sie das Potenzial einschätzen, erwidert Wesjohann, dass sich derzeit keine seriösen Aussagen treffen ließen, wie die Verbraucher die Produkte annehmen werden. Was sie aber erkennen, sei, dass sich der Fleischkonsum in den kommenden Jahren verändern wird. Deshalb auch die Investitionen in den Bereich pflanzenbasierter Alternative, denn diese werden laut dem Unternehmer »in Zukunft einen festen Bestandteil im Markt haben.« Der Konsum von Fleisch aber würde auch in Zukunft bedeutend bleiben.

Wesjohann sieht, was viele andere Experten des Feldes auch vorhersagen: das Nebeneinander unterschiedlicher Produkte. Letztendlich wird es bei der Frage, wie der Markt aussehen wird, auf den Griff des Kunden zum jeweiligen Nahrungsmittel im Kühlregal ankommen. Ganz genau: Auch heute kommt es darauf an. Da ist sie wieder, die Scham. Denn hinter jedem Skandal steckt nicht nur ein Konzern, sondern immer auch der Konsument, der durch seine Kaufentscheidung den Markt mitbestimmt. Ob bewusst oder nicht. Die Liebe zum Kapital scheint bei vielen Menschen stärker als die zum Tier – sonst würde der Griff wohl öfter zu den teureren Alternativen gehen. Was also wird passieren, und wo ist Clean Meat in dieser Vision der nebeneinanderstehenden Produkte anzusiedeln?

»In-vitro-Fleisch könnte in der Zukunft tatsächlich ein Trend werden, auch wenn es anfangs sicherlich erst einmal eine Nische sein wird. Das Thema hat noch Forschungsbedarf. Aber ich glaube schon, dass es möglich ist, in einigen Jahren – so wie es die Forscher auch prophezeien – aus Geflügelfleischzellen gezüchtetes Fleisch anzubieten. Die Produkte müssen allerdings genauso schmecken wie Fleisch, wenn sie Erfolg haben wollen. Wenn In-vitro-Fleisch aber erst einmal zugelassen ist und zum Nugget verarbeitet wurde, dann werden es auch die Verbraucher essen«, prophezeit Wesjohann. Denn die Zielgruppe sei da, die sagt: »Klasse, ich kann weiter Fleisch essen, aber dafür muss kein Tier sterben«.

Dieser Kategorie gehöre ich mit Sicherheit auch an. Dafür würde ich auch den ein oder anderen Euro mehr ausgeben. Auf eine Schlachthoferfahrung zum Zwecke der Recherche habe ich aufgrund meiner Schwangerschaft verzichtet. Deshalb kann ich nicht sagen, ob sie mir die Lust am Fleisch verdorben hätte, so wie die Erfahrung mit den konventionellen nicht-tierischen veganen Proteinen sie mir noch schmackhafter gemacht hat. Eines aber ist gewiss, es wäre schön zu wissen, dass für das nächste Chop Suey, das ich mir bestelle, kein Tier sterben musste.

Wesjohanns Worte lassen vermuten, dass wir nicht auf das Ablösen eines Systems, sondern auf einen Wandel zusteuern. Andere Vermutungen, so der Experte, würden uns nicht weiterbringen. »Ich möchte weder die Gruppe der Fleischesser noch die der Vegetarier oder Veganer bewerten. Jeder Mensch weiß selbst am besten, was ihm schmeckt und worauf er bei seiner Ernährung Wert legt«, erklärt der Unternehmer. Deshalb stellen sie sich auch möglichst breit auf. Sie wollen Angebote für jede Zielgruppe schaffen. »Wir möchten unseren Kunden an sieben Tagen in der Woche die Möglichkeit bieten, ein Produkt aus unserem Haus zu essen: vom konventionell erzeugten Hähnchenschnitzel bis hin zum *Beyond Burger*. Das Wachstum des pflanzenbasierten Lebensmittelsektors empfinden wir nicht als Bedrohung für unser bestehendes Kerngeschäftsfeld, sondern als Chance«, verrät Wesjohann. Sein Ziel: die verstärkte Positionierung als Anbieter von hochwertigen Proteinprodukten und vermeintlich konkurrierende Geschäftsfelder nebeneinander zu entwickeln. Dazu wollen sie bei *Wiesenhof* den Bereich der alternativen Proteinquellen stark ausbauen und die Steigerung ihrer Tierwohlkonzepte vorantreiben. Mittlerweile hat das Unternehmen laut eigenen Aussagen sieben Alternativhuhn-Konzepte.

So schnell werden die Riesen der Industrie also auch in der Clean-Meat-Welt nicht von der Bildfläche verschwinden. Im Gegenteil, sie zeigen sich als Treiber der Innovation. Auch haben wir hier keine David und Goliath-Situation, in der ein vermeintlich schwächerer Marktteilnehmer überraschend den Riesen »erschlägt«. Was wir haben, ist eine Chance, die Industrie zu verändern. Warum also nicht dabei zusehen, wie immer weniger Hühner für unsere Fleischlust sterben müssen? Ein System, das sich über Jahrhunderte etabliert hat und sich einer riesigen Lobby erfreut, wird schließlich nicht wie eine Diktatur in manch einem Staat gestürzt. Das Kapital und die Nachfrage lenken nun einmal den Markt, und wenn es derzeit gen Vegan und In-vitro lenkt, dann ist das für mich erst einmal positiv. Doch sehen wir hier wirklich die ersten Funken einer baldigen Revolution, gar einer Aufklärung?

Was ist mit den Bauern?

»Es geht nicht um Entfremdung, sondern um Inklusion.«

Illtud Llyr Dunsford

Steht uns ein Wandel zum Besseren bevor? Das normative Attribut hier zu vergeben, fällt jenen, die bei der jetzigen Industrie in monetärer Abhängigkeit stehen, sicherlich nicht so leicht. Denn der Wille zu überleben ist meist stärker als jener, einen gesamtgesellschaftlichen Mehrwert zu schaffen. Verständlich. Sähe ich mich in meiner Existenz bedroht, würde ich auch zunächst protestieren. Dabei hat uns der Blick auf den derzeitigen Markt gezeigt: Es werden sehr wahrscheinlich nicht die großen, bereits jetzt investierenden Verarbeiter sein, die von einem Wandel bedroht werden. Es sind die Schlachthöfe, Züchter, die Landwirte, die ihre Rolle erst finden müssen. Allerdings haben die Gespräche mit zahlreichen Experten auch offenbart, dass wir zum einen vor einem schleichenden Wandel stehen, zum anderen vor einem, der die Existenz der alten Produktionsweise nicht gänzlich ausschließt. Zu groß ist der Bedarf. Das Ziel muss ein System sein, das Umwelt- und Tierschutzstandards Hand in Hand vorantreibt.

»Ich kann Tiere ökologisch und ethisch vertretbar halten. Die Basis bietet die Fotosynthese, bei der Pflanzen kraft der kostenlosen Sonnenenergie Kohlenhydrate, Eiweiß und Mineralien zu Grundnahrungsmitteln und Gras umwandeln. In dieser Agrarökologie sehe ich die Zukunft und die sinnvollste Kreislaufwirtschaft für die Ernährungssicherung der Menschen insgesamt. Ein Labor hingegen braucht Investitionen und eine externe Energie- sowie Rohstoffzufuhr. Energie wird mit schrumpfenden fossilen Vorkommen teurer. Daher werden auch Lebensmittel auf Dauer teurer, wenn sie mithilfe energieintensiver synthetischer Dünger oder in Laboren erzeugt werden«, denkt Reinhild Benning. Für die Expertin ist Clean Meat nicht Teil der Lösung. Denn eine verantwortungsvolle Landwirtschaft sollte in den Händen von Bauern, Bäuerinnen und Handwerkern liegen und nicht in den Händen weniger Konzerne, die Labore betreiben: »Wir wollen genauso wenig Patente auf In-vitro-Fleisch haben wie auf Brokkoli und Schweine. Denn durch Patente entstehen Eigentums- und Profitansprüche. Und das, was die Menschheit jahrtausendelang vorangebracht hat, dass das Saatgut allen gehörte und die genetischen Ressourcen für alle als Open-Source-Basis der Ernährung zugänglich waren, würde angegriffen. Ich glaube daher, dass Labor-Food insgesamt kein Emanzipationsschritt ist.«

Die Aussicht auf ein dezentrales Clean-Meat-System, das von Idealen und nicht nur kapitalistischen Werten getragen wird, lässt mich hoffen, dass wir nicht auf eine weitere Enteignung im Bereich der Ernährungssouveränität zusteuern, sondern das Gegenteil bewirken. Denn die Akteure des neuen Systems werden von der Vision einer besseren Zukunft angetrieben, so zumindest scheint es. »Die Angst, dass durch die Cellular Agriculture die komplette Landwirtschaft kaputtgeht, ist unbegründet. Wir brauchen immer noch Pflanzen, um beispielsweise die Wachstumsmedien herzustellen. Wir brauchen unsere Bauern. Ihr Tätigkeitsfeld wird sich nur anpassen müssen«, verrät Raffael Wohlgensinger.

Wie das Aufgabenfeld der neuen Bauern im Detail aussehen wird, weiß aber auch er nicht. Diese Themen müssten besprochen werden, im Dialog mit der Politik und Gesellschaft: »Wir sind so weit weg vom Markt, dass es heute noch keinen Sinn macht, mit den Bauern zu sprechen. Aber da werden wir auch einen Dialog führen müssen. Und den wollen wir natürlich auch. Wir wollen das Leben auf diesem Planeten besser machen, auch für die Milchbauern. Es geht insgesamt um ein besseres System, für alle«, verspricht der Clean-Dairy-Experte. Er glaube nicht, dass die Milchindustrie komplett verschwinden wird. Es ginge vor allem um die Massenproduktion. Niemand wolle Massentierhaltung, Hormone und Medikamente und dass es den Tieren nicht gut geht.

Hier sehen wir nur zwei von vielen Stimmen eines neuen Systems, das nicht an die Beseitigung, sondern Transformation der alten Industrie glaubt. Die Mechanismen des Marktes müssen natürlich abgewartet werden. Wir wollen nicht zu blauäugig in eine neue Welt stolpern, die uns im Nachhinein vielleicht, wie Benning befürchtet, verschluckt. Eine Befürchtung, die auch viele Bauern in den Staaten zu teilen scheinen. So verfolgte Mandy Hinzmann in ihrer Analyse »Die Wahrnehmung von In-Vitro-Fleisch in Deutschland« das Ziel, die Debatte rund um Clean Meat zu systematisieren. Dabei wurden neben wissenschaftlichen Abhandlungen Artikel und Blogbeiträge aus der Zeit von Januar 2015 bis Februar 2018 herangezogen. In einem Teil der Abhandlung geht sie auf die Bedenken von Bauern in den Staaten ein. Sie schreibt: Es hat »sich in den Vereinigten Staaten Widerstand von Seiten der Landwirte formiert, die ihre Existenz bedroht sehen.«[134] Grund dafür seien unter anderem die niedrigeren Preise, die durch den Wandel geschaffen werden sollen. Und wie sieht es mit den Bauern jenseits der Staaten aus?

In einem Interview mit der *Neuen Osnabrücker Zeitung* gewährt Bauernpräsident Joachim Rukwied im Kontext vegetarischer Fleischersatzprodukte Einblick: »Wir nehmen diese Entwicklung sehr ernst und beobachten das mit einer gewissen Sorge.«[135] Eine Sorge, die sich auch auf Clean Meat auswirken könnte. Als Folge solcher Sorgen könnte der Vorstoß des Agrarausschusses des EU-Parlaments zur Reglementierung von Bezeichnungen interpretiert werden. Das Ziel: Ein Schnitzel soll künftig auch nur als solches bezeichnet werden, wenn es denn auch aus Fleisch besteht. Die Entwicklung und ihre potenziellen Auswirkungen auf Clean Meat allerdings bleiben abzuwarten. Denn Clean Meat ist genau genommen ja Fleisch. Auch Wissenschaftler und Akteure der Szene beschäftigen sich mit dem Thema Clean Meat und Bauern. Sie fassen den Wandel für die Landwirte und welche Rolle ihnen auf einem Clean-Meat-Markt zukommt ins Auge. Dabei steht unter anderem die Frage danach, was Landwirte über die Idee denken, bei ihnen im Fokus. Auch auf der *New Food Conference* war dies eines der dominierenden Themen. In einer Paneldiskussion am zweiten Tag gewährte eine Gruppe unterschiedlicher Experten Einblick in eine Vision der Zukunft im Talk »But what about the farmers?: How to meet the economic and social challenges of food innovations?«

»Manche Bauern sind enthusiastischer, als man vielleicht annehmen würde«, verrät Dr. Cor van der Weele von der Universität Wageningen. Sie führte bereits Fokusgruppen mit Konsumenten durch. Nun tut sie dasselbe mit Landwirten. In ihrer Forschung konfrontiert sie die Bauern mit unterschiedlichen Szenarien. In einem sind sie Teil der Industrie, selbst Produzenten, in einem anderen sind sie Zulieferer von Rohstoffen. Die vorläufige Erkenntnis: »Manche Landwirte fürchten, Clean Meat zu produzieren sei ein zu industrieller Prozess, den sie auf ihren Höfen nicht durchführen können. Andere würden gerne direkt anfangen. Sie suchen nach Möglichkeiten, sich mit den Konsumenten zu vernetzen.« Van der Weele bezieht sich auf die Hoffnung der Bauern, dass Clean Meat eine Beziehung zum Konsumenten schaffen könnte, die über die Jahre verloren gegangen ist. Es schafft die Möglichkeit, eine authentische Geschichte rund um die neue Industrie zu erzählen, und würde Technologie mit Authentizität verbinden. Clean Meat könnte also mehr Chance als Bedrohung sein. Eine Chance, dort anzuknüpfen, wo die Industrie die Verbindung zum Bauern gekappt hat. Und das ist wichtig. Denn »viele Landwirte erleben derzeit eine starke Phase der Ungewissheit. Sie fühlen sich unsicher. Manche geben der Gesellschaft und den Konsumenten die Schuld, die nicht den angemessenen Preis für das Fleisch bezahlen wollen. Andere wiederum sind neugierig«, weiß van der Weele.

Was erreicht werden muss, ist eine Verbindung der landwirtschaftlichen Prozesse zu den technologischen Entwicklungen. Für Illtud Llyr Dunsford, *Agricultural Consultant* und CEO der *Cellular Agriculture Ltd*, ein natürlicher Prozess: »Für uns als Landwirte war es schon immer wichtig, uns mit technologischen Entwicklungen auseinanderzusetzen und sie für unsere Zwecke einzusetzen. Ich muss als Bauer herausfinden, was ich mit meinen Ressourcen produzieren kann.« Das ist wichtiger denn je. Denn nicht nur technologische Innovationen und Entfernung zur Gesellschaft beschäftigen die Branche. Sie schrumpft zudem. Die nächste Generation an Landwirten, die bestehende Höfe übernehmen, ist zunehmend schwieriger zu bilden, weiß Dr. Hanna Tuomisto. Denn die jungen Menschen interessieren sich immer weniger für die traditionelle Landwirtschaft. Sie sieht im neuen System Potenziale, das zu ändern. Hier würden den Bauern viele Möglichkeiten offenstehen: »Es wird den Bedarf an landwirtschaftlichen Produkten für das Wachstumsmedium geben. Aber auch die Produktion von Cultured Meat könnte über Landwirte erfolgen. Es gibt heute schon Höfe mit Bioreaktoren für Biogas. Darauf müssen wir aufbauen und Bauern darauf vorbereiten, als Clean-Meat-Produzenten in das Feld einzusteigen.«

Ein Szenario, das auch David Kay, *Senior Manager of Communications & Operations* bei *Memphis Meats*, für denkbar hält: »Wir bei *Memphis Meats* glauben nicht, dass Cell-Based Meat die Viehhaltung komplett ablösen wird. Denn die Nachfrage nach Fleisch steigt rasant. Cell-Based Meat wird wahrscheinlich in einem »und«-, nicht »oder«-Szenario existieren. Es ist ein Tool in einem Toolkit multipler Fleischproduktionsmethoden.« Auch er sieht diverse Felder des Systems, das Landwirte künftig besetzen könnten. Ob als Zulieferer von Ressourcen für den Produktionsprozess oder durch die Leitung von Produktionsstätten, das Start-up blickt positiv in die Zukunft.

Doch wie sieht es mit dem tatsächlichen Interesse der Bauern an einem Wandel aus? Noch liegen dazu nicht viele Erkenntnisse vor. Van der Weele allerdings gibt Einblick in ihre derzeitige Forschung und verrät, dass viele Bauern noch skeptisch seien. Anderseits glaubt sie, dass es nur ein paar Pioniere brauche, um die Transformation anzustoßen. »Manche Landwirte wollen den Kontakt zu den Start-ups. Sie wollen wissen, wie sie anfangen sollen. Auch die Futtermittelindustrie zeigt Interesse daran, wie sie Teil des Systems werden kann«, weiß die Expertin. Wir dürfen uns auf weitere Ergebnisse von ihr und anderen Forschern freuen. So erzählt Tuomisto, dass es auch in Finnland Meinungsumfragen mit Landwirten zum Thema Cell-Ag geben wird. Dabei glaubt sie an die Offenheit der finnischen Landwirte: »In Finnland ist es aufgrund des Klimas nicht sehr profitabel, Landwirtschaft zu betreiben. Die Ernteerträge sind niedrig. Die Bauern sind also grundsätzlich an technologischen Entwicklungen und Alternativen interessiert.« Auch die Regierung Finnlands sei für landwirtschaftliche Innovationen offen. Es würde bereits sehr viel geforscht. Ein Indikator für die Offenheit sei zudem, dass einige ehemalige Viehhalter bereits auf die Insektenzucht umgestiegen sind. Es muss eben nur ein Schritt nach dem anderen gemacht werden, so wie wir es historisch immer getan haben. »Wenn wir uns die Vergangenheit anschauen, begreifen wir, dass unsere Industrie auf Innovationen aufgebaut wurde. Aus diesen Innovationen ist mit der Zeit Tradition geworden. Schon die Landwirtschaft als solche ist ein Produkt der Menschen und nicht der Natur. Heute empfinden wir sie als normal«, erklärt Dunsford. Eine Normalität, die derzeit infrage gestellt werden muss. Dabei – und das betont Dunsford – sei Clean Meat keine Bedrohung, sondern eine Chance, die genutzt werden muss. Er weiß: »Es geht nicht um Entfremdung, sondern um Inklusion.«

Entfremdung

»Je weiter sich eine Gesellschaft intellektuell entwickelt, desto schwerer kann sie die Widersprüche in ihrem Verhältnis zu Tieren aushalten.«   Birgit Pfau-Effinger

Entfremdung ist nicht nur im Zusammenspiel Landwirtschaft, Bauern, Technologie und Gesellschaft ein Schlagwort. Sondern selbstverständlich auch im Zusammenhang mit der Fleischindustrie und unserem Verhältnis zum Tier. Ein Verhältnis, das sehr ambivalent erscheint. Ich zum Beispiel hatte sie alle: Katzen, Hunde, Fische, Mäuse, Wüstenrennmäuse, Hamster, Kaninchen, Meerschweinchen... Natürlich nicht alle auf einmal (meine arme Mutter). Mein Verhältnis zu Tieren war gut. Sie gehörten zu meinem Leben. Ob auf dem Feld, im Heim – oder im Bauch. Paradoxerweise habe ich mir damals keine allzu großen Gedanken über Letzteres gemacht. Während ich heute in der Großstadt, weit weg von Haustieren, Feldern und Wäldern – weit weg also vom Tier –, mehr denn je mit meinem tierischen Konsum konfrontiert werde. Rückt das Wohlergehen von Tieren wieder in den Fokus? Und rücken wir wieder näher mit der Natur zusammen?
Entfremdung scheint am Werk. Und obwohl das so ist, ist uns das Interesse am Tier im Allgemeinen in die Wiege gelegt. In einem Interview der Zeitschrift *GEO* mit dem Verhaltensbio-

logen Dr. Kurt Kotrschal heißt es, der Mensch verfüge über eine »Biophilie«[136], also über die Liebe zum Lebendigen. Kotrschal beschreibt, dass »alle gesunden Kleinkinder dieser Welt höchst tierfreundlich [sind] – je jünger, desto intensiver, und zwar unabhängig von Kultur und Einstellung der Eltern.« Später dann würden wir so etwas wie Lieblingstiere entwickeln und uns ein Faktenwissen aneignen, das uns »ein umfassenderes Verständnis von Tieren als Teil der Ökosysteme herausbilden« lässt. Auch bei mir haben Haustiere in der Kindheit eine wichtige Rolle gespielt. Sind Tiere, die wir verspeisen, für uns also keine Tiere? Ist Fleisch bloßes Nahrungsmittel und Produkt? Und woher stammt die Diskrepanz zwischen natürlich angelegter Biophilie und dem Ausblenden der Verhältnisse in der Massentierhaltung?

Während wir früher in der natürlichen Umgebung der Beute dem Tier das Leben aushauchten, braucht es heute nicht mehr als den Gang in den Supermarkt. Ein weiteres Zeugnis der Entfremdung: Mortadella, Salami oder Schinken haben reichlich wenig gemein mit einem echten Tier. Und so fällt es leicht, die Wurst in den Einkaufswagen und das Gewissen ad acta zu legen. Oder hören wir sie doch, die Stimme der Vernunft, wenn wir morgens, mittags und abends der Lust nach Fleisch nachgeben? Schon Plutarch fragte, »Darf man Tiere essen?«, Richard David Precht schreibt in »Tiere denken« über Rechte und Grenzen, und Andreas Möller plädiert in »Zwischen Bullerbü und Tierfabrik« für einen anderen Blick auf die Landwirtschaft. Eines wird bei der Lektüre um die Fragen nach Ethik und Recht schnell klar: Das Tier als solches genießt den Status eines Wesens mit Verstand.

Würde uns das Bewusstsein über die Intelligenz eines Wesens davon abbringen, es so zu behandeln, wie wir es tun? Wahrscheinlich nicht. In dem Dialog »Land- oder Wassertiere – wer ist klüger?« diskutiert Plutarch das Vorhandensein von Denkvermögen in Wesen mit Sinnesempfindungen.[137] Er geht darauf ein, dass die Sinne von Tieren immer wieder vom Menschen angesprochen würden – zum Beispiel beim Anlocken über Töne. Die Reaktionen der Tiere allerdings bringt der Mensch nicht wirklich mit den Sinneswahrnehmungen, die dem Tier etwas Bewusstes verleihen, es vielleicht menschenähnlich werden lassen, in Verbindung. Wir verschließen uns also vor dem Beweis des Bewusstseins und Lebens. Plutarch beschreibt dies folgendermaßen: Viele behaupteten, »[…] die Tiere würden nicht sehen noch hören, sondern nur sozusagen sehen und hören, […] und sie würden überhaupt nicht leben, sondern nur sozusagen.« Im weiteren Dialog aber heißt es: »Die Tiere streben nicht nach der Tugend, die doch Ziel und Zweck der Vernunft ist, machen auch keinen Fortschritt darin, noch bemühen sie sich darum.«[138] Ob denn nun alles, was der vernünftige Mensch macht, mit dem Streben nach Tugend in Verbindung steht, wage ich zu bezweifeln. Denn als Tugend im Sinne einer positiven Eigenschaft kann das System, das wir aufgebaut haben, nun wirklich nicht bezeichnet werden. Auch gibt es etliche Beispiele dafür, dass das Bewusstsein für Denkvermögen und Sinnesempfindungen bei »Anderen« rein gar nichts damit zu tun hat, wie wir sie behandeln.

Eines steht bei Betrachtung des Tierdiskurses fest: Der Dialog über die Rechte von Tieren, die Grausamkeit der Art, wie wir sie schlachten, und die Frage, ob wir Tiere essen sollen, ist alt und wurde nie beendet. Das antike Gespräch darüber, was Mensch und Tier unterscheidet und was eben nicht, könnte ebenso in anderer Form in der Öffentlichkeit der Gegenwart stattfinden. Der Intellekt oder Verstand scheint dabei nicht nur als Eigenschaft der Tiere eine Rolle zu spielen. In einem Artikel der Welt beschreibt Birgit Pfau-Effinger, Wissenschaftliche Koordinatorin der *Group for Society and Animals Studies*, den Zusammenhang wie folgt: »Je weiter sich eine Gesellschaft intellektuell entwickelt, desto schwerer kann sie die Widersprüche in ihrem Verhältnis zu Tieren aushalten.«[139] Inwieweit wir uns im letzten Jahrhundert intellektuell entwickelt haben, will ich nicht beurteilen, auch fehlt es mir an Zahlen zum Vergleich. Dem *Ernährungsreport* des *BMEL* zumindest kann entnommen werden, dass es 70 Prozent der Befragten wichtig ist, dass Tiere artgerecht gehalten werden. 50 Prozent würden bis zu fünf Euro mehr pro Kilo für Fleisch in Kauf nehmen, das besonders tierfreundlich produziert wurde. Acht Prozent würden sogar mehr als zehn Euro Aufpreis zahlen. Insgesamt würden laut *Fleischatlas* »88 Prozent der Deutschen mehr Geld für Fleisch ausgeben, wenn dies die Umwelt schont und es den Nutztieren wie Schweinen und Hühnern besser gehen würde.« Ob entfremdet oder nicht: Hier scheint letztendlich also der Markt gefragt zu sein, oder?

Nun steht zur Diskussion, ob Clean Meat den Prozess der Entfremdung, der durch die industrielle Fleischproduktion in Gang gesetzt worden scheint, noch weitertreibt. Ob das Loslösen des Fleisches vom Tod und Körper des Tieres und die Übertragung ins Labor zu einer noch gravierenderen Distanz führt. Es gibt zwei Argumente, die für mich dagegensprechen. Zum einen ist es ein hauptsächlicher Treiber des neuen Systems, den Tieren ein besseres Leben zu ermöglichen. Das heißt, hier besteht initial schon ein Bewusstsein für die Existenz und den Wert des Lebewesens. Selbst wenn der Endverbraucher irgendwann nicht mehr damit konfrontiert wird und Clean Meat zum Mainstream wird, bleibt die Basis: Tierwohl. Außerdem: Wo besteht derzeit die Verbindung zum Tier? Wenn ich mir ein Schnitzel kaufe, dann doch nicht ein Teil eines Schweins oder Kalbs. Das ist heute bereits nicht so. Ich kaufe mir eine Mahlzeit. Für mich bedeutet das, dass Clean Meat sich viel mehr auch unserer Wahrnehmung und dem Verhältnis zum Produkt anpasst. Womit wir beim zweiten

Punkt angekommen wären. Clean Meat könnte auch der erste Schritt dahin sein, das Tier wieder als solches und nicht als Nahrung wahrzunehmen. Das eine ist ein im Labor oder irgendwann vielleicht in der Brauanlage hergestelltes Produkt. Das andere ist ein Lebewesen, das auf Weiden sein Leben lebt. Es ist nicht zuletzt davon auszugehen, dass das neue Fleischsystem nicht nur aus Clean Meat und pflanzlichen Alternativen bestehen wird, sondern weiterhin auch ein Teil unserer tierischen Proteine über Biohöfe zugeliefert wird. Weitere tierfreundliche Methoden werden sich stärker am Markt positionieren. So sehen wir heute bereits Ansätze wie das Schweine- und Kuh-Leasing. Im *Fleischatlas* steht dazu: »Die Kundschaft zahlt nicht für ein bestimmtes Stück Fleisch, sondern finanziert mit regelmäßigen Beiträgen die Aufzucht eines Ferkels oder Kalbs. Dafür gibt es das ganze geschlachtete und verarbeitete Tier oder einen Teil davon. Die Abnehmerinnen und Abnehmer entscheiden mit, wann es geschlachtet und zu welchen Endprodukten es verarbeitet wird. So bauen sie eine Beziehung zum Tier und zum Hof auf.«[140]

Hier wird eine ganz bewusste Beziehung zu dem Tier etabliert, das hinterher verspeist wird. Ein weiteres Konzept ist das des »Crowdbutchering«. Es ermöglicht den Landwirten, ein Tier erst dann zu schlachten, wenn alle Fleischteile verkauft sind. Hierdurch sichert sich der Betrieb nicht nur die Abnahme des Fleisches, bevor es zur Schlachtung kommt, sondern auch einen bestimmten Preis.[141] Der Markt zeigt bereits, was möglich ist, um einen anderen Umgang mit dem Tier zu etablieren. Die Revolution könnte also insgesamt dazu führen, dass wir wieder ein Stück weit näher an das Lebewesen Tier heranrücken und nicht davon weg. Natürlich handelt es sich hierbei nur um eine These, die es zu prüfen gilt. Denken wir dann noch an die vielen kleinsten Tiere, die von dem Wandel, wie wir mit Wiesen und Wäldern umgehen, profitieren – an all

jene Insekten, die ihren Lebensraum zurückerobern könnten –, dann sehe ich hier durchaus die Chance für eine Trend-
wende und nicht wie befürchtet eine verstärkte Entfremdung.

Vision oder Fiktion?

*»Clean Meat ist künstlich, pervers, eklig, eine abschreckende Idee
und nicht tierwürdig.«*   Stimmen von Clean-Meat-Skeptikern

Ich bin mittlerweile überzeugt: Clean Meat und die Cell-Ag
werden kommen. Und ich persönlich freue mich auf den Tag,
an dem ich in einem Pop-up-Store in Berlin endlich die
Chance erhalte, ein Stück des sagenumwobenen sauberen Fleisches zwischen die Zähne zu bekommen. Bisher ist mir das
auch nach mehrfacher Rückfrage bei Produzenten leider nicht
gelungen. Die Frage ist, wann wir diese Pop-up-Stores das
erste Mal erblicken werden und wie schnell der Wandel vollzo-
gen werden kann. Denn obwohl die Cell-Ag fleißig an der
Etablierung des neuen Systems arbeitet, gibt es neben den
zahlreichen Befürwortern und neugierigen Fleischessern da
draußen mindestens genauso viele Skeptiker, wenn nicht
sogar mehr. Allen voran viele Menschen, die für ein neues
System mit Namen »Bio« und »Vegan« stehen, sehen in In-
vitro eine schöne neue Welt à la Huxley. Zumindest meine
kleine Umfrage auf einschlägigen Events zeigt diese Tendenz.
Die Zeit meiner Recherchen habe ich nicht nur genutzt, um
mit Experten zu sprechen und mich von der Atmosphäre der
verschiedenen Veranstaltungen inspirieren zu lassen, sondern
auch dafür, eigene Erkenntnisse zu sammeln. Neben qualitati-

ven Gesprächen habe ich deshalb eine kleine – natürlich nicht repräsentative – Befragung vorgenommen. Insgesamt 66 Personen haben verraten, ob sie Clean Meat essen würden und weshalb.

Von 48 befragten Personen vor und während der *Wir haben es satt*-Demo waren rund die Hälfte Veganer oder Vegetarier, die andere Hälfte Fleischesser. Insgesamt haben rund 73 Prozent dieser Befragten angegeben, dass sie Clean Meat nicht essen würden. 46 Prozent davon waren Fleischesser. Die angegebenen Gründe variieren und reichen von Bedenken zu fehlender Kontrolle über fehlendes Verständnis und Wissen zu den Vorgängen und der Rolle von Fleisch für unsere Kultur bis dahin, dass es unnatürlich sei. Letzterer Grund wurde von rund der Hälfte der befragten Fleisch essenden Clean-Meat-Skeptiker angegeben. Fehlende Informationen über die Industrie gehörten für ein Viertel dieser Kategorie zu den Gründen, sich gegen Clean Meat auszusprechen. Nicht zuletzt Ekel war unter den Gründen zu finden.

Unter den Veganern und Vegetariern haben fünf Personen angegeben, dass sie Clean Meat probieren würden. Das entspricht rund 13 Prozent. Immerhin. Neugier und eine Abkehr vom System aufgrund von Nachhaltigkeits- und Tierschutzaspekten hat diese sich sonst gegen den Konsum von Fleisch aussprechenden Personen dazu gebracht, sich in diesem Fall dafür zu entscheiden.

Und was ist mit den Gästen der *Farm & Food 4.0*, während der ich nicht nur interessante Interviews und Gespräche führen durfte, sondern auch auf noch mehr Menschen aus der Landwirtschaft treffen konnte? Von den 18 Personen, die bereit waren, meine Fragen zu beantworten, war lediglich eine Veganerin. Alle anderen haben angegeben, Fleisch zu essen. Rund 22 Prozent der Fleischesser dieser Gruppe würden Clean Meat nicht probieren. Die Gründe reichten von der Angabe, dass es genug richtiges Fleisch gäbe, bis hin zur bereits erwähnten Unnatürlichkeit. Bei den Personen, die offen für ein Testessen wären, scheint die Neugier der ausschlaggebende Grund dafür zu sein, sich der Geschmacksprobe zu unterziehen. Zugegeben, meine nur kleine Umfrage kann nichts weiter sein als das Einfangen einer Stimmung. Dabei gibt es Experten, die an anderer Stelle derselben Frage nachgehen. Wie beispielsweise Mandy Hinzmann. In einer Arbeit untersucht die Autorin die Diskurse in den deutschen Medien. Sie beobachtet dort »[...] das grundlegende Problemverständnis von einer hohen Umwelt- und Klimabelastung, die durch das derzeitige Ausmaß von Fleischkonsum und -produktion hervorgerufen wird und die sich angesichts einer weltweit weiter ansteigenden Nachfrage nach Fleisch zu verschärfen droht.«[142] Die Themen, die wir bereits in Teil I beleuchtet haben, finden also auch im öffentlichen Diskurs ihre Besprechung im Kontext Clean Meat. Die Analyse Hinzmanns zeigt zum einen, dass ein Diskurs über den Wandel auch in den deutschen Medien stattfindet, wenn er auch noch nicht als solcher bezeichnet und erkannt wird. Zum anderen sehen wir hier einen weiteren Indikator für die steigende Relevanz des Themas. Je mehr Institutionen sich damit auseinandersetzen, desto höher, so könnte man annehmen, ist die Dringlichkeit des Themas. Gleichzeitig wird Aufmerksamkeit geschaffen. Aufmerksamkeit, die die Wahrnehmung der Öffentlichkeit beeinflusst. Doch was sagt denn nun der Konsument, dessen Aufmerksamkeit durch den Diskurs der Medien gewonnen wird?

Bei einer Umfrage unter 1000 Personen durch die *Bundesvereinigung der deutschen Ernährungsindustrie e. V.* mit der Meinungs- und Marktforschungs-App *Appino* wurde festgestellt, dass 21 Prozent der Befragten sich vorstellen können, in zehn Jahren In-vitro-Fleisch zu essen, um Ressourcen zu schonen.[143] Inge Böhm, Arianna Ferrari und Silvia Woll haben zudem im

Rahmen ihrer Arbeit für das vom *Bundesministerium für Bildung und Forschung* geförderte Projekt »Visionen von In-vitro-Fleisch (VIF) – Analyse der technischen und gesamtgesellschaftlichen Aspekte und Visionen von In-vitro-Fleisch« Fokusgruppen und eine Bürgerjury zum Thema durchgeführt. In der zum Projekt veröffentlichten Broschüre werden die Ergebnisse kurz zusammengefasst. Es konnte festgestellt werden, dass das Tierwohl insgesamt eine große Rolle für den Konsumenten spielt. Deshalb war die Frage danach, ob das Tier durch die Biopsie dauerhaft gequält werden könnte, ein zentraler Diskussionsfaktor.[144] Neben den als positiv bewerteten Effekten, die Clean Meat auf die Umwelt haben könnte, wurden auch Bedenken geäußert, dass ein Wandel auch zu noch mehr Fleischkonsum führen könnte. Des Weiteren wird zusammengefasst: »Die Teilnehmenden der Bürgerjury waren sich darüber einig, dass eine Reduktion des Fleischkonsums sowie eine Förderung von pflanzlichen Alternativen und ökologischer Landwirtschaft die beste und einfachste Lösung darstellt. Insgesamt realistischer erscheint ihnen jedoch In-vitro-Fleisch.«[145]

Die Ergebnisse der verschiedenen Untersuchungen scheinen ambivalent. Ob wir wirklich bereit sind für den Markt, lässt sich noch nicht wirklich sagen. Wagen wir also den Blick auf die Untersuchungsergebnisse internationaler »Kollegen«.

Verbraucherakzeptanz

»Ich vermisse es, Fleisch zu essen.«   Chris Bryant

Chris Bryant ist ein junger, aufstrebender Wissenschaftler der Clean-Meat-Szene. Als Doktorand der Psychologie an der University of Bath beschäftigt er sich schon seit fast drei Jahren

171

mit dem Thema Clean Meat und dessen Akzeptanz. »Früher war ich ein überzeugter Fleischesser. Fleisch gehörte für mich zu jeder Mahlzeit dazu. Während einer Philosophievorlesung in meinem Studium saß ich auf einmal in einem Vortrag, bei dem es darum ging, ob man Vegetarier sein sollte«, erinnert sich Bryant. Seither gehört seine Karriere des Fleischessens der Vergangenheit an. Für den plötzlichen Wandel hatten die Menschen in seiner engsten Umgebung zunächst kein Verständnis. Von seiner Familie wurde er aufgezogen, besonders von seiner Schwester, erzählt der junge Wissenschaftler: »Eines Tages hatte sie von dem Post-Burger gehört und testete mich. Meine Antwort auf die Frage, ob ich das Fleisch probieren würde, war natürlich Ja. Ich vermisse es, Fleisch zu essen.«

Damals hörte Bryant das erste Mal vom sagenumwobenen In-vitro-Fleisch. Der Startschuss für sein wissenschaftliches Interesse an der Idee war gefallen. Er war gerade dabei, seinen Master in Policy Research zu machen. Seine Tätigkeit als Doktorand verbringt er nun mit dem Thema Verbraucherakzeptanz von Clean Meat und mit der Suche nach einer Antwort darauf, wie die Nachfrage nach konventionellem Fleisch ersetzt werden kann. In diesem Kontext ist er auch Teil der *CAS* geworden, wo er als *Director of Social Science* tätig ist.

In Belgien und den Niederlanden wurde zwar bereits zur Verbraucherakzeptanz geforscht, Bryant aber ist der Erste, der seinen Doktor zu diesem Thema macht. Er hat sich während seiner Arbeit mit unterschiedlichsten Studien, hauptsächlich mit Experimenten beschäftigt. Vor allem die sozialen Experimente aber haben es ihm angetan. In diesen hat der Wissenschaftler zum Beispiel unterschiedliche Aussagen zu Clean Meat an Gruppen von Probanden gegeben und untersucht, bei welchen Aussagen die meisten Personen bereit sind, es zu essen. »Ein Beispiel für ein solches Experiment ist der Test der Bezeichnung. Es gibt eine Vielzahl an Begriffen wie ›Cultured Meat‹,

›Cell-Based Meat‹, ›Clean Meat‹ oder ›In-vitro Meat‹. Mithilfe der Versuche können wir herausfinden, welcher Begriff für die Konsumenten am attraktivsten ist«, erklärt Bryant. Auch das *Good Food Institute*, eine in den Staaten sitzende Non-Profit-Organisation zur Förderung von Clean Meat und pflanzenbasierten Produkten, hat sich intensiv mit dem Thema der Bezeichnung befasst. Sie waren die Vorreiter für den Begriff »Clean Meat«. Vorher wurde laut Experten vorwiegend auf den Begriff »Cultured Meat« gesetzt. Aber auch der Begriff »Clean Meat« hat seither an Attraktivität verloren: »›Clean‹ ist als Bezeichnung nicht akkurat, wenn es darum geht, zu beschreiben, was Clean Meat ist. Und was noch viel wichtiger ist, Unternehmen des Felds müssen vorsichtig damit sein, denn sie könnten konventionellen Fleischproduzenten damit vielleicht auf die Füße treten«, weiß Bryant.

Ein wichtiger Faktor, denn die heutigen Fleischproduzenten sind potenzielle Investoren von morgen. Die Branche muss sie auf ihrer Seite wissen. »Fleischverarbeiter brauchen Fleisch, egal woher es kommt. Als ich mich initial mit dem Feld beschäftigt habe, dachte ich, die wichtigsten Stakeholder wären die Landwirte. Tatsächlich aber liegt die größte Macht bei den Verarbeitern. Vor allem in den Staaten«, erklärt Bryant. Dort habe man beispielsweise Cargill und Tyson, beides Investoren von *Memphis Meats*, von der Idee überzeugen können. »Hier sehen wir die Tendenz, dass die Unternehmen, die den Markt dominieren, eher Teil der Disruption sein wollen als Opfer derer«, weiß Bryant.

Clean Meat als Bezeichnung für eine neue Industrie, zu der auch die im Umkehrschluss »dreckige« Industrie als Teil dazugehört, geht irgendwie nicht. Auch die Bezeichnung »Cell-Based Meat« ist laut Bryant aus Verbrauchersicht nicht ideal, da es die Aufmerksamkeit auf die wissenschaftliche Komponente des Produktes lenkt. »In einer neuen Studie des *Good*

Food Institute hat »Cell Based« schlechtere Ergebnisse in der Attraktivität für den Verbraucher als »Clean Meat« oder »Slaughter Free Meat« gezeigt. Letzteres hat sehr gute Ergebnisse erzielt«, verrät der Experte. Bei der erneuten Untersuchung des *Good Food Institute* zur Attraktivität von Bezeichnungen unter Verbrauchern im Jahr 2018 wurden in einer letzten Phase »Slaughter Free Meat«, »Craft Meat«, »Clean Meat«, »Cultured Meat« und »Cell-Based Meat« experimentell untersucht. Dabei schlossen »Slaughter Free Meat« als Bestes und »Cell-Based Meat« als Schlechtestes ab.[146]

Auf die Frage, ob Bryant in der öffentlichen Wahrnehmung in den rund drei Jahren seiner Forschung bereits eine Veränderung feststellen konnte, reagiert er mit Zurückhaltung: »Es gibt zahlreiche unterschiedliche Untersuchungen mit unterschiedlichen Samples. Noch haben wir keine Langzeitstudie durchgeführt, in der wir jedes Jahr dieselben Dinge abfragen.« Dennoch gebe es ein paar gute Gründe dafür, anzunehmen, dass die Akzeptanz zunehmen wird. Eines der wichtigsten Ergebnisse ist für Bryant, dass über alle Studien hinweg, die ihm bisher begegnet sind, die Offenheit für das Produkt größer wird, je vertrauter den Probanden das Konzept ist. Bryant führt dazu aus: »Das ist auf den Mere-Exposure-Effect zurückzuführen, der besagt, dass Menschen Dingen gegenüber, mit denen sie mehr vertraut sind, auch eine positivere Einstellung zeigen.« Wenn man zum ersten Mal von Clean Meat höre, sei die Wahrscheinlichkeit hoch, dass man überrascht und angeekelt ist. Diese Reaktion konnte Bryant in Fokusgruppen beobachten, so wie ich auch in meiner Umfrage. Erst seien die Probanden abgeschreckt, am Ende der Diskussion, wenn die Vorteile besprochen wurden und in die Gedankenwelt eingesackt sind, würden sich die Menschen aber für die Idee öffnen.

»Natürlichkeit ist in diesem Kontext ein Schlüsselelement.

Manche Menschen haben eine ganz genaue Vorstellung darüber, dass Natürlichkeit gut ist und alles, was sie als unnatürlich empfinden, schlecht. Das wird als Naturalistischer Fehlschluss bezeichnet«, erklärt Bryant. Dabei geht es um wertende Verallgemeinerungen, die auf Grundlage der Beschaffenheit beziehungsweise der Natur von etwas gemacht werden. Wenn etwas natürlich ist, sei es auch gleichzeitig gut.[147] Bei medizinischen Produkten, so der Experte, sei es allerdings beispielsweise umgekehrt, sie würden als unnatürlich und gut bewertet. So eine Umkehrung gelte andersherum auch für natürliche Phänomene wie Naturkatastrophen. »Diese Konnotation der Natürlichkeit ist Treiber für die Vorstellung, dass das Produkt nicht sicher sei«, erklärt Bryant. Ganz im Gegenteil aber könne Clean Meat viele Vorteile im Bereich der Sicherheit schaffen, man hätte beispielsweise nicht die Bakterien und den Einsatz von Antibiotika.

Alles also vielleicht nur eine Frage der Kommunikation? Aber was genau muss der Öffentlichkeit erzählt werden? Durch die Kommunikation von Gesundheitsvorteilen konnte in einer der Studien, die Bryant nach unserem Gespräch in einem Vortrag vorgestellt hat, ein positiver Effekt erzielt werden. Insgesamt wurde darüber eine Steigerung der Anzahl der Probanden, die Clean Meat essen würden, um rund sechs Prozent geschaffen. Auch die Kommunikation von Umwelteffekten zeigte einen positiven Einfluss von rund drei Prozent Steigerung.

Zu den Hürden der Akzeptanz zählt laut Bryant, dass »viele Menschen die Berichte über den Post-Burger gelesen haben, der natürlich angesichts des hohen Preises schwierig zu verkaufen wäre.« Andere Probanden zeigten Ängste, dass das Fleisch nicht so gut schmecken oder die Textur – also die fühlbare Beschaffenheit – nicht stimmen könnte. Und nicht zuletzt zeigen sich in den Studien Bedenken zur Sicherheit und Natürlichkeit von Clean Meat. Wobei die größte Angst davor besteht, dass Chemikalien oder andere Inhaltsstoffe im Fleisch enthalten sein könnten.

Ein weiterer wichtiger Faktor in der öffentlichen Wahrnehmung und Akzeptanz, so Bryant, ist das Bild, das in der Forschung und bei den Zielen der Forschung in der Öffentlichkeit gemalt wird:»Derzeit sehen wir in den Medien, dass Clean Meat sehr stark als Hightech-Produkt kommuniziert wird. Auch die Bilder setzen das Labor in den Fokus. Das ist für die Etablierung der Verbraucherakzeptanz nicht sehr hilfreich.« Die Kommunikation sollte weg vom Prozess und hin zum Produkt gehen. Laut des Experten konnte eine eigene Studie aufzeigen, dass die Akzeptanz steigt, wenn die Kommunikation sich auf die Vorteile sowie die Beschaffenheit des Produktes konzentriert (dasselbe Fleisch wie das konventionelle). Dahin müsse die Reise nun gehen. Denn ein zu großer Fokus auf die Details des Herstellungsprozesses sei nicht förderlich. Schließlich, und das wissen wir ja nun, will keiner den Prozess der Herstellung unserer jetzigen Fleischprodukte sehen, warum also den Fokus bei Clean Meat darauf legen?

Sobald der Prozess skalierbar sei und man aus dem Labor in die»Braustuben« gehen könnte, würde sich die Wahrnehmung laut Bryant aber sowieso verändern. Vielleicht haben wir in nicht allzu ferner Zukunft alle neben unserer Mikrowelle eine Art Minibraukessel für Fleisch stehen. Wie genau das Bild der Herstellungszukunft für Clean Meat aussieht, stehe aber noch nicht fest. Denn die Unternehmen würden an unterschiedlichen Ansätzen arbeiten, erzählt der Experte.

Bis es so weit ist, gibt es noch viel über die verschiedenen Märkte und ihre Charakteristika zu lernen. In ihrer aktuellsten Studie haben Bryant und sein Team eine Untersuchung zur Akzeptanz von sowohl zellen- als auch pflanzenbasiertem Fleisch in den Staaten, Indien und China durchgeführt.[148] Dabei konnten sie eine weitaus größere Akzeptanz in Indien und China feststellen. Jeweils rund 60 Prozent der Befragten gaben dort an, dass sie Clean Meat essen würden. Eine Entwicklung, die eine Chance für Clean Meat bedeutet und vor dem Hintergrund der prognostizierten Einkommensentwicklung dieser Länder besonders wichtig ist: »Die Menschen dort werden reicher und können mehr Fleisch essen, wenn wir hier nicht mit einem nachhaltigen Ansatz herangehen, könnte sich daraus ein großes Problem ergeben«, weiß Bryant.

2005 gab es zudem eine Studie der Europäischen Kommission zur Akzeptanz in Europa. »Überraschenderweise zeigten Italien und Spanien die größte Offenheit für das Konzept«, beschreibt Bryant die Ergebnisse. Überraschend, weil er angenommen hätte, dass diese Länder viel eher als andere Tradition in ihrer Fleischproduktion schätzen würden. Bei einem Vergleich der Akzeptanz zwischen den Staaten und dem Vereinigten Königreich konnte aufgezeigt werden, dass in den Staaten doppelt so viele Menschen Clean Meat essen würden. Auch auf die Frage, wer die Early Adopter, also die Menschen sein werden, die das Fleisch als Erste essen, kann Bryant bereits durch seine Übersicht der Studien einen groben Überblick verschaffen. Denn es zeigen sich unter anderem demografische Trends: Städter würden Clean Meat beispielsweise eher essen als Menschen vom Land. Der Trend zur Urbanisierung könnte Clean Meat also langfristig in die Tasche spielen und eine Generation an Konsumenten schaffen, die offener sind für das Produkt. Auch konnte festgestellt werden, dass Männer eher geneigt sind, das Fleisch aus dem Labor zu essen, als Frauen. »Ein Ziel der Gemeinschaft muss es deshalb im Bereich des Marketings sein, Frauen von Clean Meat zu überzeugen. Denn die Einkaufsentscheidungen werden zu einem Großteil von Frauen getätigt«, weiß der Experte. Neben dem Geschlecht spielt auch das Alter eine Rolle. Die vorgestellten Studien zeigen, dass jüngere Menschen dem Thema offener gegenüberstehen als Ältere. Nicht zuletzt ein Aspekt ist für den jungen Wissenschaftler besonders relevant: »Interessanterweise sehen wir unter den Fleischessern eine höhere Akzeptanz als unter den Vegetariern. Die Gruppe der Fleischesser macht 95 Prozent des Marktes aus. Es ist genau die Zielgruppe, die die Industrie erreichen will. Diejenige, die Ursache der durch den Fleischkonsum verursachten Probleme ist.«

Die Ergebnisse der Studien lassen Vermutungen zu, dass das neue System tatsächlich eine Chance hat zu überleben. Dabei muss die Gemeinschaft aber verschiedenste psychologische Hürden überwinden. Eine dieser Hürden und ein aus Sicht der Sozialpsychologie wichtiger Faktor liegt in der kognitiven Dissonanz: »Viele Verbraucher haben ein sehr gutes Verhältnis zu Tieren und essen trotzdem Fleisch. Es ist schwer, sein Verhalten zu ändern. Statt das zu tun, ändern die Menschen lieber ihre Überzeugungen«, weiß Bryant. In einem Experiment haben sie der einen Gruppe Nüsse, der anderen Beef Jerky zu essen gegeben. Die Gruppe, die zuvor das Jerky bekam, bewertete die Fähigkeit von Tieren, Moral und Gefühle zu empfinden, als geringer ein. »Wir denken, dass unser Verhalten ein Ausdruck unserer Überzeugungen ist, und nehmen nicht wirklich wahr, dass unsere Überzeugungen auch das Resultat unseres Verhaltens sind«, erklärt Bryant. Dieser Kreislauf könne im Bereich des Fleisches durch Clean Meat gebrochen werden, hofft der Experte. Die Relevanz dieses Prozesses ist so groß, weil damit die Grundlage geschaffen werden könne, das Essen von Fleisch von dem großen Thema »Tiere« ein Stück weit zu lösen. Nicht zuletzt aufgrund solcher Potenziale ist die Förderung von Clean Meat für Bryant zur persönlichen Mission geworden.

Ernährung und Identität

»Ernährung ist ein hoch emotionales Thema, dem man nur bedingt rational begegnen kann.« Hanni Rützler

Wenn wir über die Revolution unserer Ernährungsweise reden und darüber, einen echten Wandel anzustoßen, dann immer auch über ein verändertes Denken. Doch sind Clean Meat und die erblühende Industrie tatsächlich ein Indikator dafür, dass wir den nächsten Bruch in der Geschichte unserer Ernährung und in unserem Denken erleben werden? Was genau lässt sich im Zusammenhang mit der Entwicklung unserer Ernährung derzeit beobachten? Und welche Rolle spielt sie gegenwärtig in der Gesellschaft?

Geht es nach Ernährungsexpertin und Foodtrendforscherin Hanni Rützler, hat sich die Rolle der Ernährung enorm entwickelt: »Ich habe den Eindruck, dass Ernährungsweisen eigentlich die neuen Lebensstile sind. Wir beobachten hier ein weltweites Phänomen.« Essen ist für Rützler Ausdrucksform der eigenen Identität. Was man isst, so die Expertin, ist eine Chiffre der Selbstinszenierung geworden, mit der wir versuchen, uns in der Gesellschaft zu definieren. Dabei nehme die Ernährung eine ganz zentrale Rolle ein. Was also sagt der Trend zu alternativen Produkten über unsere Identität aus? Immer mehr Menschen identifizieren sich verstärkt mit einem gesunden Lebensstil und damit auch mit einer gesunden Ernährung. Laut Rützler hat der Druck, sich gesünder zu ernähren, in den letzten 30 bis 40 Jahren enorm zugenommen. Was es aber brauche, um den Wandel tatsächlich zu vollziehen, sei vor allem eines: Zeit.

Es kann tatsächlich Jahrzehnte dauern, bis der Markt sich wandelt. Das gilt auch für Clean Meat. Denn die Basis dafür ist mehr als ein sich verändernder Lebensstil. Dabei geht es immer auch um gesamtgesellschaftliche Probleme und Entwicklungen, die sich in den Möglichkeiten der Ernährung manifestieren: »Für viele geht es schlicht und ergreifend darum, sich bis zum Ende des Monats durchzuschlagen. Momentan können wir beobachten, dass sich die Gesellschaft in Reich und Arm teilt. Wenn der Mittelstand wegfällt, haben wir ein Problem – auch für Prognosen rund um die Potenziale von Clean Meat«, verrät die Expertin. Kein Wunder, momentan scheint das Fleisch aus dem Labor auch preislich noch weit weg vom Markt des Otto Normalverbraucher. Derzeit könnten die Investoren laut Rützler deshalb vor allem auf eine Schicht setzen: die Eliten. Welche Entwicklung wir in der Gesellschaft aber auch beobachten werden und ob es initial Ausdruck der Identität oder langfristig Produkt eines gesellschaftlichen Zwanges sein wird – das Fleisch aus dem Labor zeigt für die Trendforscherin ein Potenzial, das eigentlich weggeht von den Eliten: »Es ist die Chance, Proteine in Regionen zugänglich zu machen, in denen es zuvor nicht möglich war. Und langfristig die Chance auf einen Preis, der für alle bezahlbar ist.«

Neben den gesellschaftlichen Strukturen spielen weitere Faktoren bei der Etablierung von Ernährungsgewohnheiten und -stilen eine Rolle. Ein Faktor ist die Kultur. Sie definiert, wie wir uns gegenüber gewissen Lebensmitteln fühlen sowie verhalten, und ist Grundlage für rationale und irrationale Entscheidungen. Damit ist unsere Kultur Grundlage für ein Verständnis darüber, warum wir uns beim Thema Fleisch so schwertun mit Veränderung. »Fleisch begleitet uns seit den Anfängen der Menschheit. Natürlich gibt es kulturelle Tabus und das moralische Problem des Tötens. Aber das wird kulturell sehr stark ausgeblendet«, weiß Rützler und führt weiter aus: »Die Realität sollte man dem Menschen schon zumuten können, sie sollten wissen, was sie essen. Wenn man aber nur im Supermarkt einkauft, entfernt man sich davon.« Eine Einschätzung, die uns unweigerlich zurück zur Transparenz und damit zur Information führt. Unsere Kultur hat deshalb auch einen starken Einfluss auf das Potenzial neuer Ernährungsformen, sich bei uns zu etablieren.

Dabei gibt es ein Merkmal, das eine besondere Rolle spielt: Ekel. Als Beispiel führt Rützler in diesem Zusammenhang das Essen von Insekten an. Ein Thema, das sie in jüngster Vergangenheit intensiv begleitet hat: »Ich habe feststellen können, dass es eine neue Schicht Menschen gibt, die viel reisen und unterwegs sind, die international vernetzt sind und der Ernährung neugierig gegenüberstehen – auch einem Nahrungsmittel wie Insekten. Während Menschen, die sich aus ihrer gewohnten Lebenswelt nicht hinausbegeben, skeptisch bleiben.« Erkenntnis und Weltoffenheit als Basis des Wandels? Eine nachvollziehbare Quelle der Veränderung. Denn am Anfang eines jeden Wandels steht das Wissen um einen Missstand, für den es sich lohnt, eine Transformation anzustoßen. Diese Missstände aber zeigen sich einem nur, wenn man sich für das Außen öffnet und hinsieht. In einer immer globaleren und stärker vernetzten Gesellschaft scheinen wir auf einem guten Weg, Konzepten wie Clean Meat mit Offenheit begegnen zu können. Als Mensch, der in Berlin lebt, ist meine Wahrnehmung sicherlich verzerrt. In der Hauptstadt leben viele weltoffene und neugierige Menschen. Doch wie der Blick auf den Markt und zu den Landwirten gezeigt hat, formiert sich auch anderswo ein Quell für Veränderung.

Wer wir sind und was wir wissen, hat demnach einen maßgeblichen Einfluss darauf, was wir essen. Was kann die Clean-Meat-Community also tun, um das Wissen über die Vorteile in der breiten Öffentlichkeit zu platzieren? Es kommt darauf an, wie wir uns definieren. Diese Definition des Selbst über die Ernährung ist laut Rützler ein hoch emotionales Thema, dem man nur bedingt rational begegnen kann. Was nützen dann beispielsweise Nachhaltigkeitskennzahlen bei dem Versuch, den Menschen weg von der Industrie und hin zum Labor zu führen? Muss die Clean-Meat-Gemeinschaft einen Weg finden, die Emotion des Konsumenten anzusprechen? Zumindest kann dies als Leitlinie für das schwierige Thema der Kommunikation von Clean Meat herangezogen werden. Nicht umsonst werben Lebensmittelhersteller mit Bildern glücklicher Familien und Tiere.

Aber es gibt auch Beispiele für einen Weg fort von der Emotionalität und hin zur Rationalität: »Es gibt Situationen, in denen moralische Grenzen überschritten werden. In Notsituationen, das wissen wir, essen Menschen auch Menschen. Hier lösen sich moralische Grenzen auf«, erklärt Rützler. Jetzt könnte man meinen, dass wir mit Blick auf die demografische Entwicklung und die steigende Proteinnachfrage auf eine eben solche sich anbahnende Notsituation zusteuern könnten. Warum also sind wir so verhalten? Worauf warten wir?

»Clean Meat ist vollkommen neu, das hat es nie gegeben. Das Labor ist super, wenn es um Themen wie Gesundheit geht. Im Bereich der Ernährung aber sind wir skeptisch«, weiß Rützler. Die Erfahrungen mit Fleischersatzprodukten im deutschsprachigen Kulturraum seien ambivalent. Mit Clean Meat hätten wir noch keine Erfahrung, und es sei ein sehr technisches Thema. Da gäbe es noch viele Knoten zu lösen, um die Konsumenten überhaupt an das Thema heranzuführen. Im amerikanischen oder asiatischen Raum sei das einfacher, so die Expertin: »Vor allem China ist im Bereich Nahrungsmitteltechnik viel offener. Bei uns wird das sehr kritisch wahrgenommen. Es wird gern mit Gentechnik verwechselt. Aber ich glaube, dass wir nicht umhinkommen, uns damit auseinanderzusetzen.«

Nur über Nachhaltigkeit und Not zu sprechen, wird allerdings nicht ausreichen. Damit wird man nicht ausreichend motivieren können. Denn Alternativen, die genau hier ansetzen, gebe es schon zur Genüge. Die aufgeschlossenen Kräfte in der Gesellschaft würden bereits weniger Fleisch essen. Bei den Fleischalternativen ließe sich zudem beobachten, dass sie von Flexitariern gekauft werden. In diesem Bereich sei auch Clean Meat anzusiedeln. Da trifft es auf einen Markt, auf dem es bereits Produkte gibt und auf dem es sich laut der Foodtrendforscherin bewähren müsse: »Es gibt viele Bereiche der Alternativprodukte, zu denen intensiv geforscht wird. In-vitro ist ein Ansatz aus einer Vielzahl an Lösungen. Aber das große Geschäft wird, glaube ich, nicht so schnell kommen. Außer es gelingt, dass es auch sensorisch an das Original herankommt. Der Geschmack und Genuss müssen stimmen, sonst ist es in einem gesättigten Markt schwierig.«

Was es braucht, sind laut Expertin kulinarische Ansätze, die letztendlich wieder die Emotion ansprechen. Der Konsument müsse daran glauben, nicht die Wissenschaft oder die Ökonomie. »Das ist ein komplexer Dialog. Die Macht des Konsumenten ist historisch gewachsen. Er entscheidet, wem er vertraut und wo er kauft. Mit Geld und Werbung allein wird es Clean Meat nicht gelingen, sich durchzusetzen«, prognostiziert Rützler. Ein Faktor, der für sie eine zentrale Rolle spielen wird und der die Emotion anspricht, ist laut Ernährungsexpertin die bereits diskutierte Bezeichnung des neuen Fleisches. Der Begriff »in-vitro« löse pharmazeutische Assoziationen aus. Besser passt auch für Rützler »Cultured Meat«. Darüber hinaus sei der Begriff »Clean Meat« unpassend, denn »›clean‹ heißt sauber und dass alles andere dreckig ist. Das ist eine sehr moralische Assoziation. Es ist zudem eine Geringschätzung der Esskultur und verurteilt die Fleischesser pauschal. Da ist es schwierig, Akzeptanz zu finden«, erklärt Rützler. Wie aber wird ein Lebensmittel oder ein Ernährungsstil zum Mainstream? Er muss sich als Trend behaupten. Und Clean

Meat? Die Expertin ist sich sicher: »Clean Meat ist kein Trend. Noch gibt es das Produkt nicht am Markt. Es muss sich erst kulturell bewähren, da wird es auf viele Widerstände stoßen.« Obwohl wir einen Branchentrend sehen, ist die Szene laut Trendforscherin noch zu klein. Zudem müssten wir in größeren Zeiträumen denken: »Ich gehe davon aus, dass es noch zehn bis zwanzig Jahre dauern wird, bis es im deutschsprachigen Kulturraum eine relevante Nische erobert hat.« Für Rützler sind Trends Antworten auf aktuelle Herausforderungen. Damit dürfte das Potenzial zum Trend bei Clean Meat auf jeden Fall da sein. Denn im Bereich der Technologie und der Fleischbranche ist es ein Thema, das man auch nach Meinung der Expertin nicht auslassen kann.

Doch eine Zeit, in der wir kein konventionelles Fleisch mehr essen werden, sieht Rützler nicht. In vielen Regionen mache die Fleischproduktion für sie auch Sinn, aber »die Mengen, die wir gegenwärtig essen, sind das Problem. Sie sind historisch auch vollkommen neu.« Sie sieht trotzdem die Chance für eine Revolution: »Schauen wir uns nur die ganzen neuen Technologien an. Im Moment ist so eine Phase, in der die Zukunft in vielen Bereichen Angst macht. Da wandert der Blick auf die Nationalstaaten. Es lassen sich aber nicht alle Probleme der Nahrung regional lösen. Da müssen wir den Blick über Grenzen hinwegwandern lassen. Wir müssen lernen, neue Chancen zu erkennen«, erklärt Rützler. Dafür aber gäbe es noch viel Vorarbeit zu leisten, der Dialog müsse aufgebaut werden. In ihrer Vision unserer zukünftigen Ernährung spielen aber nicht nur Alternativen wie Clean Meat und pflanzenbasierte Produkte eine zentrale Rolle. Unterschiedliche kulinarische Antworten für verschiedene Esskulturen seien wichtig: »Die Vielfalt ist eine Chance, uns in Zukunft nachhaltig zu bewegen. Wir brauchen sie und unterschiedliche regionale Antworten auf die Herausforderungen der globalen Ernährung.« Dann könne sich auch die Zukunft von Clean Meat positiv entwickeln. Derzeit aber gebe es einfach noch viele Fragezeichen. Und nur mit guten Argumenten, das weiß die Expertin, kann man den Markt nicht erobern.

Novel Food

»Der gesetzliche Begriff für ›Fleisch‹ wird sich fortentwickeln. Die Debatte wird auf uns zukommen.«   Jens Karsten

Nehmen wir an, die Skalierung von Clean Meat gelingt. Nehmen wir an, das Kälberserum wurde ad acta gelegt. Und nehmen wir an, der deutsche Cell-Ag-Markt hat sich zu einem florierenden Netzwerk entwickelt, das sich der breiten Zustimmung der Öffentlichkeit erfreut. Selbst dann haben wir längst nicht alle Hürden auf dem Weg zur Etablierung des Systems überwunden. Denn einfach so ein neues Produkt beziehungsweise eine neue Produktkategorie auf den Markt bringen, geht nicht. Sogenannte »Novel Foods« brauchen eine Zulassung, bevor sie uns in Restaurants serviert und in Supermärkten präsentiert werden können. Die EU-weit einheitliche Regelung dieser Lebensmittel soll den Konsumenten schützen. Im Fokus der Novel-Food-Verordnung steht dabei die gesundheitliche Bewertung der neuartigen Nahrungsmittel.[149]
»Die Regelung besagt, dass das Lebensmittel keinen Schaden anrichten darf. Da sehe ich kein Problem«, prognostiziert Laura Gertenbach. Auch Didier Toubia sieht hier keine Hürde: »Ich denke nicht, dass die Regulierung eine große Barriere sein wird. Die Regularien in Europa sind relativ klar. In den Vereinigten Staaten unterstützt die *FDA* die Vision. Sie verstehen, welche Potenziale Clean Meat im Bereich der Gesundheit bereithält.« Die Szene scheint optimistisch auf den zukünfti-

gen Markt zu blicken, ob auf den europäischen oder den US-amerikanischen. Tatsächlich scheinen die Behörden in den Staaten bereits weiter als wir. So wurden bereits im November 2018 vom Landwirtschaftsministerium und von der *U.S. Food and Drug Administration (FDA)* Eckpunkte für künftige Regeln im Umgang mit Clean Meat festgesetzt.[150] Anders als in Europa scheint Clean Meat in den USA Anklang zu finden.[151] Ein Grund dafür könnte sein, dass die Regierung vermeiden möchte, dass die zahlreichen Cell-Ag-Unternehmen aus den Staaten abwandern und woanders produzieren. Auch Indien zeigt, was möglich ist. Die Regierung fördert zwei Forschungsinstitute, die sich des Themas Clean Meat annehmen, und hat laut *Vegconomist* »die bisher größte Investition in zellbasiertes Fleisch durch eine staatliche Regierung [getätigt], um die Forschung zur globalen Ernährungssicherheit angesichts einer wachsenden Weltbevölkerung zu unterstützen.«[152]

Gleichzeitig zu den weltweiten positiven Stimmen erheben sich allerdings auch pessimistischere aus der Fleischindustrie. Sie werfen die Frage auf, wie Clean Meat gekennzeichnet werden muss. So wurde beispielsweise im Staat Missouri ein Gesetz verabschiedet, das Lebensmittelunternehmen gebietet, auf ihren Produkten anzugeben, ob »[...] meat was sourced from an animal or not«.[153] Die Debatte um das neue System ist demnach längst auf politischer Ebene angekommen und heizt den Diskurs auf. Auch in anderen Ländern setzt sich die Politik bereits intensiv mit dem Thema auseinander. China will den Fleischkonsum der Bürger bis 2030 um 50 Prozent reduzieren.[154] 2017 haben sie ein Clean-Tech-Handelsabkommen mit Israel getroffen, das ihnen die Option zum Import der Clean-Meat-Technologie sichert.[155] In der Schweiz hat Pat Mächler, Vorstandsmitglied des Thinktanks *mach-politik.ch* eine Petition[156] aufgesetzt, die der Regierung die Aktualität des

Themas vor Augen führen und die Förderung antreiben soll.[157] Doch was passiert bei uns? In der Öffentlichkeit zumindest scheint das Thema immer häufiger diskutiert zu werden. Nicht zuletzt die Ausstellung *Meat the future* anlässlich des *EAT-Festivals* 2019 hat im Münchner *Museum Mensch und Natur* Clean Meat und ausgewählte Fleischspeisen aus dem Labor in den Fokus der Aufmerksamkeit gerückt. Wir sehen erste Indizien für einen veränderten Umgang mit der Thematik. Doch was nützen Ausstellungen, wenn es um die letztendliche Einführung auf dem Markt geht?

Fabio Ziemßen beispielsweise sieht nicht ganz so optimistisch wie die Clean-Meat-Gemeinschaft auf die Regulierung: »Die Novel-Food-Verordnung wird eine schnelle Einführung neuer Produkte verlangsamen, auch wenn eine derartige Regulierung notwendig ist. Deswegen müssen wir jetzt auch die Voraussetzung schaffen, um solche Produktkategorien schneller auf den Markt zu bringen.« Doch wie sehen diese aus, und was genau ist ein Novel Food? Auf der Webseite des *Bundesamts für Verbraucherschutz und Lebensmittelsicherheit* steht dazu: »Unter dem Begriff »neuartiges Lebensmittel« (Novel Food) versteht man alle Lebensmittel, die vor dem 15. Mai 1997 nicht in nennenswertem Umfang in der Europäischen Union für den menschlichen Verzehr verwendet wurden und die in mindestens eine der in Artikel 3 der Novel Food-Verordnung (EU) 2015/2283 genannten Kategorien fallen.«[158] Für den Bereich Clean Meat sind aus den angegeben Kategorien wahrscheinlich vor allem die folgenden als relevant anzuführen: Lebensmittel, die »aus Tieren oder deren Teilen; aus Zell- oder Gewebekulturen; und die durch ein neuartiges, nicht übliches Verfahren hergestellt wurden«; oder eher noch »Lebensmittel, die aus von Tieren, Pflanzen, Mikroorganismen, Pilzen oder Algen gewonnenen Zell- oder Gewebekulturen bestehen oder daraus isoliert oder erzeugt wurden«.

Für Jens Karsten, Rechtsanwalt und Berater der *European Vegetarian Union* in Brüssel, wäre der Antrag zur Genehmigung von Clean Meat ein Musterfall für den Test der EU-Regularien im Kontext der Einführung von innovativen neuartigen Lebensmitteln. Er weiß ganz genau, was es braucht, um die neuen Produkte marktfähig für den europäischen Markt zu machen: »Den Segen der Europäischen Behörde für Lebensmittelsicherheit. Diese schaut sich das Produkt nach Antragstellung von der wissenschaftlichen Seite her an. Das Gutachten, das dort erstellt wird, wird anschließend an die Europäische Kommission nach Brüssel weitergereicht. Dort geht es dann um die formelle Marktzulassung«, erklärt Karsten. Im Detail ist der Prozess natürlich viel komplizierter, so der Experte, aber grundsätzlich sind es zwei Schritte, die es auf legislativer Ebene braucht, um ein Produkt auf den Markt zu bringen. Das A und O sei die sorgfältige Vorbereitung des Antrags.

Und das ist bei Clean Meat gar nicht so einfach, denn die neue Kategorie berührt laut Karsten alle vier Grundpfeiler der Gesetzgebung in diesem Bereich: Versorgungssicherheit (Food Security), Lebensmittelsicherheit (Food Safety), Lebensmittelinformation (Food Information) und Ernährung (Nutrition). Auf der *New Food Conference* erläutert er, was das für Clean Meat bedeutet. Der Bereich »Security« betrifft die Versorgungssicherheit und ist ein Pfeiler, den man als positiv für Clean Meat interpretieren könne. Denn die Produktionsweise des neuen Fleisches birgt, wie ich lernen durfte, Vorteile für die Infrastruktur und die Landnutzung. Der zweite Punkt der »Safety« wird hingegen eine der größten Hürden bei der Regulierung sein. Denn wir sehen hier eine komplett neue Kategorie an Lebensmitteln, bei der zunächst bewiesen werden muss, dass sie sicher für den Verzehr durch Verbraucher ist. Um die Sicherheit ihrer Lebensmittel zu beweisen, müssen die Player der neuen Industrie auf Basis des wissenschaftlichen Kenntnisstandes aufzeigen, dass ihre Produkte keine Gesundheitsgefahr darstellen.

Ein weiterer wichtiger Aspekt, der bei der Regulation von Clean Meat eine Rolle spielen wird, ist der dritte Punkt der »Information« oder, wie Karsten es im Gespräch nach seinem Vortrag bezeichnet, der »Semantik«. Dabei wird es in erster Linie darum gehen, ob Clean Meat als Fleisch bezeichnet werden kann. Das neue Produkt darf den Nutzer nicht in die Irre führen, vor allem wenn es wie hier ein anderes bekanntes Produkt ersetzt. Hierin dürfte eines der wichtigsten Kriterien liegen. Wie wir die neue Kategorie definieren, welchen Namen sie haben und ob sie als fleischfrei bezeichnet wird, werde also nicht nur auf die Akzeptanz durch den Konsumenten Einfluss ausüben, sondern darüber hinaus auch auf die Zulassung.

»Nach meiner Beobachtung beginnt der Begriff ›Cultured Meat‹ sich durchzusetzen. Produktbezeichnungen spielen psychologisch eine wichtige Rolle. Einen Begriff wie ›Laborfleisch‹ zu verwenden, würde ich nicht empfehlen. Das ist ein Marktkiller«, weiß der Experte. Auf juristischer Ebene sei es interessant zu schauen, was man überhaupt als Fleisch bezeichnen dürfe. Karsten ist sich sicher, gegen die Bezeichnung als »Fleisch« wird es Widerstand seitens konventioneller Fleischhersteller geben. Dennoch: »Der gesetzliche Begriff für ›Fleisch‹ wird sich fortentwickeln. Die Debatte wird auf uns zukommen«, prophezeit Karsten. Juristisch sehen wir bei Clean Meat für ihn ein hochaktuelles Thema, das auf unterschiedlichsten Ebenen, ob Novel Food oder Labeling, noch viel Zündstoff bereithält.

Und nicht zuletzt darf das Novel Food, wenn es ein anderes Nahrungsmittel ersetzt, keine ernährungsphysiologischen Nachteile bergen. Hier berührt Clean Meat den vierten

Pfeiler der »Nutrition«. Obwohl Untersuchungen darüber noch fehlen, ist derzeit davon auszugehen, dass das neue Produkt eher Vorteile gegenüber dem konventionellen Produkt aufweisen wird. Denn wie die Experten in den verschiedenen Gesprächen angedeutet haben, wird daran gearbeitet, Clean Meat mit zusätzlichen wichtigen Nährstoffen anzureichern.

»Optimistisch betrachtet kann der Zulassungsprozess anderthalb Jahre dauern. Eine längere Zeitspanne ist aber wahrscheinlicher«, weiß Karsten. Was auf die Szene bei der Antragstellung tatsächlich zukommt, wissen wir nicht. Wohl aber können wir hier und da bereits politische Stimmen vernehmen. So veröffentlichte der Europaabgeordnete Martin Häusling 2019 ein Positionspapier zu Clean Meat, das aufgrund der vielen Fragezeichen, wie sie auch hier im Buch besprochen werden, eher Skepsis propagiert.[159] Auf Nachfrage beim *BMEL* erhalte ich zum Thema Clean Meat zudem folgendes Statement: »Die In-vitro-Herstellung von Fleisch als Lebensmittel ist ein sehr komplexes Verfahren. Niemand kann zurzeit mit Gewissheit sagen, ob sich diese Produktionsmethode im großen Stil durchsetzen wird und ob die damit verbundenen Erwartungen an weniger Tierleid und mehr Nachhaltigkeit realisiert werden können.« Eine Antwort, die keine Einschätzung über die politischen Bemühungen zur Förderung des Ausbaus der Technologie oder aber über eine etwaige Arbeit dagegen zulässt. Leider.

Clean oder nicht Clean?

»Wer mit 19 kein Revolutionär ist, hat kein Herz. Wer mit 40 immer noch ein Revolutionär ist, hat keinen Verstand.« Theodor Fontane

Am Anfang meiner Recherchen war ich überzeugt: Clean Meat ist die Lösung aller Probleme. Denn die Vision von Brautanks, grünen Höfen mit zufriedenen Tieren und einer satten Weltbevölkerung gefällt. Auch mir. Grün, gerecht, gut. Eine Idee und Vision, die zu gut ist? Wahrscheinlich stellt sich hier die Frage der Bereitschaft zum Wandel und zur Kooperation. Denn eines haben die Gespräche eindeutig gezeigt: Die tatsächlichen Auswirkungen der Clean-Meat-Industrie werden sich erst im Laufe des Prozesses der Etablierung der Cell-Ag und der anderen Teilsysteme zeigen. Denn wir beobachten Abhängigkeiten. Hier spielen energetische Aspekte, die Weiterentwicklung ökologischer Landwirtschaft, aber auch der Umgang mit der Inklusion aller Stakeholder eine Rolle.

Wenn wir also von der Zukunft der Ernährung sprechen, dann ganz bestimmt nicht nur (aber auch) von Clean Meat und den Implikationen dieser einen revolutionierenden Idee. Wir müssen grundsätzlich über alternative Proteine sprechen und die zahlreichen Möglichkeiten zur Schaffung von Produkten, die dem Flexitarier schmecken könnten. Es geht um Ideen, die gemeinsam in die Welt getragen werden, und ein System, das alle Menschen gleichermaßen berücksichtigt. Ob Konsument, Landwirt, Großindustrieller oder Aktivist, alle müssen an einem Strang ziehen, um die neue Welt der Ernährung, zu der auch Clean Meat gehört, aufzubauen. Und sie wird kommen. Deshalb stellt sich für mich letztendlich auch nicht die Frage danach, ob das Fleisch aus dem Labor »sauber« oder »sauberer« ist, sondern ob das System, das dem Wandel folgt, »sauber« ist. Und ob es, wenn es so etwas wie die Kategorien »gut« oder »besser« gibt, einen Wandel zum Besseren bewirken kann. Dabei hat sich gezeigt, dass Clean Meat Vorteile gegenüber der industriellen Produktion birgt. Dazu gehört in aller erster Linie der Schutz der Tiere – vorausgesetzt, das Kälberserum wird tatsächlich über Bord geworfen. Aber auch die Einsparung von Land und Ressourcen sowie die Potenziale im Hinblick auf die Produktionskapazitäten lassen sich (noch?) nicht durch neueste wissenschaftliche Erkenntnisse wegargumentieren. Und wir brauchen nicht zuletzt dieses Mehr an Kapazitäten für Proteine, die in der immer selben Qualität produziert werden könnten und die so kreiert wurden, dass ihre Zusammensetzung ein Mehr an »guten« Nährstoffen beinhaltet.

Was wir wohl nicht beobachten werden, ist eine völlige Ablösung des Schlachthauses. Unser Ökosystem ist schlichtweg komplexer als das, was mit dem Verlangen nach der Ablösung des Schlachtens in Verbindung steht. Die Umwelt braucht Tiere, sie sind Teil eines Gleichgewichts, das wir sowohl mit der jetzigen Industrie als auch mit ihrer völligen Ablösung in Unruhe versetzen. Warum also nicht diese zum Ökosystem zugehörigen Tiere irgendwann nach einem schönen Leben auf Wiesen und Weiden essen? So wie auch unsere Körper irgendwann von Kleinstgetier vertilgt werden. Tiere zu essen, gehört zu unserer Identität, es ist Teil der Grundlage dessen, was der Mensch heute ist. Sie unter qualvollen Bedingungen zu züchten, ist allerdings nicht Teil dieser Identität.

Deshalb ist die Vorstellung von dem Labor, in dem Brauer Fleischmasse produzieren, und das parallel zu Landwirten, die auf biologische Weise Zucht betreiben, wohl die realistischste Vision einer wirklichen Clean-Meat-Zukunft. Wer diese Brauer sein werden? Wohl auch ehemalige Landwirte. Neben diesen beiden Teilsystemen steht jenes der pflanzlichen Proteine. Wir müssen die Definition von »Clean Meat« demnach weiter fassen, als wir es derzeit mit Blick ins Labor tun. Die Innovatoren der Clean-Meat-Szene sollten das Fleisch aus dem Labor umbenennen, damit Konsumenten und derzeitige Fleischindustrie gleichermaßen Gefallen am neuen Produkt finden. Die Bezeichnung »Clean Meat« könnte dann für mehr stehen. Sie könnte als Begriff eines gesamten Systems funktionieren, zu dem Cell-Based Meat, veganes Fleisch und Bioprodukte gehören.

Hier können wir das Tier das sein lassen, was es ist. Es neu entdecken und lösen von der Konnotation des Fleischproduktes. Wir können gemeinsam mit ihm leben und es dennoch essen. Es kann uns umgeben und trotzdem Quelle für Zellen der Produktion von Lebensmitteln sein, die in Tanks gezüchtet werden. Eine Chance? Ganz bestimmt. Ich sehe nicht die Gefahr der Entfremdung, sondern die Möglichkeit der Annäherung. Ob unsere Kinder uns irgendwann durch den Wandel der Wahrnehmung der Tiere, wie sie durch eine Revolution des Systems entstehen könnte, als Barbaren betrachten werden? Vielleicht. Doch wir sind nun einmal auch Barbaren in diesem Sinne. Es gehört zu unserer Natur. Was es braucht, sind Akzeptanz und Ideen, Visionen sowie Innovationen, um das Verlangen der Barbarei in die richtige Richtung zu lenken.

Eine der wichtigsten Aufgaben, die auf uns warten, wird es deshalb sein, Hand in Hand an der Version des Clean Meat zu arbeiten, die alle Teilsysteme einbezieht. Doch wie weit werden die verschiedenen Stakeholder der Industrie zusammenarbeiten können und wollen? Natürlich steht auch Kapital im Fokus, und es wird sie geben, die großen Player, die den Markt dominieren. Aber so ist es in fast allen Bereichen unseres kapitalistischen Systems. Warum also nicht ein System unter denselben Grundsätzen wie den jetzigen nutzen (ein anderes zu etablieren, einen solchen Bruch zu bewirken, ist derzeit kaum vorstellbar) und damit aber ein völlig anderes Resultat schaffen? Nutzen wir also das, was uns zur Verfügung steht, nutzen wir die Natur der Barbarei, um etwas Besseres zu schaffen, anstatt erfolglos an der Basis zu kratzen. Hören wir auf, bloß über das System zu reden, und kreieren wir es endlich!

Vielleicht gipfelt dann das, was daraus entsteht, wiederum in einer neu definierten Identität von uns Menschen. Dazu aber müssen wir die Anfänge der Schaffung dieser neuen Identität erst einmal zulassen. Vielleicht ist die Macht des Kapitals ja doch nicht der stärkste Einfluss auf den Markt? Wir werden beobachten und erleben, ob Interessen machtvoller Akteure und ganze Systeme der Ernährung transformiert werden können.

Dabei muss uns eines klar sein: In diesem ganzen Prozess müssen wir es schaffen, unsere Natur zu akzeptieren. Das bedeutet auch, zu begreifen, dass die scheinbare Unnatürlichkeit industrieller und künftiger laboraler Prozesse ein Ausdruck unserer Natur ist. Nicht die Frage, ob dieser Ausdruck gut oder schlecht ist, stellt sich. Sondern die Frage, wie wir daraus das Beste für die Zukunft unserer Welt machen können. Kapital macht Macht. Machen wir also den Weg für das Kapital in den Teilsystemen der alternativen Proteine frei und lassen alle Teil des neuen Systems sein. Denn was ich sehen kann, sind Chancen. Chancen, Macht zu nutzen – für das neue Grün der Barbaren und ihre Revolution.

Epilog: Fall X

Ihre Augen waren liebevoll, aber müde. In Leas Gesicht zeichneten sich die Strapazen eines Lebens unter Widrigkeiten ab. Ein noch junges Leben. Sie spürte, dass Jansen sie durch eine verspiegelte Fensterscheibe beobachtete. Jahrelang hatte er sie gejagt. Dabei hatte sie nur 20 Kilometer entfernt gewohnt.

Jetzt war sie allein und würde dafür büßen müssen, wer sie war. Die Welt war mehr als Schwarz und Weiß, das galt auch für ihre Leidenschaft, die Viehzucht. Sie liebte ihre Tiere, sie liebte es, mit ihnen zu leben, aber eben auch, sie irgendwann zu schlachten und zu essen.

Nun saß sie auf der Schlachtbank. Die Schlächter: das neue System. Der Tod der alten Industrie hatte plötzlich eingesetzt und Platz gemacht für das Leben der Revolutionäre, die fernab des Schlachthauses einem neuen »Ernährungsgott« huldigten.

Was hätten sie nicht stattdessen gemeinsam schaffen können! Doch ein *Gemeinsam* stand nie zur Diskussion. Ganz allein zerstörten die Revolutionäre, was war und damit auch, was hätte sein können. Jetzt waren die Weiden und Wiesen genauso tot wie die Industrie. Am Ende stand eben doch Schwarz oder Weiß, wie schon so oft in der Geschichte der Menschheit.

Clean Meat zum Nachschlagen: Unternehmen und Institutionen (eine Auswahl)

Wenn der deutsche Markt auch noch überschaubar ist. Die Zahl der Clean-Meat-Innovatoren und Cell-Ag-Enthusiasten steigt. Zahlreiche Start-ups, Investoren und Institutionen verändern die Wahrnehmung der Industrie. Sie alle arbeiten, wenn auch teilweise als ökonomische Konkurrenten, Hand in Hand an der Revolution. Es folgt eine Übersicht wichtiger Stakeholder.

Hinweis: Das Feld der Cell-Ag ist gekennzeichnet von seiner Dynamik, dessen Präsenz in Form von Unternehmen und Institutionen sich kontinuierlich verändert. Es handelt sich deshalb bei der hier gegebenen Übersicht lediglich um einen Ausschnitt der Szene, der allen Interessierten einen weiteren Einstieg in die Materie ermöglichen soll.

Unternehmen (Fleisch)

Aleph Farms

Mit seinem Start-up *Aleph Farms* will Didier Toubia das erste Clean-Meat-Steak auf den Markt bringen. Seit 2017 arbeitet er an seiner Idee und hat bereits die ersten Verkostungen durchgeführt. Nur 50 Dollar soll dieser erste Prototyp kosten. Ein echtes Schnäppchen im Vergleich zu dem ersten Clean-Meat-Burger, der 2013 verkostet wurde.[160]

Sitz: Rehovot, Israel
Webseite: aleph-farms.com

Biftek.co

Hier sehen wir das erste und noch einzige Clean-Meat-Unternehmen der Türkei.[161] Das Team besteht aus vier Visionären, die an der Etablierung der neuen Industrie arbeiten: Prof. Can Akcali, Dr. Erdem Erikci, Kerem Erikci und Melih Akcali.

Sitz: Ankara, Türkei
Webseite: biftek.co

BioFood Systems

Mit *BioFood Systems* reiht sich ein weiterer Pionier in die Riege der israelischen Clean-Meat-Start-ups. Gründer sind Yohai Ben Zikri und Arturo Geifman. Sie arbeiten seit 2018 daran, Fleisch aus embryonalen Stammzellen von Rindern herzustellen.[162]

Sitz: Hod Hasharon, Israel
Webseite: biofood-systems.com

Cellular Agriculture

Bei diesem Start-up handelt es sich um das erste seiner Art im Vereinigten Königreich. Gegründet wurde es 2016 von Illtud Llyr Dunsford und Dr. Marianne Ellis. Obwohl es sich nicht mit der Herstellung von Clean Meat, sondern mit dafür notwendigen Technologien und Devices auseinandersetzt, findet es hier aufgrund seiner Relevanz für die Branche Beachtung. Die Gründer haben sich in den letzten zwei Jahren vornehmlich mit dem Problem der Skalierbarkeit auseinandergesetzt.

Sitz: Vereinigtes Königreich
Webseite: cellularagriculture.co.uk

ClearMeat

Auch der indische Markt kann sich seit 2019 über ein Unternehmen im Bereich des Clean Meat freuen. Der Fokus von *ClearMeat* liegt auf der Herstellung von *Clean-Chicken Keema.*

Aber auch Produkte wie *Tandoori Chicken* and *Chicken Tikka Masala* sollen dem indischen Markt künftig »clean« begegnen.[163] Gründer sind Dr. Pawan Dhar, Kartik Dixit und Dr. Siddharth Manvati.
Sitz: Indien
Webseite: clearmeat.com

Future Meat Technologies
Das nächste in der Reihe der Clean-Meat-Start-ups aus Israel. Das Unternehmen wurde 2018 von Yaakov Nahmias gegründet und hat unter anderem ein Investment von *Tyson New Ventures* erhalten. Dabei gehen sie laut eigenen Angaben ohne Genmodifizierung vor und konzentrieren sich auf die kosteneffiziente Produktion von Fett- und Muskelzellen.
Sitz: Jerusalem, Yerushalayim, Israel
Webseite: future-meat.com

HigherSteaks
Von Benjamina Bollag 2017 gegründet, gehört dieses Start-up zur neueren Generation am Markt. Ihr Schweinefleisch soll bis zum Jahr 2021 Marktreife erreichen und zunächst in Europa an den Konsumenten gebracht werden.[164]
Sitz: London, England
Webseite: highersteaks.com

Innocent Meat
Das einzige in Deutschland ansässige Clean-Meat-Start-up *Innocent Meat* wurde von Laura Gertenbach gegründet und arbeitet seit zwei Jahren daran, Schweinefleisch aus Zellen herzustellen. Derzeit befinden sie sich in einer Finanzierungsrunde, um die nächsten Schritte gehen zu können.
Sitz: Rostock, Deutschland
Webseite: innocent-meat.com

Integriculture
2015 von Yuki Hanyu gegründet, antwortet das in Tokyo ansässige Unternehmen auf die steigende Nachfrage nach tierischen Proteinen im asiatischen Raum. Mit den bisher erhaltenen Finanzierungen will das Start-up eine Pilotanlage und die erste kommerzielle Anlage bauen. Dabei werden sie mit ihrem eigenen patentierten System, dem sogenannten *Culnet System* arbeiten.[165]
Sitz: Tokyo, Japan
Webseite: integriculture.jp

JUST
JUST ist bekannt als Unternehmen, das pflanzenbasierte Produkte auf den Markt gebracht hat – allen voran Ei. Josh Balk und Josh Tetrick haben das Unternehmen 2011 unter dem Namen *Hampton Creek* gegründet. Mittlerweile sind sie mit der Toriyama-Familie eine Kooperation eingegangen. Das Ziel: die Produktion von Cultured Wagyu Beef.[166]
Sitz: San Francisco, Vereinigte Staaten
Webseite: www.ju.st

Meatable
Erst 2018 von Krijn De Nood und Mark Kotter gegründet, gehört *Meatable* zu den Küken der Szene. Während heute von allen Seiten zu hören ist, dass das umstrittene Kälberserum bald der Vergangenheit angehören soll, machten Meatable im Oktober 2018 noch Schlagzeilen damit, eine Lösung für das Problem gefunden zu haben.[167]
Sitz: Leiden, Niederlande
Webseite: meatable.com

Memphis Meats

2015 gegründet, ist *Memphis Meats* das mediale Aushängeschild der Szene. Die Gründer Nicholas Genovese und Dr. Uma Valeti werben auf ihrer Webseite mit »Better Meat. Better World«. Dieses Credo verfolgt Valeti seit seiner Idee im Jahre 2005, aus der schließlich 2016 das erste Clean-Meat-Fleischbällchen wurde. Heute zählen unter anderem Tyson, Cargill, Bill Gates und Richard Branson zu den Investoren.[168]

Sitz: San Francisco, Vereinigte Staaten
Webseite: memphismeats.com

Mosa Meat

Das von Mark Post gemeinsam mit Peter Verstrate gegründete Unternehmen zählt wohl zu den bekanntesten der Szene. Sergey Brin war als Investor maßgeblich an der Weiterentwicklung und Präsentation des ersten Clean-Meat-Burgers 2013 beteiligt. Seither haben sich weitere Investoren wie die *Bell Food Group*[169] an dem Start-up beteiligt.

Sitz: Maastricht, Niederlande
Webseite: mosameat.com

New Age Meats

Hier sehen wir einen weiteren Player der US-amerikanischen Cell-Ag-Gemeinschaft. Das noch junge Start-up wurde 2018 von Brian Spears und Andra Necula gegründet und hat bereits ein Schweinewürstchen zur Verkostung gegeben.[170]

Sitz: San Francisco, Vereinigte Staaten
Webseite: newagemeats.com

SuperMeat

Das 2015 in Israel von Ido Savir, Koby Barak und Shir Friedman gegründete Start-up hat sich der Produktion von

Hähnchenfleisch verschrieben. Kein Wunder also, dass einer der Investoren die *PHW*-Gruppe ist. Mittlerweile gehört es zu den bekanntesten unter den Clean-Meat-Start-ups. Im Interview mit der *Berlin Valley*[171] verrät Shir Friedman, dass sie als Veganerin kein Problem damit hätte, Clean Meat zu essen.

Sitz: Tel Aviv, Israel
Webseite: supermeat.com

Suprême
Dieses erste Clean-Meat-Start-up Frankreichs hat sich auf die Produktion von Foie Gras aus Zellen von Enteneiern[172] spezialisiert. Gründer ist Nicolas Morin-Forest. 2023 schon soll es so weit sein, und das umstrittene Lebensmittel soll als »saubere« Variante erhältlich sein.[173]

Sitz: Frankreich
Webseite: meetsupreme.com

Unternehmen (Fisch)

BlueNalu
Dieses auf Clean Fish spezialisierte Unternehmen wurde 2017 von Chris Dammann, Christopher Somogyi und Lou Cooperhouse gegründet. Ihr Ziel ist, die Marktführerschaft im Bereich der *cellular aquaculture*™ zu erreichen und den Fischmarkt zu revolutionieren.

Sitz: San Diego, Vereinigte Staaten
Webseite: bluenalu.com

Finless Foods
Das 2017 von Brian Wyrwas und Michael Selden gegründete Start-up gehört zu den bekannteren der Cell-Ag-Szene. Laut

Webseite ist ihr Fisch »not ›lab food‹, it's not vegetarian. It's real, fresh fish«, der in fünf Schritten hergestellt wird.[174]
Sitz: San Francisco, Vereinigte Staaten
Webseite: finlessfoods.com

Seafuture
Das in Kanada beheimatete Cell-Ag-Unternehmen, das 2017 gegründet wurde, reiht sich in die Riege der Fischhersteller. Gründer Dr. Darren Henry will »wissenschaftliche Erkenntnisse zur Lösung herausfordernder Weltprobleme anwenden«[175].
Sitz: Calgary, Kanada
Webseite: seafuturebio.com

Shiok Meats
2018 von Ka Yi Ling und Sandhya Sriram gegründet, gehört auch dieses Start-up zu den Neulingen der Szene. In Singapur und Südostasien ist es das erste Unternehmen seiner Art.[176] Ihr Fokus liegt auf zellenbasiertem Krustentierfleisch.
Sitz: Singapur
Webseite: shiokmeats.com

Organisationen

Cellular Agriculture Society
Als Non-Profit-Organisation will die *CAS* den Bereich der Cell-Ag antreiben. Sie haben auf ihrer Seite zahlreiche Informationen zu Geschichte, Investoren, Projekten, Unternehmen und vielem mehr zusammengetragen. Darüber hinaus unterhalten sie verschiedene Initiativen und Fachbereiche, die das Thema in unterschiedlichsten Feldern voranbringen sollen. Dazu zählen beispielsweise Programme

zur Religion oder Ansätze, das Thema Kindern näherzu-
bringen.

Sitz: Cambridge, Vereinigte Staaten
Webseite: cellag.org

Cellular Agriculture UK

Diese noch junge Organisation wurde 2018 gegründet und
gehört zu den neuen Playern auf dem Clean-Meat-Feld. Sie
definieren sich als Anlaufstelle für alle, die an der Szene interessiert sind und sich informieren oder Kontakte schließen
wollen. Dazu führen sie verschiedene Events durch und tragen
auf ihrer Seite Wissen zu Podcasts und weiteren relevanten
Quellen zusammen.

Sitz: London, England
Webseite: cellag.uk

New Harvest

Gründer Jason Mathony setzte sich bereits früh mit dem Ersatz
von konventionellem Fleisch durch Clean Meat auseinander
und hat schon 2004 *New Harvest* gegründet. Die Non-Profit-Organisation ist ein Forschungsinstitut, das sich den Aufbau der zellularen Landwirtschaft zum Ziel gesetzt hat.[177] Dazu
finanzieren sie Forschung, führen aber auch eigene durch.
Darüber hinaus verstehen sie sich als Netzwerk zum Aufbau
der Gemeinschaft und als Hort der Wissensvermittlung rund
um das Thema.

Sitz: New York, Vereinigte Staaten
Webseite: new-harvest.org

ProVeg e. V.

Wer in Deutschland auf der Suche nach Informationen zu
Clean Meat ist, kommt an *ProVeg* nicht vorbei. Die internationale Ausrichtung des Vereins, vor allem aber der neu gegrün-

dete *Incubator* bringen das Thema in Deutschland voran und tragen es in einem breiteren Kontext der Veränderung unseres Ernährungssystems in die Öffentlichkeit. Zudem haben sie mit der *New Food Conference* das erste mir in Deutschland bekannte Format auf den Weg gebracht, das sich zumindest 2019 an einem Tag komplett dem Thema gewidmet hat.
Sitz: Berlin, Deutschland
Webseite: proveg.com

Shojinmeat Project
Das in Japan angesiedelte Projekt ist zwar keine Institution im eigentlichen Sinne, sollte aber in dieser Aufzählung Erwähnung finden. Es handelt sich dabei um ein »Citizen Science-Projekt« zur Entwicklung von Open Source Clean Meat.
Sitz: Japan
Webseite: shojinmeat.com/wordpress/en

The Good Food Institute
Die Non-Profit-Organisation wurde 2016 von Co-Founder und Executive Director Bruce Friedrich gegründet. Im Fokus ihrer Arbeit steht die Förderung von Alternativen für tierische Lebensmittel – ob auf zellularer oder auf Basis von Pflanzen. Dabei arbeiten sie mit unterschiedlichen Wissenschaftlern, Investoren und Unternehmern zusammen.[178] Sie sind zudem die Initiatoren der *Good Food Conference*, die Pioniere der Szene zusammenbringt und zuletzt im September 2019 in San Francisco stattfand.[179]
Sitz: Washington, DC, Vereinigte Staaten
Webseite: gfi.org

The Modern Agriculture Foundation
Diese 2014 gegründete Non-Profit-Organisation hat es sich zum Ziel gesetzt, die Forschung rund um Clean Meat voranzu-

bringen – zunächst mit einem Projekt zu Geflügel. Dazu arbeitet sie mit kommerziellen Unternehmen zusammen, um die Entwicklung von Technologien und Produkten in diesem Gebiet zu fördern. Wie bei den anderen Instituten auch steht bei *The Modern Agriculture Foundation* unter anderem die öffentlichkeitswirksame Vermittlung von Wissen rund um das Thema Clean Meat auf der Agenda. Zu den Gründern zählt neben Shaked Regev und Ido Savir auch die Co-Founderin des Start-ups *SuperMeat* Shir Friedman.

Sitz: Zichron Yaakov, Israel
Webseite: futuremeat.org

Verband für Alternative Proteinquellen e. V.
Erst 2019 gegründet, sehen wir hier die erste offizielle Institution Deutschlands, die sich den alternativen Proteinquellen widmet. Ein Hauptthema des Newcomers sind deshalb auch auf Basis von Zellen hergestellte Alternativen. Dazu wollen sie einen »konstruktiven und pragmatischen Dialog über die Zukunft unserer Ernährung« fördern, Akteure der Szene unterstützen, Informationen rund um alternative Proteine zusammentragen und den Ausbau des Standortes vorantreiben. Vorstandsvorsitzende sind Fabio Ziemßen und Sebastian Biedermann.

Sitz: Düsseldorf, Deutschland
Webseite: balpro.de

Danksagung

Die letzten Monate waren eine aufregende Zeit der Recherche, die ohne das Zutun vieler Personen nicht in diesem Buch hätte kulminieren können. Deshalb gilt ein besonders großer Dank allen Interviewpartnern, die mir Einblick in ihre Welt gewährt und damit dieses Buch erst möglich gemacht haben:

Reinhild Benning, Referentin für Landwirtschaft und Tierhaltung bei *Germanwatch e. V.*

Das *Bundesministerium für Ernährung und Landwirtschaft*, Pressestelle

Christopher Bryant, Forscher im Bereich der Consumer Acceptance von Clean Meat und *Director of Social Science* der *CAS*

Dr. Simone K. Frey, Gründerin von *Nutrition Hub*, der größten Community für Ernährungsexperten

Laura Gertenbach, Gründerin und CEO von *Innocent Meat*

Jens Karsten, Rechtsanwalt und Berater der *European Vegetarian Union* in Brüssel

Dr. Julia Köhn, Gründerin von *Pielers*

Nathalie Rolland, Cellular Agriculture Specialist, *Pro Veg International*

Godo Röben, Geschäftsführer der *Rügenwalder Mühle*

Hanni Rützler, Ernährungswissenschaftlerin und Foodtrendforscherin

Didier Toubia, Gründer und CEO von *Aleph Farms*

Simeon Van der Molen, Gründer und CEO von *Moving Mountains Foods*

Ira van Eelen, Rednerin für Cultured Meat, Vorsitzende der *Invitromeat Foundation*, Mitglied des Beirats von *JUST*, *Senior Consultant* der *CAS*, Organisatorin von *KET Food* und ED der *KET Europe Foundation*

Selim Varol, Gründer und CEO *What's Beef*

Peter Wesjohann, Vorstandsvorsitzender der *PHW*-Gruppe

Raffael Wohlgensinger, Mitgründer und CEO von *LegenDairy Foods*

Albrecht Wolfmeyer, *International und National Head* des *ProVeg Incubator*

Fabio Ziemßen, *Director Food Innovation NX-FOOD* und Mitgründer sowie Vorstandsvorsitzender des *Verbands für Alternative Proteinquellen e. V. (BALPro)*

Dabei möchte ich nicht versäumen, auch dem *Deutschen Bauernverlag* in Berlin, Veranstalter der *Farm & Food 4.0,* sowie *ProVeg International* als Veranstalter der *New Food Conference* für die Möglichkeiten der Recherche während der Veranstaltungen zu danken.

Darüber hinaus möchte ich

Illtud Llyr Dunsford, *Agricultural Consultant* und CEO der *Cellular Agriculture Ltd,*

David Kay, *Senior Manager of Communications & Operation*s bei *Memphis Meats,*

Mark Post, Mitgründer von *Mosa Meat,*

Hanna Tuomisto, außerordentliche Professorin der Universität Helsinki und

Cor van der Weele, Professorin der Universität Wageningen danken, die allesamt für Rückfragen zur Verfügung standen.

Nicht zuletzt gilt mein Dank all jenen, die die Geduld aufgebracht haben, an meiner kleinen Umfrage teilzunehmen und sich auf ein Gespräch über dieses neue Feld unserer Ernährung eingelassen haben. Ich hoffe, dass dieses Buch ihnen auf ihrem weiteren Weg der Ernährung als Clean Meat Guide dabei hilft, dem Thema noch ein Stück näherzukommen.

Anmerkungen

[1]   Duman, Nuray; Reichert, Tobias: Landnutzung: Das Fleisch und seine Flächen, in: Fleischatlas. Daten und Fakten über Tiere als Nahrungsmittel, Berlin 2018, S. 28

[2]   Lexikon der Biologie: in vitro, www.spektrum.de/lexikon/biologie/in-vitro/34443 (abgerufen am 14.04.2019)

[3]   deMenocal, Peter B.: Menschenevolution durch Klimaschwankungen, in: Spektrum der Wissenschaft, Die Ursprünge der Menschheit. Im Labyrinth unserer Evolution, 2.18, Heidelberg, S. 11

[4]   Ebd., S. 13

[5]   Ebd.

[6]   Ebd.

[7]   Wong, Kate: Zum Jagen geboren, in: Spektrum der Wissenschaft, Die Ursprünge der Menschheit. Im Labyrinth unserer Evolution, 2.18, Heidelberg, S. 40

[8]   Ebd., S. 39–40

[9]   Ebd., S. 37

[10] Ebd., S. 40

[11] Gründerszene, Reuters: 9 statt 250 000 Euro für einen Burger – Kosten für Laborfleisch sinken, www.gruenderszene.de/food/in-vitro-fleisch-kosten?interstitial (abgerufen am 28.07.2019)

[12] Konrad, Jens; Meya, Nadine; Moeck, Aileen: Kunst des Karnismus, in: Berlin Valley 28, Berlin 2018, S. 26

[13] Schadwinkel, Alina: Einmal Kunstfleisch-Burger für 300 000 Euro, bitte!, www.zeit.de/wissen/2013-08/kuenstliches-rind-fleisch-in-vitro-burger (abgerufen am 19.05.2019)

[14] Jakat, Lena: Burger aus dem Labor, www.sueddeutsche.de/stil/alternative-zu-fleisch-und-gemuese-burger-aus-dem-labor-1.1739525 (abgerufen am 19.05.2019)

[15] Weber, Nina: Wissenschaftler präsentieren ersten Labor-Burger, www.spiegel.de/wissenschaft/technik/fleisch-aus-der-petrischale-testesser-verzehren-labor-burger-a-914802.html (abgerufen am 19.05.2019)

[16] Deutschland, wie es isst, Der BMEL-Ernährungsreport 2019, Berlin 2019, S. 24

[17] Redaktion in Finanzierung, News: Mosa Meat: Merck investiert in Start-up für Laborfleisch, gruender.wiwo.de/mosa-meat-merck-investiert-in-start-up-fuer-laborfleisch/ (abgerufen am 14.04.2019)

[18] Förtsch, Michael: Wieso wir im Jahr 2029 trotz Labor-Hamburger immer noch Tiere schlachten werden, www.gq-magazin.de/auto-technik/article/wired2029-wieso-wir-in-zehn-jahren-trotz-labor-hamburger-immer-noch-tiere-schlachten-werden (abgerufen am 14.04.2019)

[19] Hecking, Claus: Der Burger aus dem Bioreaktor, www.spiegel.de/gesundheit/ernaehrung/burger-aus-dem-bio-reaktor-so-schmeckt-laborfleisch-a-1243372.html (abgerufen am 14.04.2019)

[20] Harari, Yuval Noah: Eine kurze Geschichte der Menschheit, München 2015, S. 101

[21] Ebd.

[22] Ebd., S. 106

[23] Kaufmann, Sabine: Geschichte der Landwirtschaft, www.planet-wissen.de/gesellschaft/landwirtschaft/geschichte_der_landwirtschaft/pwwbgeschichtederlandwirtschaft100.html (abgerufen am 26.01.2019)

[24] Bartel, Kathrin: Zeitreise: Der Wert von Fleisch, www.swr.de/odysso/der-wert-von-fleisch/-/id=1046894/did=15957174/nid=1046894/155ryxo/index.html (abgerufen am 31.01.2019)

[25] Judel, Günther Klaus: Die Geschichte von Liebigs Fleischextrakt, Zur populärsten Erfindung des berühmten Chemikers, geb.uni-giessen.de/geb/volltexte/2004/1381/pdf/SdF-2003-1_2b.pdf (abgerufen am 31.01.2019)

[26] Grossarth, Jan: Industrialisierung der Ernährung: Von Erbswürsten und Kühlschränken, www.faz.net/aktuell/wirtschaft/industrialisierung-der-ernaehrung-von-erbswuersten-und-kuehlschraenken-11538760.html (abgerufen am 31.01.2019)

[27] Bartel, Kathrin: Zeitreise: Der Wert von Fleisch, www.swr.de/odysso/der-wert-von-fleisch/-/id=1046894/did=15957174/nid=1046894/155ryxo/index.html (abgerufen am 31.01.2019)

[28] Engeln, Henning; Hauschild, Jana; Harf, Rainer: Herzinfarkt auf dem Bauernhof, www.geo.de/natur/oekologie/3331-rtkl-massen-tierhaltung-herzinfarkt-auf-dem-bauernhof (abgerufen am 06.02.2019)

29 Deutschland im Zweiten Weltkrieg, de.wikipedia.org/wiki/ Lebensmittelmarke#Deutschland_im_Zweiten_Weltkrieg (abgerufen am 31.01.2019)

30 NDR.de: Hungerwinter – Überleben nach dem Krieg, www.ndr. de/kultur/film/Hungerwinter-Ueberleben-nach-dem-Krieg, hungerwinter100.html (abgerufen am 31.01.2019)

31 Shapiro, Paul: Clean Meat, How Growing Meat without Animals will Revolutionize Dinner and the World, Gallery Books, New York 2018, S. 35

32 Ebd., S. 36

33 Ebd.

34 Bartel, Kathrin: Zeitreise: Der Wert von Fleisch, www.swr.de/ odysso/der-wert-von-fleisch/-/id=1046894/did=15957174/ nid=1046894/155ryxo/index.html (abgerufen am 31.01. 2019)

35 Statista GmbH: Pro-Kopf-Konsum von Fleisch in Deutschland in den Jahren 1991 bis 2018 (in Kilogramm), de.statista.com/ statistik/daten/studie/36573/umfrage/pro-kopf-verbrauch-von-fleisch-in-deutschland-seit-2000/ (abgerufen am 22.04.2019)

36 NABU.de: Fleischkonsum in Deutschland: Ethische, soziale und ökologische Konsequenzen unserer Ernährungsweise, NABU Hintergrund, www.nabu.de/imperia/md/content/nabude/ landwirtschaft/nabu-hintergrund-fleischkonsum_in_deutsch-land.pdf (abgerufen am 31.01.2019)

37 Dpa: Qualvoller Tiertransport für »Herodes-Prämie«, www.welt. de/print-welt/article651948/Qualvoller-Tiertransport-fuer-Herodes-Praemie.html (abgerufen am 31.01.2019)

38 Kagermeier, Elisabeth: Deutsche Schweine für China, www.zeit. de/wirtschaft/2018-01/fleischatlas-fleichkonsum-deutschland-2018 (abgerufen am 22.04.2019)

39 Jasper, Ulrich: EU-Agrarpolitik: Ideen für das Geld aus Brüssel, in: Fleischatlas. Daten und Fakten über Tiere als Nahrungsmittel, Berlin 2018, S. 38

40 Statistisches Bundesamt: Fleischproduktion im ersten Halbjahr 2018 gegenüber Vorjahr leicht gestiegen, www.destatis.de/DE/ Presse/Pressemitteilungen/2018/08/PD18_290_413.html (abgerufen am 15.01.2019)

41 Chemnitz, Christine: Grenzen: Endlichkeit der Landwirtschaft,

in: Fleischatlas 2018, Daten und Fakten über Tiere als Nahrungsmittel, Berlin 2018, S. 10

[42] Duman, Nuray; Reichert, Tobias: Landnutzung: Das Fleisch und
seine Flächen, in: Fleischatlas. Daten und Fakten über Tiere als
Nahrungsmittel, Berlin 2018, S. 28

[43] Then, Christoph: Gentechnik: DNA-Scheren an der Arbeit, in:
Fleischatlas. Daten und Fakten über Tiere als Nahrungsmittel,
Berlin 2018, S. 42

[44] Kremer, Peter: Tierwohl: Schmerz und Leid im Stall, in:
Fleischatlas. Daten und Fakten über Tiere als Nahrungsmittel,
Berlin 2018, S. 24

[45] Wissenschaftlicher Beirat Agrarpolitik beim BMEL: Wege zu
einer gesellschaftlich akzeptierten Nutztierhaltung, Berlin 2015,
www.bmel.de/SharedDocs/Downloads/Ministerium/Beiraete/
Agrarpolitik/GutachtenNutztierhaltung.pdf?__blob=publication-
File (abgerufen am 21.04.2019)

[46] Kremer, Peter: Tierwohl: Schmerz und Leid im Stall, in:
Fleischatlas. Daten und Fakten über Tiere als Nahrungsmittel,
Berlin 2018, S. 24

[47] Duman, Nuray; Reichert, Tobias: Landnutzung: Das Fleisch und
seine Flächen, in: Fleischatlas. Daten und Fakten über Tiere als
Nahrungsmittel, Berlin 2018, S. 28

[48] Statista GmbH: Anteil der Bevölkerung in Städten weltweit von
1985 bis 2015 und Prognose bis 2050, de.statista.com/statistik/
daten/studie/37084/umfrage/anteil-der-bevoelkerung-in-
staedten-weltweit-seit-1985/ (abgerufen am 18.01.2019)

[49] Herden, Rose-Elisabeth: Die Bevölkerungsentwicklung in der
Geschichte, www.berlin-institut.org/fileadmin/user_upload/
handbuch_texte/pdf_Herden_Bevoelkerungsentwicklung_in_
der_Geschichte.pdf (abgerufen am 22.04.2019)

[50] Pdbw.de: Jährlicher Stand der Weltbevölkerung 1950 bis 2100,
pdwb.de/nd02.htm (abgerufen am 03.03.2019)

[51] Deutschland, wie es isst, Der BMEL-Ernährungsreport 2019,
Berlin 2019, S. 28

[52] Rehmer, Christian: Flächenbindung: Grenzen für Nutztiere, in:
Fleischatlas. Daten und Fakten über Tiere als Nahrungsmittel,
Berlin 2018, S. 20

[53] Reinsch, Thorsten: Nitrate: Was nicht gebraucht wird, kommt ins

Grundwasser, in: Fleischatlas. Daten und Fakten über Tiere als Nahrungsmittel, Berlin 2018, S. 26–27

[54] Chemnitz, Christine: Grenzen: Endlichkeit der Landwirtschaft, in: Fleischatlas 2018, Daten und Fakten über Tiere als Nahrungsmittel, Berlin 2018, S. 10

[55] Ebd.

[56] dpa/KNA/oc: Der brutale Wettlauf um die Trinkwasserquellen, www.welt.de/wissenschaft/umwelt/article114678603/Der-brutale-Wettlauf-um-die-Trinkwasserquellen.html (abgerufen am 14.02.2019)

[57] Statista GmbH: Entwicklung des Wasserverbrauchs pro Kopf und Tag in Deutschland in den Jahren 1990 bis 2017 (in Litern), de.statista.com/statistik/daten/studie/12353/umfrage/wasserverbrauch-pro-einwohner-und-tag-seit-1990/ (abgerufen am 14.02.2019)

[58] Uken, Marlies: Vegetarier sind die besseren Umweltschützer, www.zeit.de/wirtschaft/2013-08/fleisch-konsum-ressourcen (abgerufen am 14.02.2019)

[59] Ebd.

[60] ARD.de: Wasserknappheit, Ein paar Liter mehr für Kapstadt, www.tagesschau.de/ausland/kapstadt-wasserknappheit-111.html (abgerufen am 14.02.2019)

[61] Rohde Tim: Weltwasserwoche 2018: 10 Fakten über Wasser, www.unicef.de/informieren/aktuelles/blog/weltwasserwoche-2018-zehn-fakten-ueber-wasser/172968 (abgerufen am 20.04.2019)

[62] Gasteratos, Kristopher: 90 Reasons to Consider Cellular Agriculture, dash.harvard.edu/handle/1/38573490, S. 9

[63] Bundesministerium für Umwelt, Naturschutz und Nukleare Sicherheit: Klimaschutzbericht 2017, Zum Aktionsprogramm Klimaschutz 2020 der Bundesregierung, S. 30 www.bmu.de/fileadmin/Daten_BMU/Pools/Broschueren/klimaschutzbericht_2017_aktionsprogramm.pdf (abgerufen am 27.07.2019)

[64] Reichert, Tobias: Klima: Viel weniger Emissionen nur mit viel weniger Tieren, in: Fleischatlas. Daten und Fakten über Tiere als Nahrungsmittel, Berlin 2018, S. 40

[65] Wegweiser in ein klimaneutrales Deutschland, Der Klimaschutzplan 2050 – Die deutsche Klimaschutzlangfriststrategie, Über-

blick, Bundesministerium für Umwelt, Naturschutz und Nukleare Sicherheit, www.bmu.de/themen/klima-energie/klimaschutz/nationale-klimapolitik/klimaschutzplan-2050/ (abgerufen am 21.04.2019)

[66] Chemnitz, Christine: Grenzen: Endlichkeit der Landwirtschaft, in: Fleischatlas 2018, Daten und Fakten über Tiere als Nahrungsmittel, Berlin 2018, S. 10–11

[67] Idel, Anita: Zucht: Gesucht: Zweinutzungstiere, in: Fleischatlas. Daten und Fakten über Tiere als Nahrungsmittel, Berlin 2018, S. 30

[68] Wenz, Katrin: Label: Suche nach der Haltungsnote, in: Fleischatlas. Daten und Fakten über Tiere als Nahrungsmittel, Berlin 2018, S. 14

[69] Deutschland, wie es isst, Der BMEL-Ernährungsreport 2019, Berlin 2019, S. 3

[70] Kwasniewski, Nicolai: »Die Wurst ist die Zigarette der Zukunft«, www.spiegel.de/wirtschaft/ruegenwalder-muehle-verkauft-vegetarische-wurst-a-1023898.html (abgerufen am 19.04.2019)

[71] rbb24.de: Demonstranten fordern »enkeltaugliche Agrarpolitik«, www.rbb24.de/wirtschaft/thema/2019/gruene-woche/beitraege/berlin-brandenburg-anti-agrar-demo-haben-es-satt-gruene-woche.html (abgerufen am 21.04.2019)

[72] Marr, Ann-Kathrin: Aus Fehlern gelernt? Lehren aus den Gammelfleischskandalen, www.nabu.de/umwelt-und-ressourcen/oekologisch-leben/essen-und-trinken/fleisch/22926.html (abgerufen am 01.02.2019)

[73] Spiller, Achim: Instrumente: Marketing für gute Ernährung, in: Fleischatlas. Daten und Fakten über Tiere als Nahrungsmittel, Berlin 2018, S. 12

[74] cpas/dpa: 14 Länder von Fleischskandal betroffen, rp-online.de/panorama/ausland/fleischskandal-in-polen-14-laender-betroffen_aid-36477895 (abgerufen am 01.02.2019)

[75] Google.com: Google Public Data, www.google.com/publicdata/explore?ds=mo4pjipima872_&met_y=population&hl=de&dl=-de#!ctype=l&strail=false&bcs=d&nselm=h&met_y=population&scale_y=lin&ind_y=false&rdim=country_group&idim=-country:ie&idim=country_group:aggregate:non-eu&ifdim=-country_group&hl=de&dl=de&ind=false (abgerufen am 21.04.2019)

76   Statista GmbH: Irland: Gesamtbevölkerung von 2008 bis 2018 (in Millionen Einwohner) de.statista.com/statistik/daten/studie/19303/umfrage/gesamtbevoelkerung-von-irland/ (abgerufen am 21.04.2019)

77   Pdbw.de: Jährlicher Stand der Weltbevölkerung 1950 bis 2100, pdwb.de/nd02.htm (abgerufen am 03.03.2019)

78   Inforadio: Mehr als 3,7 Millionen Menschen leben in Berlin, www.rbb24.de/panorama/beitrag/2018/10/berlin-einwohner-bevoelkerung-zuwachs.html (abgerufen am 21.04.2019)

79   Google.com: New York City/Fläche, www.google.com/search?ei=XUW8XMGdBszfwQKKzbKQBA&q=fl%C3%A4che+new+york&oq=fl%C3%A4che+new+york&gs_l=psy-ab.3..35i39i70i251j0j0i20i263j0j0i22i30l3j0i22i10i30j0i-22i30l2.84953.87791..88332...0.0..0.144.1000.0j8......0....1..gws-wiz.......0i71j0i67j0i10.4oruMRy5xi4 (abgerufen am 21.04.2019)

80   Google.com: Berlin/Fläche, www.google.com/search?-q=fl%C3%A4che+berlin&oq=fl%C3%A4che+berlin&aqs=chrome.0.0l2j35i39j0l3.2588j1j4&sourceid=chrome&ie=UTF-8 (abgerufen am 21.04.2019)

81   Barron, James: New York City's Population Hits a Record 8.6 Million, www.nytimes.com/2018/03/22/nyregion/new-york-city-population.html (abgerufen am 21.04.2019)

82   Redaktion fleischwirtschaft.de: Tyson lässt Beyond Meat ziehen, www.fleischwirtschaft.de/wirtschaft/nachrichten/Fleischfreie-Alternativen-Tyson-laesst-Beyond-Meat-ziehen-39191 (abgerufen am 16.05.2019)

83   Chasan, Emily: Tyson Bets on Omnivores With New Alternative Protein Business, www.bloomberg.com/news/articles/2019-03-01/tyson-bets-on-omnivores-with-new-alternative-protein-business (abgerufen am 21.04.2019)

84   Gartenberg, Chaim: Tyson Foods is getting into the fake meat business, www.theverge.com/2019/6/13/18677396/tyson-foods-alternative-fake-meat-business-pea-protein-chicken-nugget (abgerufen am 22.07.2019)

85   ruegenwalder.de: Unsere Geschichte, »Mein Opa hat noch in Rügenwalde Wurst gemacht.«, www.ruegenwalder.de/unsere-geschichte (abgerufen am 07.03.2019)

[86] Fröhlich, Sonja: Die Fleischwende: Was kommt nach dem Steak?, www.neuepresse.de/Nachrichten/Wirtschaft/Gruene-Woche-2019-Fleischkonsum-wird-immer-kritischer-hinterfragt (abgerufen am 07.03.2019)

[87] Kreysler, Peter: Lobby: Behörden unter Druck, in: Konzernatlas 2017. Daten und Fakten über die Agrar- und Lebensmittelindustrie, S. 43 (www.bund.net/fileadmin/user_upload_bund/publikationen/landwirtschaft/landwirtschaft_konzernatlas_2017_01.pdf)

[88] Deutschland, wie es isst, Der BMEL-Ernährungsreport 2019, Berlin 2019, S. 28

[89] Ebd., S. 6

[90] dge.de: Weniger Fleisch auf dem Teller schont das Klima, DGE unterstützt Forderungen des WWF nach verringertem Fleischverzehr, www.dge.de/presse/pm/weniger-fleisch-auf-dem-teller-schont-das-klima/ (abgerufen am 22.02.2019)

[91] Focus Online: Experten erklären: Warum wir wieder mehr rotes Fleisch und Käse essen sollen, www.focus.de/gesundheit/gesund-leben/neue-studie-experten-erklaeren-warum-wir-wieder-mehr-rotes-fleisch-amp-kaese-essen-sollen_id_9508674.html (abgerufen am 20.05.2019)

[92] gie/aerzteblatt.de: Nahrungsergänzungsmittel: Deutsche setzten vor allem auf Magnesium, www.aerzteblatt.de/nachrichten/73518/Nahrungsergaenzungsmittel-Deutsche-setzten-vor-allem-auf-Magnesium (abgerufen am 17.02.2019)

[93] hil/aerzteblatt.de: Nahrungsergänzungsmittel sind Verkaufsrenner, www.aerzteblatt.de/nachrichten/95718/Nahrungsergaenzungsmittel-sind-Verkaufsrenner (abgerufen am 17.02.2019)

[94] Deutschland, wie es isst, Der BMEL-Ernährungsreport 2019, Berlin 2019, S. 8

[95] Ebd., S. 10

[96] Nestle.de: Digitale Welt verändert Ernährungs- und Einkaufsverhalten, Neue Nestlé Studie: Deutschland belohnt sich mit gutem Essen, www.nestle.de/medien/medieninformationen/neue-nestle-studie-2016-deutschland-belohnt-sich-mit-gutem-essen (abgerufen am 21.02.2019)

[97] Heise, Katrin: Biologe: Der Mensch braucht Fleisch, Josef

Reichholf über den Zusammenhang von Ernährung und
Evolution, www.deutschlandfunkkultur.de/biologe-der-mensch-
braucht-fleisch.954.de.html?dram:article_id=145967 (abgerufen
am 21.02.2019)

[98] Plutarch: Darf man Tiere essen? Gedanken aus der Antike,
Stuttgart 2015, S. 87

[99] Schlüter, Hanna: Geschichte des Vegetarismus und Veganismus,
vebu.de/veggie-fakten/geschichte-des-vegetarismus-und-
veganismus/ (abgerufen am 15.03.2019)

[100] Strobel, Gabi: Vegetarier, www.planet-wissen.de/gesellschaft/
essen/vegetarier/index.html (abgerufen am 15.03.2019)

[101] Ebd.

[102] Vebu.de: Die wichtigsten Meilensteine von ProVeg 2017, vebu.
de/wp-content/uploads/2019/01/T%C3%A4tigkeitsbericht_2017.
pdf (abgerufen am 19.04.2019)

[103] Pierschel, Marc: Live and let live, Ein Dokumentarfilm über
Veganismus, 2013

[104] Deutschland, wie es isst, Der BMEL-Ernährungsreport, Berlin
2019, S. 20

[105] Metro.de: Food-Innovation erobert den deutschen Markt,
METRO Deutschland bringt »The Beyond Burger« in den
stationären Großhandel, www.metro.de/presse/archiv/
archiv-2018/pm-221118-beyondburger (abgerufen am
19.04.2019)

[106] Beyondmeat.com: Our impact, www.beyondmeat.com/about/
our-impact/ (abgerufen am 10.03.2019)

[107] BaS: Beyond Meat schmeckt Anlegern, Börse am Sonntag,
www.boerse-am-sonntag.de/aktien/aktie-der-woche/artikel/
beyond-meat-schmeckt-anlegern.html (abgerufen am
16.05.2019)

[108] plantbasedfoods.org: Consumer Access, 2018 U.S. Retail Sales
Data for Plant-Based Foods, plantbasedfoods.org/consumer-
access/nielsen-data-release-2018/ (abgerufen am 07.03.2019)

[109] Cellular Agricultural Society: Cell-Ag 101, www.cellag.org/
cellag101/ (abgerufen am 28.04.2019)

[110] Cellular Agricultural Society: Timeline, www.cellag.org/timeline/
(abgerufen am 22.04.2019)

[111] Convent Kongresse GmbH: Rede von Richard David Precht auf

dem Zukunftsdialog Agrar & Ernährung, Convent Kongresse GmbH, www.youtube.com/watch?v=UkUSebTA0OQ, (abgerufen am 12.05.2019)

[112] Statista GmbH: Größte Volkswirtschaften: Länder mit dem größten BIP im Jahr 2018 (in Milliarden US-Dollar), de.statista.com/statistik/daten/studie/157841/umfrage/ranking-der-20-laender-mit-dem-groessten-bruttoinlandsprodukt/, (abgerufen am 12.05.2019)

[113] A.T. Kearney: Tierfleisch verschwindet aus den Regalen: Neue Alternativen wirbeln die Agrar- und Lebensmittelindustrie durcheinander, www.atkearney.de/pressecenter/article/?/a/a-t-kearney-studie-zur-zukunft-des-fleischmarkts-bis-2040 (abgerufen am 25.05.2019)

[114] Deutscher Bundestag: Sachstand In-vitro-Fleisch, www.bundestag.de/resource/blob/546674/6c7e1354dd8e7ba622588c1ed1949947/wd-5-009-18-pdf-data.pdf (abgerufen am 13.04.2019)

[115] Tuomisto, Hanna L.; Texeira de Mattos, M. Joost: Environmental Impacts of Cultured Meat Production, in: Environ. Sci. Technol. 2011, 45, 14, 6117-6123, pubs.acs.org/doi/abs/10.1021/es200130u (abgerufen am 13.05.2019)

[116] New Harvest: Environmental Impacts of Cultured Meat, www.new-harvest.org/environmental_impacts_of_cultured_meat (abgerufen am 13.05.2019)

[117] Lynch, John; Pierrehumbert, Raymond: Climate Impacts of Cultured Meat and Beef Cattle, www.frontiersin.org/articles/10.3389/fsufs.2019 00005/full (abgerufen am 13.05.2019)

[118] University of Oxford: Lab-grown meat's promise for cutting climate warming depends on an energy revolution, http://www.ox.ac.uk/news/2019 02-19-lab-grown-meat%E2%80%99s-promise-cutting-climate-warming-depends-energy-revolution (abgerufen am 13.05.2019)

[119] Gasteratos, Kristopher: 90 Reasons to Consider Cellular Agriculture, dash.harvard.edu/handle/1/38573490, S. 10

[120] Ebd., S. 11

[121] Ebd., S. 12

[122] Greenpeace: Geisternetze sind Plastikmüll und bedrohen Meerestiere, Fischfang ohne Fischer, www.greenpeace.de/themen/meere/fischfang-ohne-fischer (abgerufen am 28.07.2019)

[123] Gasteratos, Kristopher: 90 Reasons to Consider Cellular Agriculture, dash.harvard.edu/handle/1/38573490, S. 14

[124] dpa, StD, simm: Weltweiter Antibiotikaverbrauch um 65 Prozent gestiegen, www.zeit.de/wissen/gesundheit/2018-03/gesundheit-antibiotika-zunahme-bakterien-resistenz (abgerufen am 17.02.2019)

[125] Ebd.

[126] Benning, Reinhild: Antibiotika: Wenn das Vieh die Gesundheit der Menschen bedroht, in: Fleischatlas. Daten und Fakten über Tiere als Nahrungsmittel, Berlin 2018, S. 32

[127] Ebd.

[128] Ebd.

[129] Gasteratos, Kristopher: 90 Reasons to Consider Cellular Agriculture, dash.harvard.edu/handle/1/38573490, S. 6

[130] Kabisch, Biologen zeigen ihre Muskeln, In: Fleischatlas, Daten und Fakten über Tiere als Nahrungsmittel, S. 47

[131] Mosa Meat: Benefits, www.mosameat.com/benefits (abgerufen am 13.05.2019)

[132] Allen, Mary: How a Cardiologist is Using Meat to Save more Lives, www.gfi.org/how-a-cardiologist-is-using-meat-to-save (abgerufen am 13.02.2019)

[133] Bercovici, Jeff: Why This Cardiologist Is Betting That His Lab-Grown Meat Startup Can Solve the Global Food Crisis, www.inc.com/magazine/201711/jeff-bercovici/memphis-meats-lab-grown-meat-startup.html (abgerufen am 13.05.2019)

[134] Hinzmann, Mandy: Die Wahrnehmung von In-Vitro-Fleisch in Deutschland: Analyse der gesellschaftlichen Diskurse, S. 16, refubium.fu-berlin.de/bitstream/handle/fub188/22493/Hinzmann%202018%20PolRess%20II%20KA%20In-Vitro-Fleisch.pdf?sequence=3 (abgerufen am 30.05.2019)

[135] Neue Osnabrücker Zeitung: Fleischlose Burger machen Bauern Sorgen, www.presseportal.de/pm/58964/4304537 (abgerufen am 09.07.2019)

[136] Harf, Rainer; Witte, Sebastian: Was eine gute Beziehung zu Tieren ausmacht, www.geo.de/magazine/geo-wissen/17807-rtkl-mensch-und-tier-was-eine-gute-beziehung-zu-tieren-ausmacht (abgerufen am 22.04.2019)

[137] Plutarch: Darf man Tiere essen? Gedanken aus der Antike, Stuttgart 2015, S. 22

[138] Ebd., S. 24

[139] Hasse, Marc: Die tiefen Widersprüche im Mensch-Tier-Verhältnis, www.welt.de/wissenschaft/article10892005/Die-tiefen-Widersprueche-im-Mensch-Tier-Verhaeltnis.html (abgerufen am 07.02.2019)

[140] Johannes, Alte Rassen und neue Technik, in: Fleischatlas. Daten und Fakten über Tiere als Nahrungsmittel, Berlin 2018, S. 35

[141] Ebd.

[142] Hinzmann, Mandy: Die Wahrnehmung von In-Vitro-Fleisch in Deutschland: Analyse der gesellschaftlichen Diskurse, S. 7, refubium.fu-berlin.de/bitstream/handle/fub188/22493/Hinzmann%202018%20PolRess%20II%20KA%20In-Vitro-Fleisch. pdf?sequence=3 (abgerufen am 30.05.2019)

[143] Bundesvereinigung der Deutschen Ernährungsindustrie: Minhoff ruft Politik und Unternehmen zu mehr Bekenntnis für Europa auf, www.bve-online.de/presse/pressemitteilungen/pm-20190116 (abgerufen am 03.05.2019)

[144] Böhm, Inge; Ferrari, Arianna; Woll, Silvia: In-vitro-Fleisch, Eine technische Vision zur Lösung der Probleme der heutigen Fleischproduktion und des Fleischkonsums?, Karlsruhe 2017, S. 14

[145] Ebd., S. 15

[146] Szejda, Keri: Cellular Agriculture Nomenclature: Optimizing Consumer Acceptance, www.gfi.org/images/uploads/2018/09/INN-RPT-Cellular-Agriculture-Nomenclature-2018-0921.pdf (abgerufen am 11.05.2019), S. 1

[147] sapereaudepls.de: Naturalistischer Fehlschluss, www.sapereaudepls.de/was-soll-ich-tun/metaethik/naturalistischer-fehlschluss/ (abgerufen am 10.05.2019)

[148] Bryant, C.; Szejda, K.; Deshpande, V.; Parekh, N.; Tse, B.: A Survey of Consumer Perceptions of Plant-Based and Clean Meat in the USA, India, and China, in: Frontiers in Sustainable Food Systems, www.frontiersin.org/articles/10.3389/fsufs.2019 00011/full (abgerufen am 30.05.2019)

[149] Bundesamt für Verbraucherschutz und Lebensmittelsicherheit: Neuartige Lebensmittel – Novel Foods, www.bvl.bund.de/DE/01_Lebensmittel/04_AntragstellerUnternehmen/05_NovelFood/lm_novelFood_node.html;jsessionid=5B8CE5131D7AE23C-

09C5FF26298E6C5E.2_cid340#doc1406672bodyText1 (abgerufen am 17.05.2019)

[150] Kurier.at: USA: Der Weg für Verkauf von Fleisch aus dem Labor ist frei, kurier.at/politik/ausland/usa-der-weg-fuer-fleisch-aus-dem-labor-ist-frei/400327485 (abgerufen am 17.05.2019)

[151] Ebd.

[152] Vegconomist – Das vegane Wirtschaftsmagazin –: Indien steigert Investitionen und Forschungsbemühungen im Bereich Clean Meat, vegconomist.de/international/indien-steigert-investitionen-und-forschungsbemuehungen-im-bereich-clean-meat/ (abgerufen am 28.07.2019)

[153] Manning, Lauren: FDA and USDA Create Framework for Cell-Cultured Meat Regulation, But Labeling, Social License Still Uncertain, agfundernews.com/fda-and-usda-create-framework-for-cell-cultured-meat-regulation-but-labeling-social-license-still-uncertain.html (abgerufen am 17.05.2019)

[154] Bitsx Bites: The Growing Appetite for Meat Alternatives in China, agfundernews.com/meat-alternatives-china.html (abgerufen am 26.05.2019)

[155] Albert Schweitzer Stiftung für unsere Mitwelt: Fleisch aus Zellkulturen: ein Überblick, albert-schweitzer-stiftung.de/aktuell/fleisch-aus-zellkulturen (abgerufen am 26.05.2019)

[156] Mächler, Pat: Zukunfts-Fleisch jetzt! Die Schweiz soll die Entwicklung von künstlichem Fleisch fördern!, www.change.org/p/zukunftsfleisch-schweiz (abgerufen am 26.05.2019)

[157] Obrist, Helene: Jetzt wird das Laborfleisch dem Bundesrat aufgetischt, Watson.ch, www.watson.ch/schweiz/fleisch/147760328-jetzt-wird-das-laborfleisch-dem-bundesrat-aufgetischt (abgerufen am 26.05.2019)

[158] Bundesamt für Verbraucherschutz und Lebensmittelsicherheit: Neuartige Lebensmittel – Novel Foods, www.bvl.bund.de/DE/01_Lebensmittel/04_AntragstellerUnternehmen/05_Novel-Food/lm_novelFood_node.html#doc1406672bodyText1 (abgerufen am 26.05.2019)

[159] Häusling, Martin: Die Petrischale wird das Fleischproblem nicht lösen!, www.martin-haeusling.eu/images/publikationen/190124_Position_Martin_H%C3%A4usling_Laborfleisch.pdf (abgerufen am 27.05.2019)

[160] Heumann, Pierre: Als wär's ein Stück vom Rind – Dieser Mann will Steaks im Labor herstellen, www.handelsblatt.com/ unternehmen/mittelstand/familienunternehmer/didier-toubia-als-waers-ein-stueck-vom-rind-dieser-mann-will-steaks-im-labor-herstellen/23872040.html?ticket=ST-221798-AEmjX7nW-Zu7bmdsWoEDj-ap6 (abgerufen am 02.05.2019)

[161] Clean Meat News Australia: Dr. Can Akcali of Biftek.co, www.cleanmeats.com.au/2019/03/09/dr-can-akcali-of-biftek-co/ (abgerufen am 31.05.2019)

[162] Banis, Davide: How Israel Became The Most Promising Land For Clean Meat, www.forbes.com/sites/davidebanis/2018/10/17/how-israel-became-the-most-promising-land-for-clean-meat/#-3b82ec0451cb (abgerufen am 17.05.2019)

[163] ProVeg Incubator: 1st cohort startups, provegincubator.com/ startups/#1555186657542-f3562944-4633 (abgerufen am 31.05.2019)

[164] Vegconomist: Higher Steaks: »Zellbasiertes Fleisch ist die einzige Lösung«, vegconomist.de/interviews/higher-steaks-zellbasiertes-fleisch-ist-die-einzige-loesung/ (abgerufen am 02.05.2019)

[165] Crunchbase: Integriculture, www.crunchbase.com/organization/ integriculture#section-overview (abgerufen am 24.05.2019)

[166] JUST: A new tradition, www.ju.st/en-us/stories/meat (abgerufen am 24.05.2019)

[167] Piepenbrock, Eva: In-vitro-Fleisch ohne Kälberserum?, f3.de/ in-vitro-fleisch-ohne-kaelberserum/ (abgerufen am 02.05.2019)

[168] Memphis Meats: About us, www.memphismeats.com/home/ #aboutus (abgerufen am 02.05.2019)

[169] Bell Food Group AG: Die Bell Food Group beteiligt sich an Mosa Meat, www.bellfoodgroup.com/de/stories/die bell-food-group-beteiligt-sich-an-mosa-meat/ (abgerufen am 06.05.2019)

[170] Brodwin, Erin; Canales, Katie: We tried the first lab-grown sausage made without killing animals. It was smoky, savory, and tasted like breakfast, www.businessinsider.com/lab-grown-clean-cell-meat-photos-taste-review-2018-9?r=UK&IR=T#around-5-pm-on-monday-evening-a-group-of-journalists-and-potential-investors-gathered-at-standard-deviant-brewery-for-a-taste-of-the-first-pork-sausage-made-in-a-lab-from-the-cells-of-a-live-pig-1 (abgerufen am 24.05.2019)

[171] Meya; Nadine; Träger, Lotta: Der Effekt für die Umwelt wäre gewaltig, in: Berlin Valley 28, Berlin 2018, S. 38

[172] Clean Meat News Australia: France Is Developing Cruelty-Free Foie Gras, www.cleanmeats.com.au/2019/04/19/france-is-developing-cruelty-free-foie-gras/ (abgerufen am 28.07.2019)

[173] Starostinetskaya, Anna: French startup aims to debut cruelty-free foie gras by 2023, vegnews.com/2019/4/french-startup-aims-to-debut-cruelty-free-foie-gras-by-2023 (abgerufen am 31.05.2019)

[174] Finless Foods: Inside Finless Foods, finlessfoods.com/about/ (abgerufen am 01.06.2019)

[175] Shirazi, Alex: Darren Henry of Seafuture Sustainable Biotech – Clean Meat Founders Series, cleanmeatpodcast.com/episodes/2018/09/12/darren-henry-of-seafuture-sustainable-biotech-clean-meat-founders-series/ (abgerufen am 16.06.2019)

[176] Crunchbase: Shiok Meats, www.crunchbase.com/organization/shiok-meats#section-overview (abgerufen am 24.05.2019)

[177] New Harvest: About, www.new-harvest.org/about (abgerufen am 13.06.2019)

[178] The Good Food Institut: What We Do, www.gfi.org/what (abgerufen am 15.06.2019)

[179] The Good Food Conference: Home, goodfoodconference.com/ (abgerufen am 15.06.2019)

© Franziska Turner

NADINE FILKO lebt und arbeitet als freiberufliche PR-Beraterin und Autorin in Berlin. Mit politikwissenschaftlichem Hintergrund befasst sie sich mit technologischen Innovationen, die das Potenzial zu langfristigen gesellschaftlichen Veränderungen haben. Ihr Fokus liegt dabei auf Start-ups, die Ideen wie Clean Meat zur Marktreife bringen und neben wirtschaftlichen Zielen auch Interessen der Nachhaltigkeit und Umweltverträglichkeit verfolgen. Denn hier – so ihre Hoffnung – liegt die Chance einer ganzheitlichen Systemverbesserung.

www.delilife.de